# OFFICE 365

# Aplicaciones en la nube de Microsoft

## JESUS PRIETO

# INTRODUCCIÓN

Microsoft Office 365 es un conjunto de herramientas web fáciles de usar que permiten obtener acceso a correo electrónico, documentos importantes, contacto y calendario desde casi cualquier lugar en cualquier dispositivo.

Estas herramientas incluyen Microsoft Office Web Apps, que son versiones web de las aplicaciones de escritorio de Microsoft Office con las que estamos habitualmente familiarizados, como Microsoft Word, Microsoft Excel y Microsoft PowerPoint en sus versiones 2010 y 2013. Gracias a Office Web Apps, es posible crear y editar documentos en cualquier equipo con un explorador web.

Por lo tanto, Office 365 incluye Microsoft Office 2010 y Microsoft Office 2013.

Asimismo, Office 365 encluye aplicaciones de correo electrónico y trabajo compartido en la Web como son SharePoint Online, Exchange Online y Lync Online

Office 365 es un servicio de suscripción en línea que proporciona correo electrónico, calendarios compartidos, la capacidad de crear y editar documentos en línea, mensajería instantánea, conferencias web, un sitio web público para su empresa y sitios de grupos internos, todo ello accesible desde cualquier lugar y prácticamente cualquier dispositivo.

Los clientes con Office 2010 instalado en su equipo pueden configurar rápidamente su software para trabajar con Office 365. Estos usuarios pueden recuperar, editar y guardar documentos de Office fácilmente en la **nube de Office 365,** crear documentos como coautores en tiempo real con otros usuarios, iniciar rápidamente llamadas de equipo a equipo, enviar mensajes instantáneos y realizar conferencias web.

Hemos de tener presente que **la nube** de Microsoft es una manera sencilla de describir servicios informáticos basados en Web. El almacenamiento de la información, los procesos y el software se ubican y administran de forma remota en servidores que son propiedad de Microsoft.

Dado que la infraestructura se encuentra en línea, se puede acceder a ella desde prácticamente cualquier equipo de escritorio, portátil o teléfono móvil.

Office 365 también es compatible con Office 2007 y las ediciones más recientes de Office. Además, algunos planes de Office 365 incluyen Office Professional Plus.

Office 365 puede escalarse y puede ofrecer soporte a todo el mundo, desde un empresario individual a empresas con decenas de miles de usuarios. Office 365 para pequeñas empresas (plan P1) es la mejor opción para empresas de hasta 25 empleados y puede acomodar hasta 50 usuarios. Los planes de Office 365 para medianas y grandes empresas (E1 a E4) y los planes de quioscos (K1-K2) son aptos para organizaciones cuyo tamaño oscila entre un único empleado y más de 50.000 usuarios.

# ÍNDICE

1.1 REQUISITOS DE SOFTWARE PARA OFFICE 365 ........................................ 19
1.2 SUSCRIPCIÓN A OFFICE 365 ................................................................ 22
1.3 INICIAR SESIÓN EN OFFICE 365 ........................................................... 29
1.4 CAMBIAR LA CONTRASEÑA .................................................................. 30
1.5 RESTABLECER LA CONTRASEÑA DE UN USUARIO ................................. 33
1.6 RESTABLECER LA CONTRASEÑA DE ADMINISTRADOR ......................... 36
1.7 CONFIGURAR ESCRITORIO PARA OFFICE 365 ...................................... 39
2.1 TAREAS BÁSICAS EN SHAREPOINT ONLINE PARA OFFICE 365 PARA EMPRESAS ................................................................................................ 45
2.2 CONCEDER PERMISOS PARA UN SITIO ................................................ 50
2.3 AGREGAR CONTENIDO A UN SITIO ...................................................... 56
2.4 SITIOS Y PÁGINAS ............................................................................... 60
2.5 ORGANIZAR LISTAS Y BIBLIOTECAS ..................................................... 64
2.6 ADMINISTRAR LISTAS Y BIBLIOTECAS CON MUCHOS ELEMENTOS ........ 85
2.7 CONTROLAR LA PRESENTACIÓN DE DATOS EN UNA PÁGINA ............... 98
2.8 ACERCA DE LAS CARACTERÍSTICAS DE SHAREPOINT QUE SE USAN CON FRECUENCIA ...................................................................................106
2.9 USAR SERVICIOS DE ACCESS .............................................................107
2.10 USAR CONSULTAS INDIZADAS Y DE RESERVA ..................................107
2.11 USAR EL SITIO DEL CENTRO DE DOCUMENTACIÓN ..........................108
2.12 PROCEDIMIENTO PARA INDIZAR Y FILTRAR VISTAS .........................109
2.13 USAR CARACTERÍSTICAS DE ACCESIBILIDAD ...................................113
2.14 REALIZAR EL SEGUIMIENTO DE VERSIONES ....................................113
2.15 ADMINISTRACIÓN DE FLUJOS DE TRABAJO .....................................115
3.1 ACTIVIDADES DE LA PLANIFICACIÓN .................................................117

3.2 PLANIFICAR Y ADMINISTRAR SHAREPOINT ONLINE MEDIANTE EL CENTRO DE ADMINISTRACIÓN...............................................................118
3.3 PLANEAR SITIOS Y ADMINISTRAR USUARIOS ........................................154
3.4 PLANEAR EL CONTENIDO DE LOS SITIOS...............................................167
3.5 PLANEAR PERSONALIZACIONES Y SOLUCIONES ....................................180
3.6 CREAR Y PERSONALIZAR EL SITIO WEB PÚBLICO..................................186
3.7 ENTRENAR Y OFRECER APOYO A LOS USUARIOS ..................................192
3.8 PLANEAR LA SUPERVISIÓN Y EL MANTENIMIENTO DE SITIOS Y COLECCIONES DE SITIOS ...................................................................................................201
4.1 PREPARACIÓN DE LYNC ONLINE ...........................................................211
4.2 INICIAR SESIÓN Y COMENZAR ...............................................................214
4.3 PERSONALIZAR LA INFORMACIÓN DE CONTACTO ................................215
Para ocultar o cambiar su foto: ......................................................................217
4.4 CREAR LA LISTA DE CONTACTOS ...........................................................219
4.5 CONTACTO MEDIANTE MENSAJERÍA INSTANTÁNEA ............................219
4.6 TRABAJAR CON INTELIGENCIA: CARACTERÍSTICAS DE PRESENCIA.....................221
4.7 TRABAJE CON INTELIGENCIA: PROGRAMAR Y ÚNASE A UNA REUNIÓN EN LÍNEA........................................................................................................228
4.8 TRABAJE CON INTELIGENCIA: INICIE UNA SESIÓN COMPARTIDA Y DE COLABORACIÓN .......................................................................................237
4.9 TRABAJAR CON INTELIGENCIA: USO DE LYNC ONLINE CON OFFICE 2003 Y OFFICE 2007 .............................................................................................243
4.10 ESTABLECER LAS OPCIONES DEL ADMINISTRADOR DE INFORMACIÓN PERSONAL.................................................................................................246
4.11 TRABAJAR CON INTELIGENCIA: USO DE LYNC ONLINE CON OFFICE 2010 ...248
4.12 USO DE LAS CARACTERÍSTICAS DE LYNC ONLINE EN OUTLOOK 2010..250
4.13 INICIAR UNA SESIÓN DE USO COMPARTIDO DE LYNC ONLINE EN WORD, POWERPOINT O EXCEL ............................................................................255
4.14 MANTENERSE ACTUALIZADO CON LAS COMUNICACIONES DEL DÍA A DÍA 260
5.1 INTRODUCCIÓN A OFFICE WEB APPS ...................................................265
5.2 USO DE OFFICE WEB APPS EN SHAREPOINT ........................................270
5.3 INFORMACIÓN GENERAL SOBRE OFFICE WEB APPS.............................270
5.4 EMPEZAR A USAR OFFICE WEB APPS EN SHAREPOINT ........................271
6.1 INTRODUCCIÓN A OUTLOOK WEB APP................................................287
6.2 OUTLOOK WEB APP Y EL PANEL DE CONTROL DE EXCHANGE .............288
6.3 VERSIÓN LIGERA DE OUTLOOK WEB APP ............................................288
6.4 TRABAJO CON MENSAJES .....................................................................289
6.5 INFORMACIÓN ACERCA DE LAS CONVERSACIONES .............................289
6.6 CORREO .................................................................................................291
6.7 CALENDARIO .........................................................................................292
6.8 CONTACTOS Y GRUPOS .........................................................................295

6.9 PERSONALIZACIÓN .........................................................................297
6.10 REFERENCIA DE OPCIONES ............................................................298
6.11 OUTLOOK WEB APP LIGHT ............................................................300
6.12 CONFIGURACIÓN DE LA CUENTA DE CORREO ELECTRÓNICO EN EL TELÉFONO MÓVIL...................................................................................303
6.13 NOVEDADES DE OUTLOOK WEB APP .............................................305
6.14 SEGURIDAD Y PRIVACIDAD ..........................................................309
6.15 PANEL DE NAVEGACIÓN................................................................309
6.16 BARRAS DE HERRAMIENTAS ........................................................310
6.17 CARACTERÍSTICAS DE ACCESIBILIDAD..............................................311
6.18 CONECTAR OFFICE 365 A LA APLICACIÓN DE ESCRITORIO OUTLOOK......311
6.19 CONFIGURAR CORREO ELECTRÓNICO DE OUTLOOK............................315
6.20 CONFIGURACIÓN DE OUTLOOK 2003 PARA EL ACCESO IMAP O POP A LA CUENTA DE CORREO ELECTRÓNICO .......................................................321
6.21 CONFIGURACIÓN DE OUTLOOK PARA MAC 2011 PARA SU CUENTA DE CORREO ELECTRÓNICO ........................................................................325
6.22 CONFIGURAR CORREO ELECTRÓNICO EN UN WINDOWS PHONE ..........327
6.23 CONFIGURAR CORREO ELECTRÓNICO EN UN IPHONE .......................330
6.24 ORGANIZAR CORREO ELECTRÓNICO CON REGLAS DE BANDEJA DE ENTRADA...............................................................................................332
6.25 ADMINISTRAR CONVERSACIONES DE CORREO ELECTRÓNICO.................334
6.26 CREAR UNA FIRMA DE CORREO ELECTRÓNICO ..................................336
6.27 IMPORTAR Y CREAR CONTACTOS .....................................................337
6.28 ADMINISTRAR LA CONFIGURACIÓN DEL CORREO NO DESEADO ............338

# CARACTERÍSTICAS DE OFFICE 365

Ya sabemos que Office 365 puede escalarse y puede ofrecer soporte a todo el mundo, desde un empresario individual a empresas con decenas de miles de usuarios. Office 365 para pequeñas empresas (plan P1) es la mejor opción para empresas de hasta 25 empleados y puede acomodar hasta 50 usuarios. Los planes de Office 365 para medianas y grandes empresas (E1 a E4) y los planes de quioscos (K1-K2) son aptos para organizaciones cuyo tamaño oscila entre un único empleado y más de 50.000 usuarios.

En la tabla siguiente se presentan las *características de Office 365 para correo electrónico y para los planes P1 y E1 hasta E4*.

|  | CORREO | P1 | E1 | E2 | E3 | E4 |
|---|---|---|---|---|---|---|
| Máximo de usuarios | +50.000 | 50 | +50.000 | +50.000 | +50.000 | +50.000 |
| Correo electrónico basado en la nube 25 GB de espacio de almacenamiento por | ● | ● | ● | ● | ● | ● |

| | | | | | | | |
|---|---|---|---|---|---|---|---|
| usuario | | | | | | | |
| Uso compartido de contactos y calendario | ● | ● | ● | ● | ● | ● | |
| Sitio de intranet para su equipo | | 1 subsitio | Hasta 300 subsitios | Hasta 300 subsitios | Hasta 300 subsitios | Hasta 300 subsitios | |
| Mensajería instantánea, llamadas de equipo a equipo y videoconferencias | | ● | ● | ● | ● | ● | |
| Sitio web hospedado para su empresa | | ● | ● | ● | ● | ● | |
| Creación y edición de archivos de Word, PowerPoint, Excel y OneNote en línea | | ● | Solo visualización | ● | ● | ● | |
| Antivirus y filtrado antispam superiores | ● | ● | ● | ● | ● | ● | |
| Filtro configurable contra el correo electrónico no deseado | ● | | ● | ● | ● | ● | |
| Soporte de la comunidad de Microsoft | ● | ● | ● | ● | ● | ● | |
| Soporte telefónico al | ● | | ● | ● | ● | ● | |

# CARACTERÍSTICAS DE OFFICE 365    15

| | | | | | | |
|---|---|---|---|---|---|---|
| cliente las 24 horas, los 7 días de la semana en directo *para problemas que requieran soporte informático avanzado* | | | | | | |
| Integración con Active Directory | ● | | ● | ● | ● | ● |
| *Voz avanzada* Compatibilidad con correo de voz hospedado con funcionalidades de operador automático | | | | | ● | ● |
| *Correo avanzado* Funcionalidades de archivado de correo electrónico, retención legal y almacenamiento de correo electrónico ilimitado | | | | | ● | ● |
| Suscripción a la versión de escritorio de <u>Office Professional Plus 2010</u> | | | | | ●<br>Para hasta 5 dispositivos por usuario | ●<br>Para hasta 5 dispositivos por usuario |

Las *características generales de Office 365 para todos los planes* son las siguientes:

- *Correo electrónico y calendarios.* Acceso a correo electrónico y calendario desde su equipo, su teléfono e Internet.

    o Correo electrónico profesional basado en la nube.
    o 25 GB de almacenamiento en el buzón de correo por cada usuario.
    o Posibilidad de compartir calendarios y planificar reuniones.

- *Office Web Apps.* Creación, almacenamiento y edición de documentos de Office en línea.

    o Incluye Word, PowerPoint, Excel y OneNote de Web Apps.
    o Posibilidad de editar y crear archivos con un explorador.
    o Posibilidad de abrir y editar archivos creados en Office.

- *Conferencias web.* Planificación de conferencias en línea rápidamente.

    o Conexión con videoconferencias.
    o Realización de presentaciones en línea en directo.
    o Posibilidad de compartir escritorios. Copresentaciones

- *Uso compartido de archivos.* Administración de contenido y colaboración en línea.

    o Posibilidad de compartir archivos con su equipo y con clientes.
    o 10 GB de almacenamiento para su compañía además de 500 MB por usuario
    o Creación y publicación de un sitio web para la empresa.

- *Sitio web.* Creación un sitio web profesional para la empresa.

    o No es necesario ningún código para crear y publicar su sitio web fácilmente.
    o Es posible utilizar el propio nombre de dominio.
    o No existe ningún coste de hospedaje del sitio web.

- *Movilidad*. Productividad mientras se viaja.

  o Recuperación y envío de mensajes de correo electrónico, información de contacto y citas con dispositivos Windows Phone, iPhone, iPad, Android, Symbian y Blackberry.

En cuanto a los *Servicios en línea* estamos ante una forma muy sencilla de colaborar. Office 365 agrupa el correo electrónico y los calendarios de Microsoft, Office Web Apps, conferencias web y el uso compartido de archivos en un único paquete que ofrece la máxima seguridad, confiabilidad y flexibilidad. *Los componentes más importantes* son los siguientes:

*Office Professional Plus*. Es una versión de Microsoft Office suministrada como servicio flexible y respaldada por los servicios de Office 365 conectados a la nube. Tiene las versiones más recientes de conocidas aplicaciones de Office y de Office Web Apps, de manera que es posible crear, almacenar y editar documentos de Office desde prácticamente cualquier dispositivo con un explorador web.

*Exchange Online*. Ofrece correo electrónico, calendario y contactos basados en la nube. Exchange Online le permite ejecutar el correo electrónico en nuestros servidores distribuidos globalmente para posibilitar la redundancia, protegidos por antivirus y filtros integrados contra el correo electrónico no deseado, y está respaldado por soporte informático telefónico las 24 horas del día, todos los días de la semana, en su idioma.

*SharePoint Online*. Permite mantener los equipos sincronizados. Ofrece un lugar centralizado en el que compartir documentos e información. Está concebido para funcionar con las conocidas aplicaciones de Office y permite colaborar en propuestas y proyectos en tiempo real, puesto que puede obtener acceso a los documentos y la información que necesita desde prácticamente cualquier lugar.

*Lync Online*. Es un servicio de comunicación en la nube de última generación que ofrece una nueva forma de conexión entre usuarios desde cualquier lugar a través de funcionalidades de presencia, mensajería instantánea, llamadas de equipo a equipo y sofisticadas reuniones en línea con funciones de conferencia web, de audio y vídeo.

*Office Web Apps.* Se trata de las versiones prácticas en línea de Microsoft Word, Microsoft Excel, Microsoft PowerPoint y Microsoft OneNote que lofrecen una forma fácil de tener acceso a documentos, verlos y editarlos directamente desde un navegador web.

La *licencia de Microsoft Office 365* se basa en un plan de suscripción flexible por usuario y mes con costes anuales previsibles, lo que permite ampliar los servicios cuando convenga. Microsoft gestiona el software informático y la empresa controla los derechos de acceso de usuario.

Office 365 ofrece *sencillas herramientas de administración basadas en la nube* en una única ubicación. Mediante la interfaz de usuario para administración, el personal de informática puede configurar nuevas cuentas de usuario, controlar el acceso a las características y ver el estado de todas las herramientas y servicios de Office 365 en tiempo real.

Office 365 funciona de forma óptima con Office 2010 y Office 2011 para Mac. Office 365 también funciona con ligeras limitaciones con Office 2007 y Office 2008 para Mac. Si dispone de una versión anterior de Office, necesitará actualizarla a una versión más reciente para poder utilizar Office 365.

Capítulo 1

# REQUISITOS, INICIO Y CONFIGURACIÓN

## 1.1 REQUISITOS DE SOFTWARE PARA OFFICE 365

### 1.1.1 Sistemas operativos y software compatibles

Nos ocuparemos aquí de los sistemas operativos y el software Microsoft Office compatibles con Office 365. En la siguiente tabla, figuran los sistemas operativos y exploradores web compatibles.

| Sistemas operativos | Exploradores web |
|---|---|
| Windows 7 (32 bits) | Windows Internet Explorer 8 y versiones posteriores<br>Firefox 3 y versiones posteriores<br>Chrome 6 y versiones posteriores |
| Windows 7 (64 bits) | Internet Explorer 8 y versiones posteriores<br>Firefox 3 y versiones posteriores<br>Chrome 6 y versiones posteriores |
| Windows Vista con Service Pack 2 (32 bits) | Internet Explorer 7 y versiones posteriores<br>Firefox 3 y versiones posteriores<br>Chrome 6 y versiones posteriores |
| Windows Vista con Service Pack 2 (64 bits) | Internet Explorer 8<br>Internet Explorer 7<br>Firefox 5 |

| Sistemas operativos | Exploradores web |
|---|---|
| Windows XP con Service Pack 3 (32 bits) | Internet Explorer 7 y versiones posteriores<br>Firefox 3 y versiones posteriores<br>Chrome 6 y versiones posteriores |
| Windows XP con Service Pack 2 (64 bits) | Internet Explorer 8<br>Internet Explorer 7<br>Firefox 5 |
| Windows Server 2008 y Windows Server 2008 R2 | Internet Explorer 8 y versiones posteriores<br>Firefox 3 y versiones posteriores<br>Chrome 6 y versiones posteriores |
| Mac OS X 10.5, Mac OS X 10.6 o Mac OS X 10.7 | Firefox 3 y versiones posteriores<br>Safari 4 y versiones posteriores |

Además, Office 365 es compatible con el siguiente software de Office:

- Microsoft Office 2010
- Microsoft Office 2007 con Service Pack 2
- Microsoft Office para Mac 2011 con Service Pack 1
- Microsoft Office 2008 para Mac versión 12.2.9

Cuando Microsoft Office Professional Plus se ofrece como un servicio de suscripción para clientes de Office 365, no está diseñado para instalarse en servidores o plataformas virtualizadas. Microsoft no proporciona soporte técnico para los problemas de partners o clientes relacionados con la instalación o el uso de Office 365 en un servidor que ejecute Servicios de Escritorio remoto en Windows Server 2008 R2, en un servidor que ejecute Terminal Services en Windows Server 2008 ni en ninguna plataforma virtualizada.

## 1.1.2 Requisitos de software para los servicios de usuario

En la siguiente tabla, figuran las funciones y servicios de usuario de Office 365 y se proporcionan vínculos a sus requisitos de software correspondientes.

| Servicio de usuario | Requisitos de software |
|---|---|
| Configuración de escritorio de Microsoft Office 365 | Windows:<br>• Sistemas operativos y software compatibles<br>Macintosh: |

|  |  |
|---|---|
|  | • Sistemas operativos y software compatibles<br>• Configurar el equipo Mac para Office 365 |
| Microsoft Outlook Web App | Exploradores compatibles con Outlook Web App y Exchange Online |
| Microsoft SharePoint Online | Planificar compatibilidad de exploradores |
| Microsoft Office Web Apps | Planificar Office Web Apps |
| Microsoft Lync | Requisitos del sistema para Microsoft Lync 2010 |
| Microsoft Office Professional Plus | Office Professional Plus para Office 365 |
| Microsoft Office para Mac | Configurar el equipo Mac para Office 365 |

## 1.1.3 Requisitos de software para herramientas administrativas

En la siguiente tabla, figuran las herramientas de Office 365 que utilizan los administradores, así como los vínculos a sus requisitos de software correspondientes o información relacionada.

| Herramienta | Requisitos de software |
|---|---|
| Panel de control de Exchange | Exploradores compatibles con Outlook Web App y Exchange Online |
| Microsoft SharePoint Online - Centro de administración | Planificar compatibilidad de exploradores |
| Panel de control de Microsoft Lync Online | Windows:<br>• Sistemas operativos y software compatibles<br>Macintosh:<br>• Sistemas operativos y software compatibles<br>• Configurar el equipo Mac para Office 365 |
| Módulo Microsoft Online Services para Windows PowerShell | Windows 7 o Windows Server 2008 R2<br>Activar Windows PowerShell y .NET Framework 3.5.1.<br>Instalar Microsoft Online Services - Ayudante para el inicio de sesión. |
| Microsoft Online Services - Herramienta de sincronización de directorios | Preparar la sincronización de directorios |
| Inicio de sesión único | Requisitos para inicio de sesión único |

## 1.2 SUSCRIPCIÓN A OFFICE 365

Antes de suscribirse a Microsoft Office 365 para empresas, es necesario asegurarse de que el equipo cuenta con una de las combinaciones de sistema operativo y el explorador de Internet enumeradas en Requisitos de software para Office 365.

Además, la disponibilidad de servicios y características en Microsoft Office 365 para empresas varía según el país y la región.

Un servicio, como el de voz sobre IP (VoIP), puede estar disponible en un país o región y no disponible en otros. Las características de un servicio pueden restringirse por razones legales en diversos países o regiones. Para saber si Office 365 y todos los servicios de Office 365 están disponibles en el país o la región en la que opera, consulte la página web de Restricciones de licencias para Office 365 cuya UR es: *http://onlinehelp.microsoft.com/es-es/office365-enterprises/ff951658.aspx.*

Office 365 está disponible para la venta a clientes en los siguientes países o regiones: Alemania, Australia, Austria, Bélgica, Brasil, Canadá, Chile, Chipre, Colombia, Corea, Costa Rica, Dinamarca, España, Estados Unidos, Finlandia, Francia, Grecia, Hong Kong (RAE), Hungría, India, Irlanda, Israel, Italia, Japón, Luxemburgo, Malasia, México, Noruega, Nueva Zelanda, Países Bajos, Perú, Polonia, Portugal, Puerto Rico, Reino Unido, República Checa, Rumanía, Rusia, Singapur, Suecia, Suiza y Trinidad y Tobago.

Los clientes que adquieran Office 365 podrán asignar una licencia de Office 365 a un usuario que resida en cualquier parte del mundo, salvo en Cuba, Irán, Myanmar, República Popular Democrática de Corea, Siria, Sudán y Timor-Leste. Tenga en cuenta que la disponibilidad de las características para estos usuarios podría variar según la ubicación.

El administrador de la organización puede suscribirse para una versión de prueba gratuita o comprar una suscripción. Después de crear la cuenta de la organización, se utilizan las herramientas administrativas de Office 365 para crear cuentas de usuario y, a continuación, asignárselas a cada usuario de la organización. Durante el proceso de suscripción, se pedirá que establezca un nombre de dominio nuevo y que se cree un Id. de usuario para la cuenta.

Para suscribirse a Office 365, siga los pasos que se detallan a continuación:

1. En el Portal de Office 365 (*www.microsoft.com/es-es/office365/online-software.aspx*), haga clic en el vínculo correspondiente para adquirir Office 365 (*Comprar ahora*) u *obtener la versión de evaluación gratuita* (Figura 1-1).

2. Realice una de las operaciones siguientes:

    - Si se va a suscribir para adquirir Office 365:

        a. En la página **Comprar Office 365**, seleccione **Empresas medianas y grandes e instituciones públicas E3** u otra pestaña según el plan que interese (Figura 1-2).
        b. Si está disponible, haga clic en las pestañas **Planes empresariales** o **Planes para trabajadores remotos**, según el plan que le interese.
        c. Cuando haya decidido qué plan adquirir, haga clic en **Comprar ahora** en dicho plan.

    - Si se está suscribiendo a la versión de prueba haga clic en el botón **Evaluación gratuita** y en la página **Probar Office 365 gratis durante 30 días** (Figura 1-3), haga clic en **EVALUACIÓN GRATUITA**, en **Empresas grandes y medianas (plan E3)**.

3. En la página **Suscribirse** (Figura 1-4), seleccione el país o la región en la que su organización usará Office 365 y, a continuación, seleccione el idioma que desea utilizar para los comunicados de la empresa.

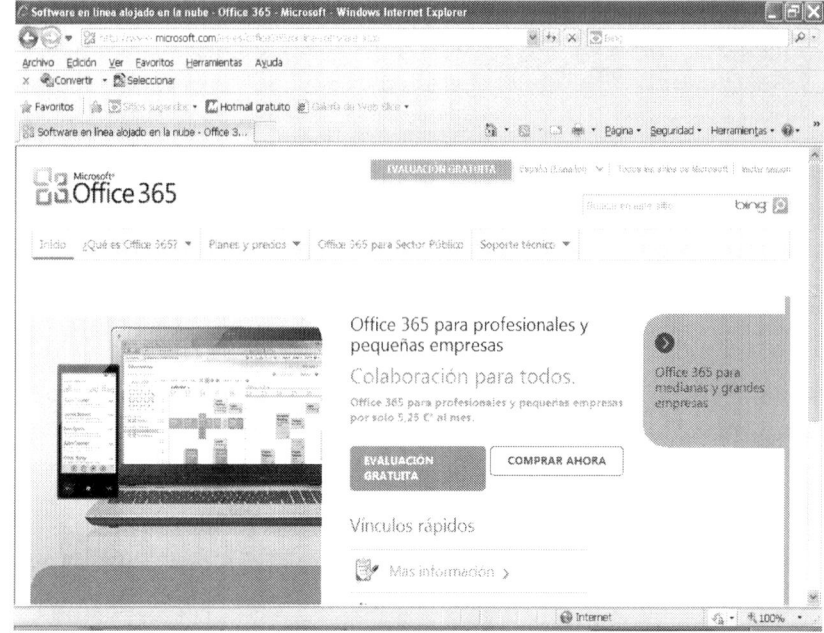

24   OFFICE 365. APLICACIONES EN LA NUBE DE MICROSOFT

Figura 1-1

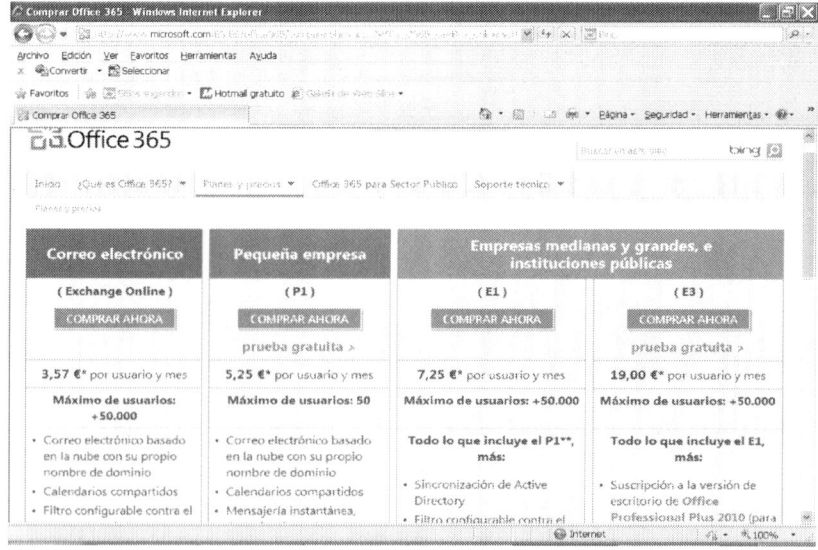

Figura 1-2

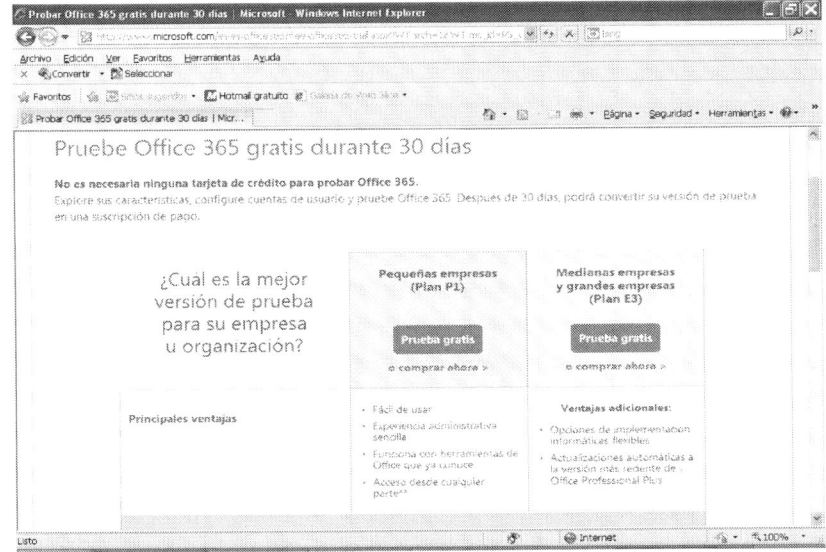

CAPÍTULO 1. REQUISITOS, INICIO Y CONFIGURACIÓN 25

Figura 1-3

Figura 1-4

4. Escriba su nombre y apellidos, así como el nombre de su organización. Su nombre y apellidos se mostrarán en el Portal de Office 365 una vez inicie sesión.
5. Escriba la dirección de correo completa de su organización.
6. Escriba una dirección de correo electrónico existente. En la dirección de correo electrónico que proporcione recibirá la información sobre el restablecimiento de la contraseña será si olvida la contraseña de Office 365 y solicita un restablecimiento. La información promocional, así como la información sobre el servicio y la facturación que elija recibir, también se enviará a esta dirección de correo electrónico.
7. Escriba un nombre descriptivo para el nuevo dominio de modo que tenga el siguiente formato: *contoso.onmicrosoft.com*. Para asegurarse de que el nombre del dominio esté disponible, haga clic en *Comprobar disponibilidad*. Después de crear la cuenta, podrá conservar el nombre de dominio creado durante la suscripción o cambiarlo al nombre de dominio personalizado de su organización. Para usar este último, primero tendrá que agregarlo a Office 365.
8. Escriba un nombre de usuario y, a continuación, la contraseña. Vuelva a escribir la contraseña para confirmarla.
9. Escriba los números y las letras que vea en el cuadro de la imagen. Los caracteres no hacen distinción entre mayúsculas y minúsculas. Este paso confirma que se trata de una persona, y no de un programa automatizado, quien realiza la suscripción a una cuenta. Si no puede leer con claridad los caracteres que aparecen en el cuadro de la imagen, lleve a cabo una de las siguientes acciones:

- Para ver un cuadro de imagen nuevo, haga clic en el botón **Actualizar** situado junto al cuadro.
- Para oír una grabación de audio de los caracteres, haga clic en el botón **Altavoz**. La grabación corresponderá a un conjunto de caracteres distinto al que aparece en el cuadro de la imagen. Si, después de oír la grabación, decide que sería más fácil escribir los caracteres que

CAPÍTULO 1. REQUISITOS, INICIO Y CONFIGURACIÓN   27

aparecen en el cuadro de la imagen, haga clic en **Actualizar** para ver un cuadro de imagen nuevo. Escriba los números y las letras que aparecen en el cuadro nuevo.

10. Lea el acuerdo de servicio y, si está conforme, haga clic en **Acepto y continuar** para completar el proceso de suscripción.

Después de suscribirse, iniciará sesión automáticamente en Office 365 como administrador (Figura 1-5). Se enviará un mensaje de correo electrónico con la información de la cuenta a la dirección de correo electrónico que haya proporcionado durante el proceso de suscripción. Conserve este mensaje para consultarlo en caso de que olvide el Id. de usuario o la dirección del sitio web donde iniciar la sesión de Office 365.

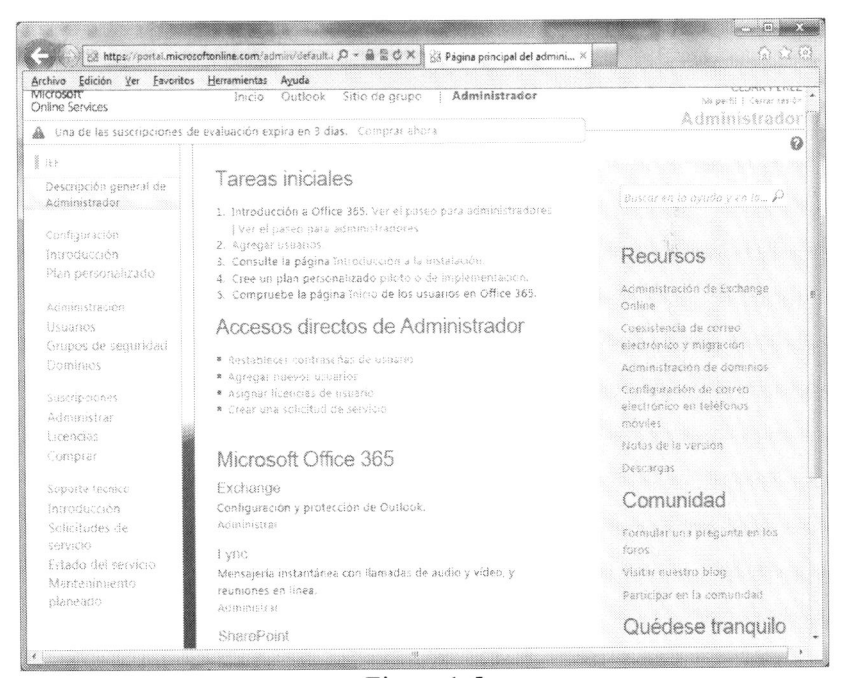

Figura 1-5

El Id. de usuario es la nueva dirección de correo electrónico que crea al suscribirse a Microsoft Office 365. Usará este Id. de usuario, junto con la contraseña que cree, cada vez que inicie sesión en Office 365. Un Office 365 Id. de usuario inicial tiene un aspecto parecido al siguiente: *ellen@contoso.onmicrosoft.com*.

Tiene que usar un nombre de usuario exclusivo para el Id. de usuario y para los demás usuarios que cree para la cuenta de Office 365. El dominio correspondiente al Id. de usuario es el dominio ".onmicrosoft.com" elegido al suscribirse a Office 365 u otro dominio (por ejemplo, el dominio personalizado de la organización) que ha agregado Office 365.

Por ejemplo, si ha elegido *fourthcoffee.onmicrosoft.com* como nombre de dominio al crear la cuenta de Office 365 y, como nombre, ha elegido *colinw*, el Office 365 Id. de usuario sería *colinw@fourthcoffee.onmicrosoft.com*.

Al suscribirse a Office 365, también deberá proporcionar una dirección de correo electrónico existente como dirección de correo de contacto alternativa. Después de finalizar el proceso de suscripción, recibirá un mensaje de correo electrónico de presentación en su dirección de correo electrónico existente que incluirá el Id. de usuario y la URL de la página donde iniciará sesión en Office 365. Si olvida el Id. de usuario o si no recuerda la URL del Portal de Office 365, consulte el mensaje de correo electrónico de presentación para buscar esta información.

Creará un Id. de usuario nuevo para cada cuenta de usuario que agregue a la suscripción. Office 365 genera una contraseña temporal que puede proporcionar a los usuarios nuevos, junto con el Id. de usuario de cada usuario para que puedan iniciar sesión en Office 365.

La dirección de correo electrónico alternativa que se le pide que proporcione durante el proceso de suscripción se usa para comunicados importantes, como restablecimientos de contraseñas del administrador. La información sobre el servicio y la facturación, así como la información promocional que elija recibir, también se enviará a esta dirección de correo electrónico. Si se trata de un administrador, puede cambiar esta dirección de correo electrónico en la página **Mi perfil**.

## 1.3 INICIAR SESIÓN EN OFFICE 365

Los pasos para iniciar sesión en Office 365 son los siguientes:

1. Vaya a la página para iniciar sesión (*https://login.microsoftonline.com*) en Office 365.
2. En la Figura 1-6 escriba su contraseña e Id. de usuario. Si no recuerda su contraseña, haga clic en ¿Ha olvidado la contraseña? para obtener instrucciones. Si un administrador creó su cuenta de usuario, se le proporcionará una contraseña temporal. Cuando inicie sesión en Office 365 por primera vez, deberá cambiar su contraseña temporal para poder tener acceso a los servicios.
3. Si desea poder cerrar la ventana del explorador y seguir con conexión a Office 365 hasta que cierre la sesión, haga clic en *Mantener la sesión iniciada*. Si hace clic en *Mantener la sesión iniciada* y, a continuación, cierra la sesión de Office 365, la próxima vez que inicie sesión en Office 365 se le pedirá que vuelva a escribir la contraseña. Por motivos de seguridad, le recomendamos que solo use la casilla *Mantener la sesión iniciada* en equipos privados y nunca en equipos públicos o compartidos.
4. Haga clic en **Iniciar sesión**. Se iniciará sesión automáticamente en Office 365 como administrador (Figura 1-5).

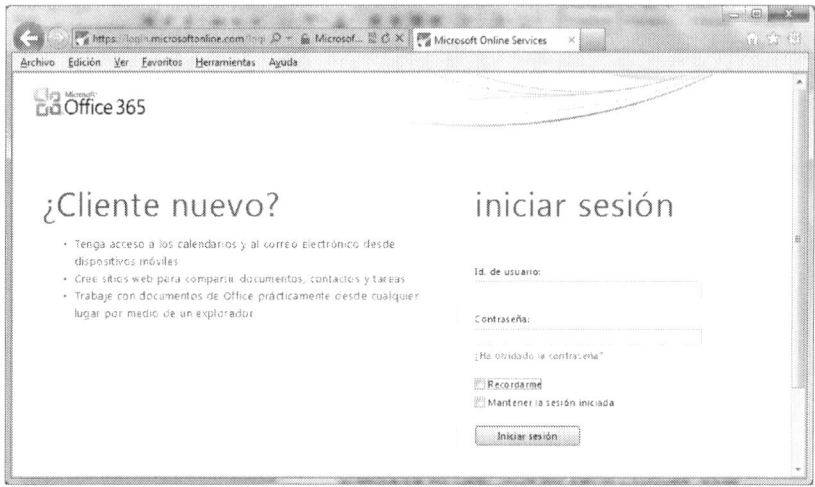

Figura 1-6

## 1.4 CAMBIAR LA CONTRASEÑA

La primera vez que inicie sesión en Microsoft Office 365 para empresas, usará la contraseña temporal que se le haya facilitado y, a continuación, creará una contraseña nueva para iniciar sesión a partir de ese momento. También puede cambiar la contraseña en cualquier momento una vez iniciada la sesión. En este tema se explica cómo cambiar la contraseña una vez iniciada la sesión.

Para cambiar la contraseña, siga los pasos que se detallan a continuación:

1. En el Portal de Office 365, haga clic en la opción *Mi perfil* en la esquina superior derecha de la pantalla (Figura 1-7).

2. En la página *Mi perfil* (Figura 1-8), haga clic en *Cambiar contraseña*.

3. En la página *Cambiar contraseña* (Figura 1-9), escriba la contraseña antigua, una nueva contraseña y, a continuación, vuelva a escribir esta última para confirmarla.

4. Haga clic en *Enviar*.

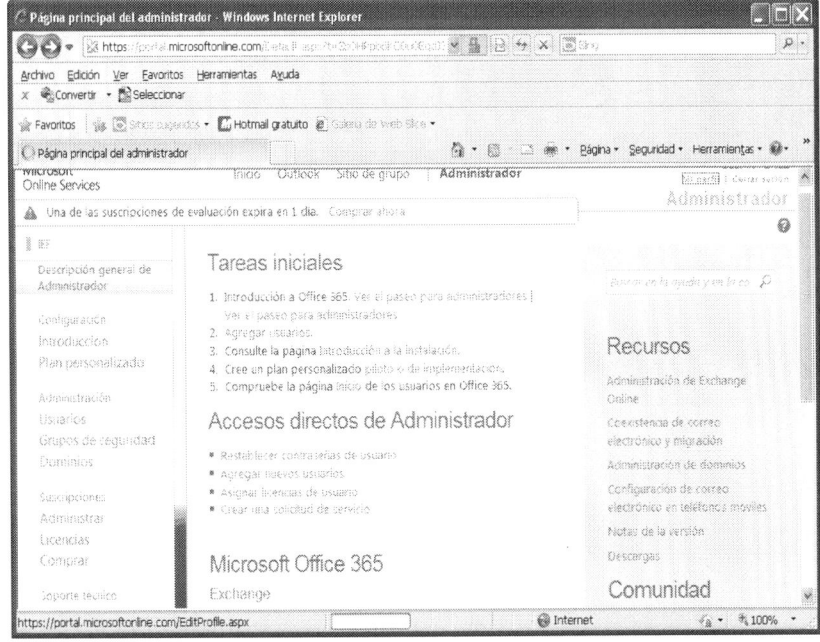

CAPÍTULO 1. REQUISITOS, INICIO Y CONFIGURACIÓN 31

Figura 1-7

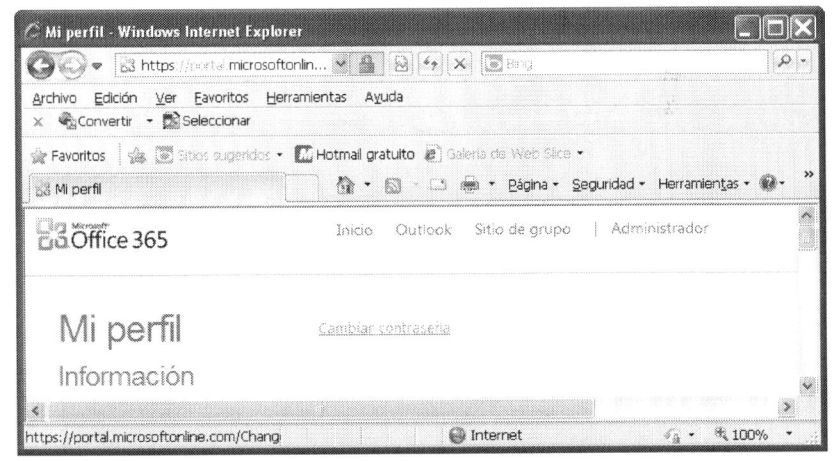

Figura 1-8

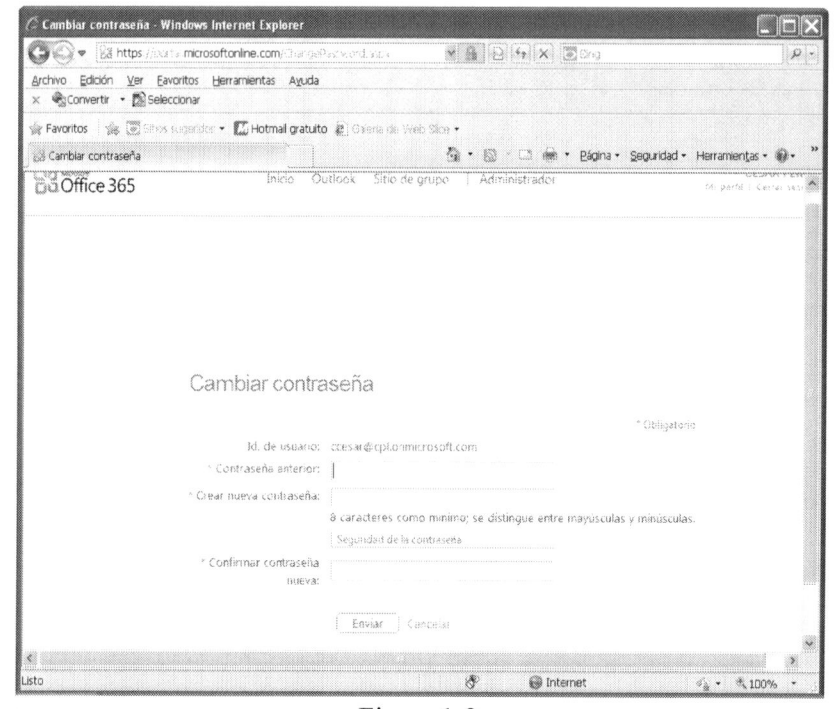

Figura 1-9

La *directiva de contraseñas del usuario* es la siguiente:

- De forma predeterminada, las contraseñas de usuario de Office 365 están configuradas de tal modo que expiran periódicamente. Cuando su contraseña expire, se le notificará en el inicio de sesión.

- Siga estas instrucciones para crear una contraseña nueva.

    o Use entre 8 y 16 caracteres.
    o Use una combinación de letras mayúsculas y minúsculas.
    o Use al menos un número o símbolo.
    o No use espacios, tabulaciones o saltos de línea.
    o No use su nombre de usuario (la parte de su Id. de usuario situada a la izquierda del símbolo @).

- Si ha olvidado la contraseña, deberá solicitar un restablecimiento de contraseña a un administrador de Office 365. El administrador puede proporcionarle una nueva contraseña temporal que podrá usar la próxima vez que inicie sesión.

- Si olvida la contraseña y es el único administrador de Office 365 de la organización, puede restablecer su propia contraseña, siempre y cuando haya indicado anteriormente una dirección de correo electrónico alternativa y un número de teléfono móvil capaz de recibir mensajes de texto. Si no ha proporcionado el número de teléfono móvil y la dirección de correo electrónico necesarios, póngase en contacto con el servicio de soporte para restablecer la contraseña.

## 1.5 RESTABLECER LA CONTRASEÑA DE UN USUARIO

Los administradores pueden restablecer contraseñas a los usuarios de su organización que las olviden. Las contraseñas que se asignan son temporales. Los usuarios deberán cambiar esas contraseñas temporales la siguiente vez que inicien sesión.

Solo los administradores globales, los administradores de administración de usuarios y los administradores de contraseñas pueden restablecer contraseñas de usuarios y otros administradores. Existen las siguientes restricciones a la hora de restablecer contraseñas:

- Los administradores de contraseñas solo pueden restablecer contraseñas de usuarios y otros administradores de contraseñas.

- Los administradores de administración de usuarios no pueden restablecer contraseñas de administradores globales, de servicios y de facturación.

Para restablecer la contraseña de un usuario, siga este procedimiento:

1. En el encabezado del portal de Office 365, haga clic en *Administrador*.

2. En el panel izquierdo, en *Administración*, haga clic en *Usuarios* (Figura 1-10).

3. En la página *Usuarios* (Figura 1-11), active la casilla situada junto a la contraseña que desea cambiar y, a continuación, haga clic en *Restablecer contraseña*.

4. Si desea enviarse la contraseña temporal a sí mismo o enviarla a otros contactos, en la página *Enviar resultados en correo electrónico*, active la casilla *Enviar correo electrónico* y escriba las direcciones de correo electrónico de los destinatarios. Escriba las direcciones de correo electrónico separadas por punto y coma (;). Puede especificar un máximo de cinco direcciones de correo electrónico.

5. Haga clic en *Restablecer contraseña*. Office 365 genera automáticamente una contraseña y la envía a las direcciones de correo electrónico especificadas.

6. En la página *Resultados*, haga clic en *Finalizar*.

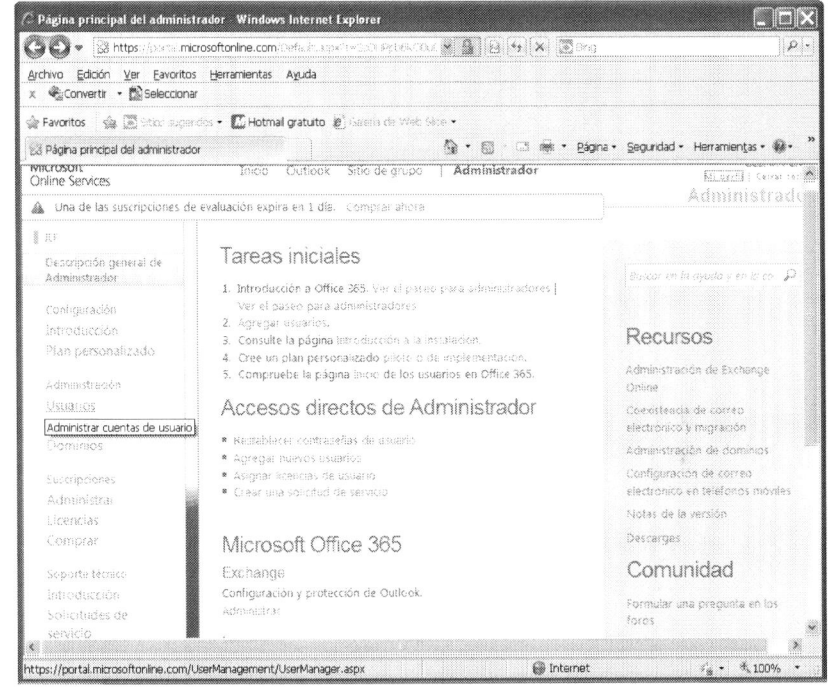

CAPÍTULO 1. REQUISITOS, INICIO Y CONFIGURACIÓN 35

Figura 1-10

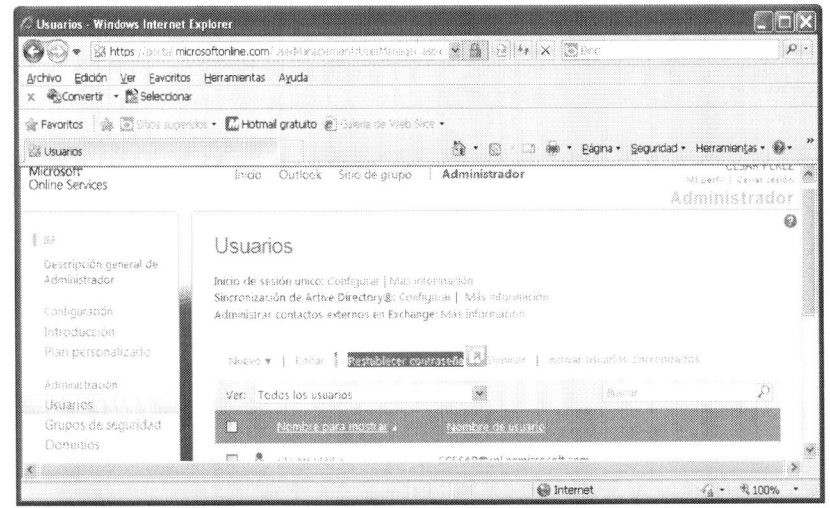

Figura 1-11

Además, los administradores pueden usar el proceso de autorrestablecimiento de contraseña para restablecer sus propias contraseñas, opción únicamente disponible si indicaron una dirección de correo electrónico alternativa y un número de teléfono móvil capaz de recibir mensajes de texto.

## 1.6 RESTABLECER LA CONTRASEÑA DE ADMINISTRADOR

Si es un administrador de Microsoft Office 365 para empresas y ha olvidado su contraseña, puede restablecerla. Únicamente los administradores pueden restablecer contraseñas. También puede a un administrador de usuarios o a un administrador global que restablezca la contraseña por usted.

Para restablecer su propia contraseña, debe haber proporcionado una dirección alternativa de correo electrónico y un número de teléfono móvil que admita mensajes de texto. Para obtener instrucciones sobre cómo agregar esta información a la cuenta de un usuario, consulte Crear o editar usuarios.

Para restablecer su contraseña, haga lo siguiente:

1. En Microsoft Office 365 para empresas, en la página de inicio de sesión (Figura 1-12), haga clic en *¿Ha olvidado la contraseña?* Si no ve el vínculo ¿Ha olvidado la contraseña?, haga clic primero en su identificador de usuario.

2. En la primera página del asistente para restablecer la contraseña (Figura 1-13), haga clic en la opción adecuada y en *Siguiente*. Únicamente los administradores pueden restablecer contraseñas.

3. En la página *Comprobación del usuario* (Figura 1-14), escriba el Id. de usuario y los caracteres necesarios para la verificación; a continuación, haga clic en *Siguiente*.

4. Se enviará un correo electrónico con instrucciones a su dirección alternativa de correo electrónico.

5. Lea las instrucciones que figuran en el mensaje de correo electrónico y, a continuación, haga clic en el vínculo Restablecer la contraseña ahora.

6. Al hacer clic en el vínculo del mensaje de correo electrónico, se enviará un código de seguridad a su teléfono móvil. Tiene que responder al correo electrónico y al mensaje de texto en el plazo de 10 minutos. Deberá completar el proceso de restablecimiento con el mismo equipo y sesión del explorador. Si cierra la ventana del explorador o tarda más de 10 minutos en responder, deberá volver a iniciar el proceso.

7. En el asistente de la página *Comprobación de teléfono móvil*, escriba el *Código de seguridad* que haya recibido en el teléfono móvil.

8. En la página *Crear una nueva contraseña*, escriba una nueva contraseña, confírmela y haga clic en *Finalizar*.

9. Una vez que se haya restablecido la contraseña, haga clic en el vínculo del asistente para volver a la página de inicio de sesión de Office 365 e inicie sesión con la nueva contraseña.

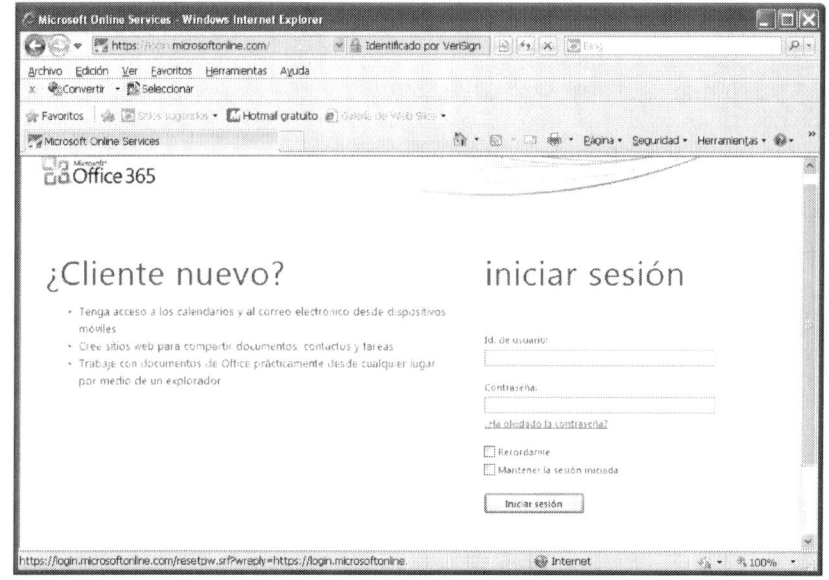

38   OFFICE 365. APLICACIONES EN LA NUBE DE MICROSOFT

Figura 1-12

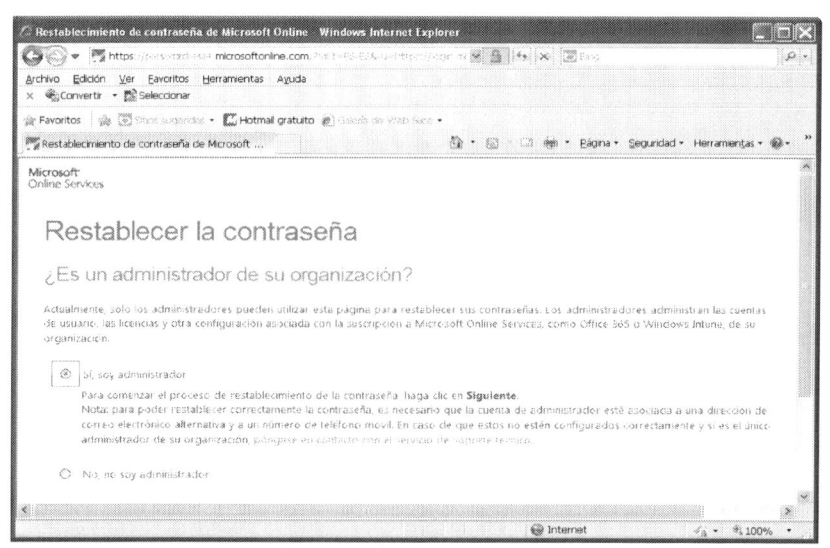

Figura 1-13

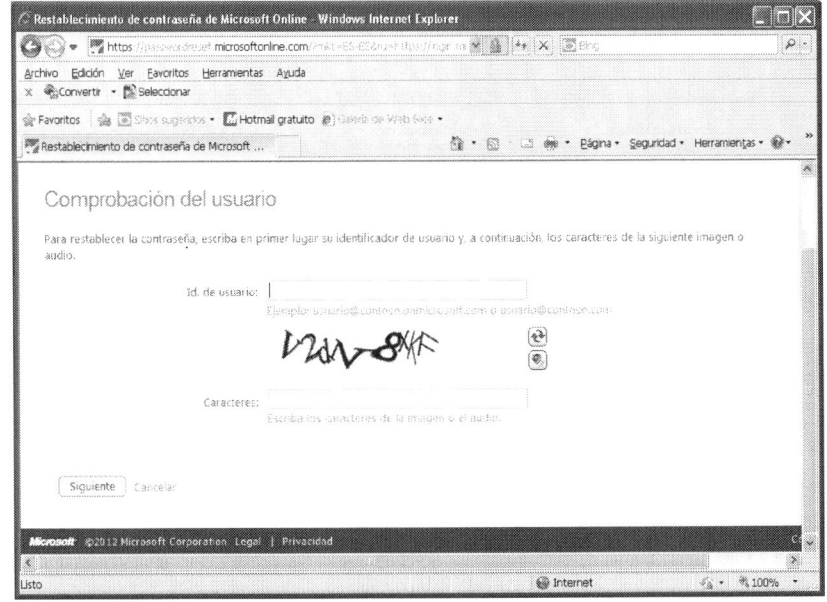

Figura 1-14

## 1.7 CONFIGURAR ESCRITORIO PARA OFFICE 365

Después de haber iniciado sesión en el Portal de Office 365 por primera vez, debe configurar el equipo para que funcione con Microsoft Office 365 para empresas. Ello conlleva la instalación de actualizaciones de las aplicaciones de escritorio desde la página Office 365 *Descargas* y, a continuación, la configuración del equipo.

Cuando haya configurado el escritorio, podrá hacer lo siguiente:

- Instalar el conjunto de aplicaciones completo de aplicaciones de escritorio de Microsoft Office 2010, si dispone de una Suscripción a Office Professional Plus.

- Instale Microsoft Lync, su conexión al área de trabajo de mensajería instantánea y reuniones en línea, que incluyen audio y vídeo.

- Usar su Id. de usuario para iniciar sesión en Office 365 desde las aplicaciones de escritorio.

Para *configurar el escritorio para Office 365*, siga estos pasos:

1. Compruebe que su equipo cumple los requisitos de Office 365. Esto ya se ha tratado anteriormente en *Requisitos de software para Office 365*.

2. Inicie sesión en el Portal de Office 365. En el panel derecho, debajo de *Recursos*, haga clic en *Descargas* (Figura 1-15).

3. Si dispone de Microsoft Office Professional Plus, en *Instalar Microsoft Office Professional Plus*, seleccione la opción de idioma que desee y elija entre la versión de 32 bits o la de 64 bits. A continuación, haga clic en *Instalar* (Figura 1-16).

4. En *Instalar Microsoft Lync 2010*, seleccione la opción de idioma que desee y elija entre la versión de 32 bits o la de 64 bits, y haga clic en *Instalar* (Figura 1-17).

5. Debajo de *Instalar y configurar sus aplicaciones de escritorio de Office*, haga clic en *Configurar*. Se iniciará la herramienta *Configuración de escritorio de Microsoft Office 365* (Figura 1-17).

6. Inicie sesión con su Id. de usuario.

7. *Configuración de escritorio de Office 365* comprobará la configuración del sistema. Si el examen se completa sin detectar problemas, se le mostrarán opciones para configurar las aplicaciones de escritorio y para obtener más información sobre las actualizaciones importantes que instalará Configuración de escritorio de Office 365.

8. Después de haber seleccionado las aplicaciones que desea configurar, haga clic en *Continuar*, revise los acuerdos de servicio y haga clic en *Acepto* para comenzar a instalar las actualizaciones y a configurar las aplicaciones de escritorio. Es posible que algunas aplicaciones tengan casillas sombreadas. Esto puede producirse si su cuenta no está aprovisionada para usar esta aplicación con Office 365 o si su equipo no tiene instaladas las aplicaciones necesarias.

9. Cuando se hayan completado la instalación y la configuración, es posible que tenga que reiniciar el equipo para finalizar los procesos de instalación y configuración.

Después de ejecutar *Configuración de escritorio de Office 365*, se agregará un acceso directo de Portal de Office 365 al menú Inicio del escritorio. Si se produce un problema mientras configura el escritorio, puede que un administrador o agente de soporte le solicite que recopile un registro pulsando Shift, Ctrl y L simultáneamente en el teclado.

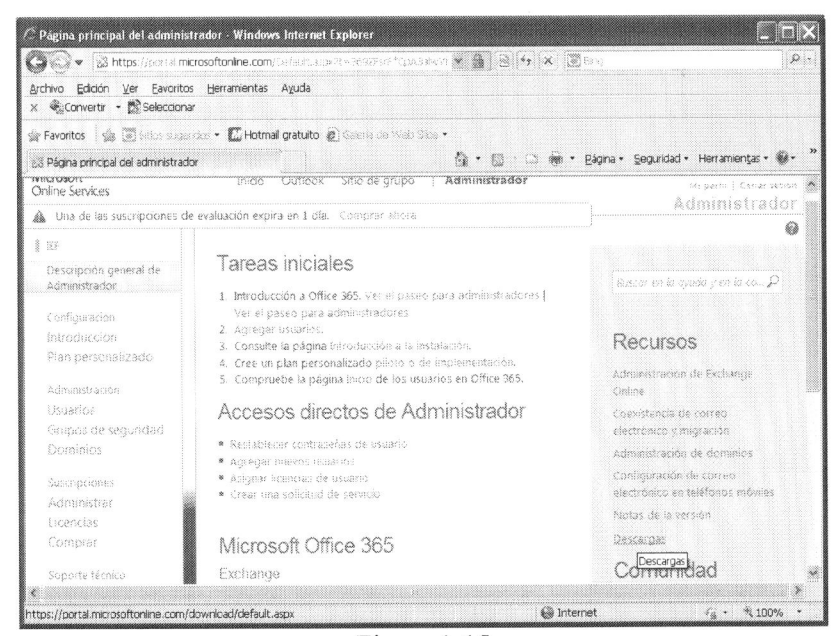

Figura 1-15

42   OFFICE 365. APLICACIONES EN LA NUBE DE MICROSOFT

Figura 1-16

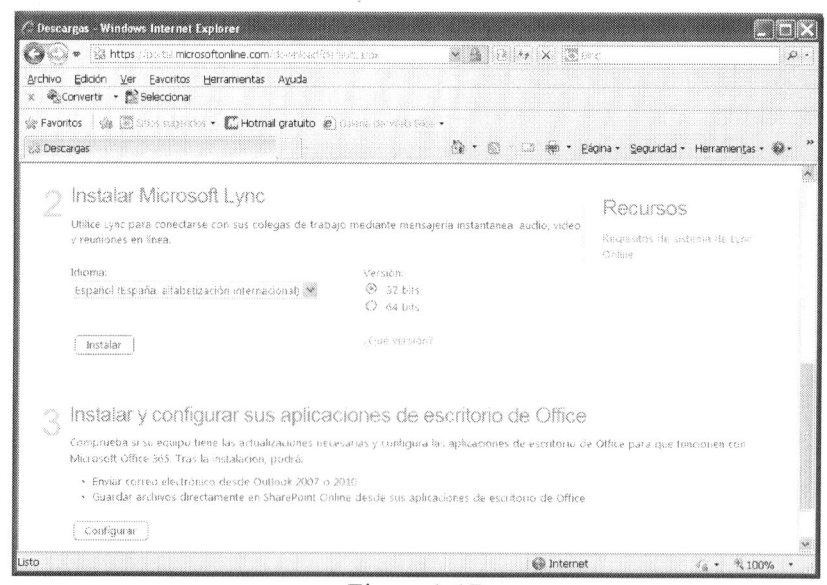

Figura 1-17

Antes de la descarga y la instalación de Office Professional Plus, tenga presentes los siguientes aspectos clave:

- Cuando instale Office Professional Plus, se desinstalará cualquier versión de Office en su equipo. Asegúrese de que cuenta con los discos de instalación y las claves de producto de la versión actual de Office antes de instalar Office Professional Plus. Los necesitará si desea volver a la instalación de Office anterior.

- Se recomienda usar la instalación predeterminada de Office Professional Plus y no instalar versiones distintas de Office..

- Microsoft Office Professional Plus instala la versión de 32 bits de Office Professional Plus de forma predeterminada, aunque su equipo funcione con la edición de 64 bits de Windows. Si no sabe con certeza qué versión de Office Professional Plus debe instalar, consulte Elegir la versión de 32 o 64 bits de Microsoft Office.

- Si vuelve a la instalación anterior de Office, es posible que descubra que el perfil previo de Microsoft Outlook ya no funciona. Deberá quitar el perfil de correo electrónico y, a continuación, crear un nuevo perfil de correo electrónico.

- Asegúrese de activar las actualizaciones automáticas en Windows Update para conseguir todas las actualizaciones de Office Professional Plus.

Capítulo 2

# SHAREPOINT ONLINE

## 2.1 TAREAS BÁSICAS EN SHAREPOINT ONLINE PARA OFFICE 365 PARA EMPRESAS

### 2.1.1 Introducción a SharePoint Online

SharePoint Online proporciona una única ubicación integrada en la que los empleados pueden colaborar de manera eficiente con miembros del grupo, compartir conocimientos, así como buscar información y recursos de la organización.

Cuando comienza, el sitio de SharePoint Online consta de al menos un sitio de nivel superior que ha creado el administrador de su colección de sitios y que puede contener uno o varios subsitios por debajo de él. Sus sitios se pueden basar en una de las múltiples plantillas de sitio y, con los permisos adecuados, podrá crear diversos subsitios.

Por ejemplo, el sitio de nivel superior puede ser un sitio de grupo que las organizaciones, los equipos o los grupos pueden usar para conectarse entre sí y colaborar en documentos y otros archivos. Tanto usted como sus compañeros pueden usar el sitio de grupo para almacenar documentos y compartirlos con otros usuarios, publicar anuncios oficiales, programar reuniones, realizar el seguimiento de tareas y problemas, almacenar información en listas, etc. Bajo el sitio de grupo, puede tener un blog del grupo en el que los empleados compartan información o un área de reuniones sociales para organizar eventos del grupo, reuniones de empresa, etc.

## 2.1.2 Partes de un sitio

Un sitio es un grupo de páginas web relacionadas donde el grupo puede trabajar en proyectos, almacenar datos y documentos, y compartir información. Por ejemplo, el grupo puede tener su propio sitio donde almacena programaciones, archivos e información de procedimientos. Todos los sitios de SharePoint tienen elementos comunes que debe conocer antes de empezar: listas, bibliotecas, elementos web y vistas.

- **Listas**: Una lista es un componente del sitio web donde la organización puede almacenar, compartir y administrar información. Por ejemplo, puede crear una lista de tareas para realizar un seguimiento de las asignaciones de trabajo o realizar un seguimiento de eventos del equipo en un calendario. También puede realizar una encuesta u hospedar discusiones en un panel de discusión.

- **Bibliotecas**: Una biblioteca es un tipo de lista especial que almacena archivos, así como información acerca de los archivos. Puede controlar la visualización, el seguimiento, la administración y la creación de los documentos en bibliotecas.

- **Vistas**: Puede usar vistas para ver los elementos de una lista o biblioteca que sean más importantes o que mejor se ajusten a un propósito. Por ejemplo, puede crear una vista de todos los elementos de una lista que se aplican a un departamento específico o para resaltar determinados documentos en una biblioteca. Puede crear varias vistas de una lista o biblioteca entre las que pueden seleccionar los usuarios. También puede usar un elemento web para mostrar una vista de una lista o biblioteca en una página independiente de su sitio.

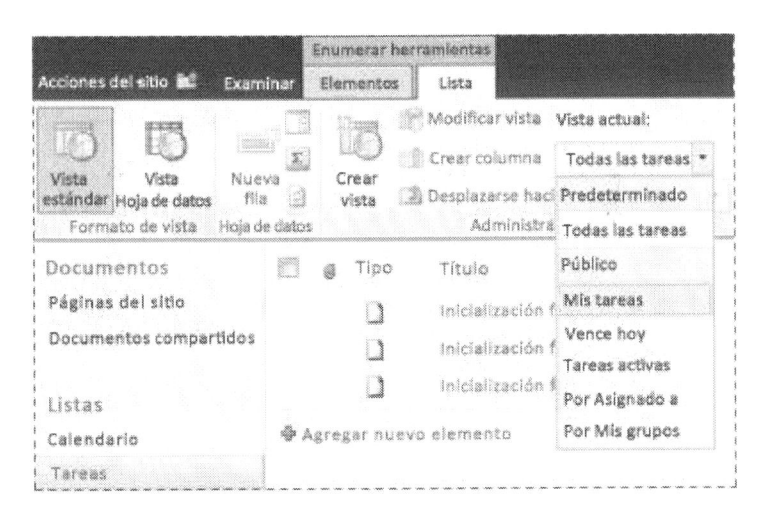

- **Elementos web**: Un elemento web es una unidad modular de contenido que forma un bloque de creación básico de la mayoría de las páginas de un sitio. Si tiene permiso para editar las páginas del sitio, puede usar elementos web para personalizar el sitio para mostrar imágenes y gráficos, partes de otras páginas web, listas de documentos, vistas personalizadas de datos profesionales, etc.

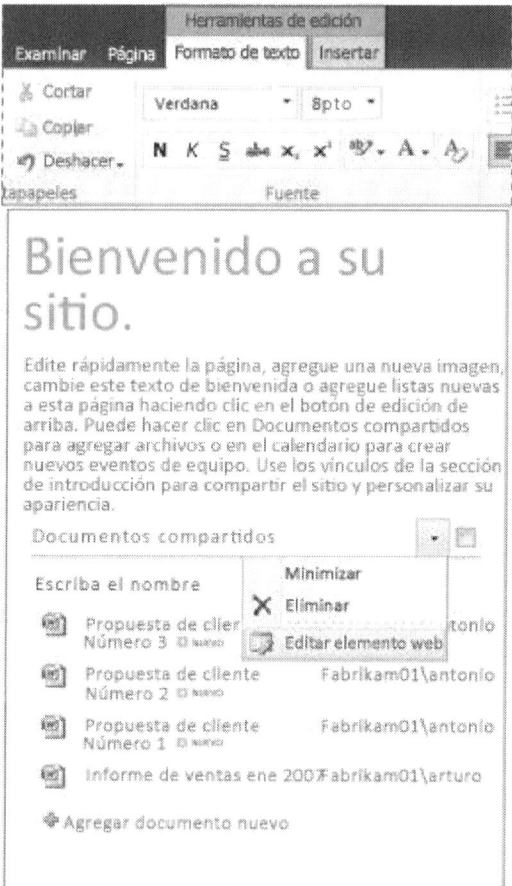

## 2.1.3 Características específicas del sitio que afectan a su experiencia

Las características específicas de la instalación y configuración de SharePoint afectan tanto a lo que se ve como a las opciones que hay disponibles en el sitio.

- **Permisos**: Si se le asigna el nivel de permisos Control total, tiene toda la variedad de opciones para administrar el sitio. Si se le asigna el nivel de permisos Colaborar o Lectura, las opciones y el acceso al contenido del sitio son más limitados. Muchas de las opciones analizadas en este artículo no están disponibles para los usuarios con nivel de permisos Lectura, que permite a los usuarios leer contenido pero no realizar cambios. Dado que los permisos están diseñados para ser flexibles y personalizables, su organización puede tener su propia configuración exclusiva.

- **Personalización**: Es posible que su organización haya personalizado los permisos y la personalización de marca del sitio, o incluso que haya personalizado la navegación del sitio y movido controles tales como el menú Acciones del sitio a una ubicación diferente en la página. De forma similar, es posible que su organización haya decidido no usar la funcionalidad de la cinta de opciones incluida en SharePoint 2010.

- **Versión de SharePoint**: En este artículo se analiza cómo comenzar a trabajar con SharePoint Online para Office 365 para empresas. Si su organización se ha suscrito a un plan de Office 365 distinto o si usa una versión anterior de SharePoint, vea la Ayuda de ese plan o versión.

## 2.1.4 Permisos y acceso

Para tener acceso al sitio, debe disponer de los permisos pertinentes. De forma predeterminada, se concede permiso de colaboración a la mayoría de los usuarios del sitio. Es posible que unas pocas personas tengan permiso de diseño en el sitio. Los administradores de la colección de sitios pueden administrar permisos para los usuarios en todos los sitios. Los propietarios del sitio únicamente pueden administrar permisos para los usuarios en los sitios que poseen.

Los niveles de permisos básicos de SharePoint son Control total, Diseño, Colaborar y Leer. Los niveles de permisos son combinaciones de permisos que por lo general se agrupan en función de la naturaleza del trabajo. Por ejemplo, puede asignar el nivel de permisos Colaborar a un usuario que agregará contenido al sitio de grupo o el nivel de permisos Diseño a un usuario que va a diseñar el sitio.

## 2.2 CONCEDER PERMISOS PARA UN SITIO

La integridad y confidencialidad de la información de la organización dependen del nivel de protección que se le asigna al sitio. En gran parte, esto significa que la seguridad se garantiza con la forma en que concede acceso al sitio.

El proceso de conceder y restringir el acceso a los sitios y su contenido se denomina administración de permisos.

Los permisos se pueden administrar mediante los grupos de seguridad, que controlan la pertenencia, o a través de permisos específicos que permiten controlar el contenido en el nivel de documentos o elementos. En este artículo se analiza el uso de grupos de seguridad para controlar el acceso a un sitio.

### 2.2.1 Comprobar la configuración de los permisos existentes para el sitio

Existen numerosas razones para comprobar los permisos del sitio. Con frecuencia, por ejemplo, comprobará los permisos del sitio en una de las siguientes situaciones.

- Al agregar un nuevo sitio a una colección de sitios. En este caso, el nuevo sitio hereda la configuración de permisos del sitio que se encuentra por encima de él en la jerarquía de la colección de sitios.

- Al convertirse en el propietario de un sitio existente que creó otro usuario. En este caso, es posible que el sitio no herede la configuración de permisos del sitio que se encuentra por encima de él. Es posible que el propietario anterior haya anulado la herencia para establecer una configuración de permisos personalizada.

En cualquiera de los dos casos, la página de permisos del sitio le permite ver los usuarios que tienen acceso al sitio. También le permite ver si el sitio hereda los permisos de un sitio por encima de él.

**Para abrir la página de permisos de un sitio:**

1. En el menú **Acciones del sitio**, haga clic en **Configuración del sitio**.

2. En la página **Configuración del sitio**, en el grupo **Usuarios y permisos**, haga clic en **Permisos del sitio**.

A continuación, se muestra un ejemplo de la página de permisos de un nuevo sitio de grupo, Contoso11/Investigación. Este sitio hereda los permisos de un sitio primario llamado Contoso11:

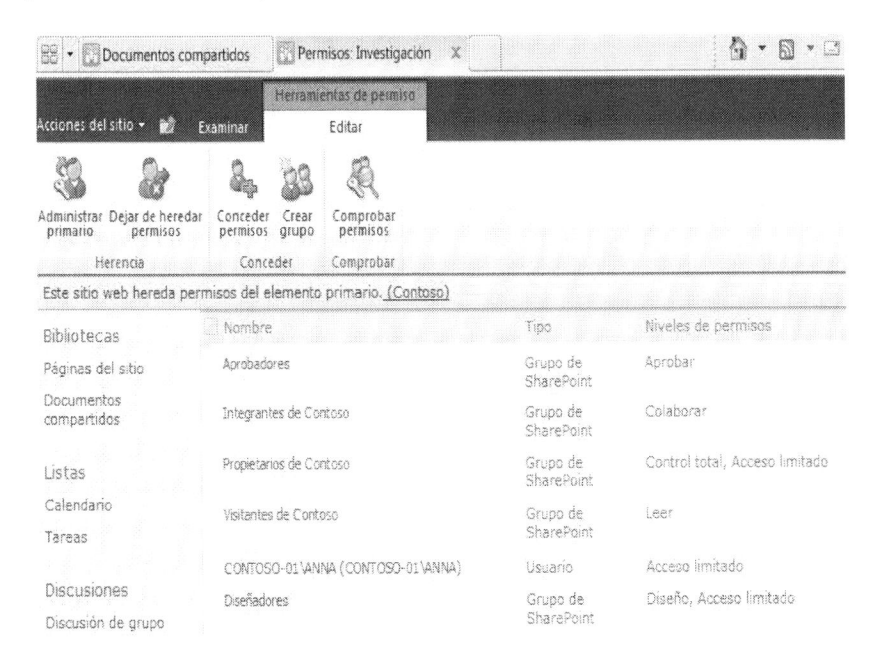

La columna **Nombre** especifica los grupos de seguridad que tienen permisos en el sitio.

- La columna **Niveles de permisos** especifica los niveles de permisos otorgados a cada grupo. Por ejemplo, el grupo Propietarios de Contoso posee los niveles de permisos **Control total** y **Acceso limitado**.

A continuación, puede ver los miembros de cualquier grupo al hacer clic en el nombre del grupo en la columna **Nombre**:

**Nota**: Puede comprobar los niveles de permisos de cualquier miembro de la organización. En la cinta de opciones de la página de permisos del sitio, haga clic en **Comprobar permisos** y, a continuación, escriba el nombre del usuario cuyos permisos desea comprobar en el cuadro **Usuarios/Grupos**.

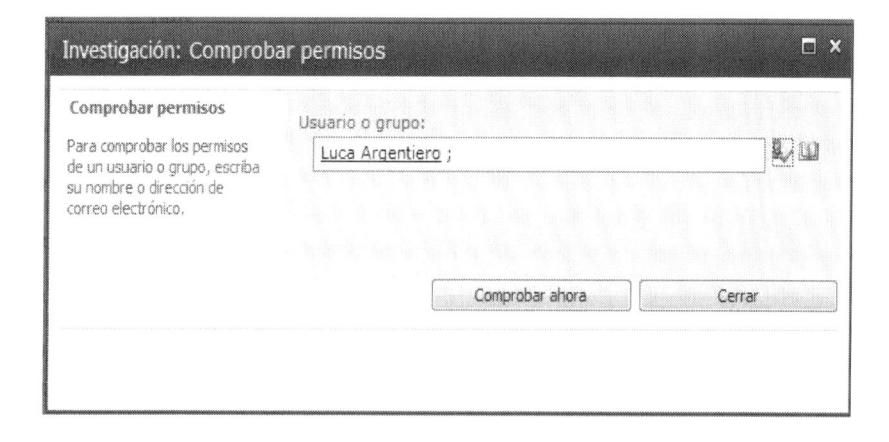

CAPÍTULO 2. SHAREPOINT ONLINE 53

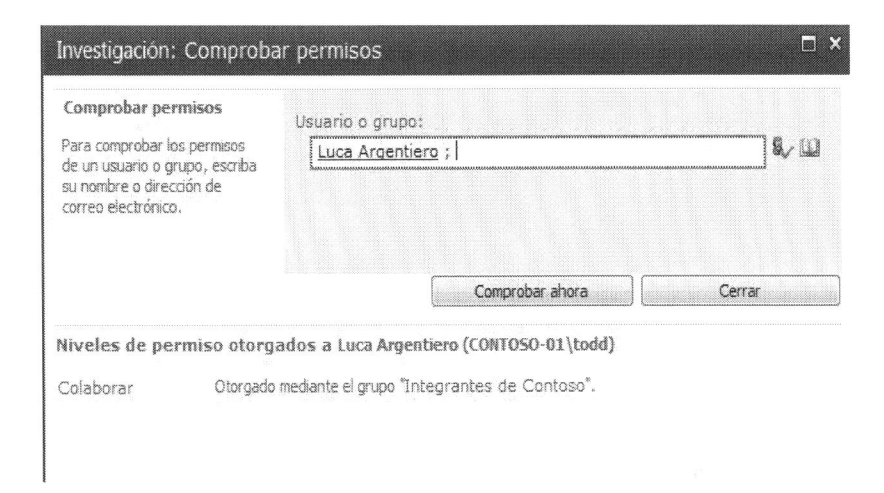

## 2.2.2 Agregar grupos que contengan los usuarios correctos

Puede trabajar con grupos para asegurarse de que los usuarios correctos tengan acceso al sitio:

- Agregue o quite grupos del sitio.

- Agregue o quite miembros de los grupos.

**Para agregar grupos (o usuarios) al sitio:**

- En el menú **Acciones del sitio**, haga clic en **Configuración del sitio**.

- En la página **Configuración del sitio**, en el grupo **Usuarios y permisos**, haga clic en **Permisos del sitio**.

- En la cinta de opciones, haga clic en **Conceder permisos**.

En el cuadro de diálogo **Conceder permisos**, escriba los nombres de los grupos (o usuarios) a los que desea conceder acceso al sitio. Si desea escribir nombres de usuarios, se recomienda agregarlos a un grupo existente en la segunda sección del cuadro de diálogo **Conceder permisos**. (Es posible conceder permisos a usuarios individuales de forma directa. Sin embargo, el costo que implica el mantenimiento de un sistema con esas características suele incrementarse rápidamente).

- Haga clic en **Aceptar**.

Para cambiar los permisos asignados a un usuario o grupo:

- En el menú **Acciones del sitio**, haga clic en **Configuración del sitio**.

- En la página **Configuración del sitio**, en el grupo **Usuarios y permisos**, haga clic en **Permisos del sitio**.

A continuación, se presentan dos ejemplos en los que se usa el sitio hipotético de Contoso, que incluye el grupo Visitantes y el grupo Aprobadores.

**Para agregar un nuevo miembro** al grupo Visitantes de Contoso en el siguiente ejemplo, primero debe abrir la página de permisos del sitio.

A continuación, debe hacer clic en el vínculo **Visitantes de Contoso** ubicado debajo de **Nombre** para ver los miembros del grupo:

En el menú **Nuevo**, haga clic en **Agregar usuarios** y, a continuación, escriba el nombre del usuario que desea agregar (en este caso, Fabricio Noriega) y haga clic en **Aceptar**:

**Para quitar el grupo Aprobadores** del sitio Investigación, debe hacer clic en **Aprobadores** y, a continuación, hacer clic en **Quitar permisos de usuario**:

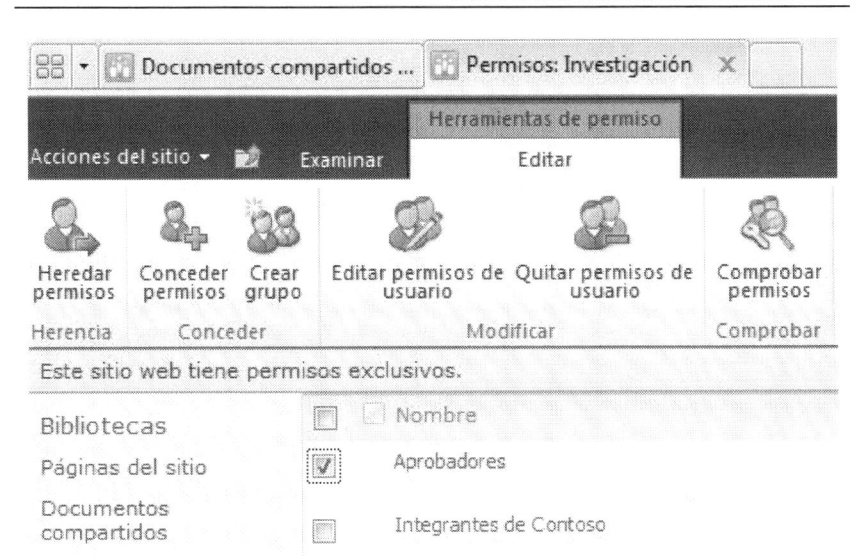

Puede usar los comandos de la cinta para restaurar la herencia del sitio primario o bien, para conceder, modificar, comprobar o administrar los permisos de un sitio.

## 2.2.3 Personalizar la configuración de los permisos para que se ajuste a sus necesidades

No debe limitarse a usar los niveles de permisos o los grupos de seguridad predeterminados. Sin embargo, se recomienda usarlos siempre que sea posible, ya que funcionan en conjunto y permiten cambiar los permisos de todos los usuarios o sitios al mismo tiempo.

Si la configuración predeterminada que se hereda del sitio primario no se ajusta a sus necesidades, puede trabajar con una o más de las siguientes opciones.

- Administrar grupos de seguridad

- Administrar niveles de permisos

- Interrumpir la herencia del sitio primario

- Ajustar los permisos al contenido

## 2.3 AGREGAR CONTENIDO A UN SITIO

En el sitio de grupo o en el sitio web, puede agregar elementos a listas y archivos a bibliotecas mediante un explorador web. Los botones que se usan para realizar las acciones más comunes se encuentran en la cinta de opciones, que está cerca de la parte superior de la página en la mayoría de las páginas de un sitio.

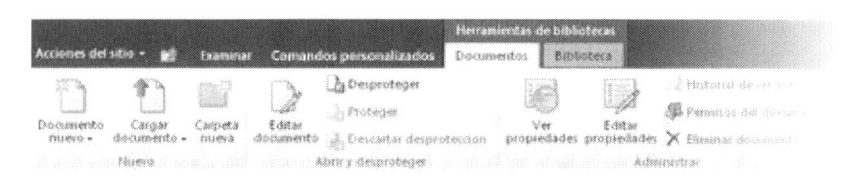

Los botones de la cinta de opciones pueden estar atenuados por alguno de los siguientes motivos:

- La acción no es aplicable o depende de alguna otra acción. Por ejemplo, debe activar la casilla de verificación de un documento antes de poder desprotegerlo.

- No tiene permiso para completar la tarea.

- La característica no está habilitada para el sitio. Por ejemplo, es posible que los flujos de trabajo no estén habilitados en el sitio.

También puede guardar archivos en una biblioteca desde algunos programas cliente compatibles con SharePoint Online. Por ejemplo, puede guardar un documento de Microsoft Word en una biblioteca en un sitio de SharePoint mientras trabaja en Word.

Para agregar un elemento a una lista o un archivo a una biblioteca, debe tener permiso para contribuir a la lista o biblioteca. Para obtener más información acerca de cómo su organización utiliza permisos y niveles de permisos, comuníquese con el propietario o administrador del sitio.

Cuando agrega el elemento o archivo, otras personas que tienen permiso para leer la lista pueden ver el elemento o archivo, a menos que requiera aprobación. Si el elemento o archivo requiere aprobación, se almacena en un estado pendiente en la lista o biblioteca hasta que alguien con los permisos adecuados lo apruebe. Si ya está viendo la lista o biblioteca cuando se agrega un elemento o archivo, deberá actualizar el explorador para ver el nuevo elemento o archivo.

Además de agregar contenido a las listas y bibliotecas existentes, es posible que tenga permiso para crear listas y bibliotecas nuevas. Las plantillas de lista y de biblioteca le ofrecen una ventaja. Dependiendo del nivel de permisos, también puede crear y personalizar nuevas páginas y sitios.

## 2.3.1 Listas (incluidos calendarios y contactos)

Aunque existen distintos tipos de listas, incluidos los calendarios y contactos, el procedimiento para agregar elementos a ellas es similar, por lo que no es necesario aprender varias técnicas nuevas para trabajar con distintos tipos de listas. Un elemento de lista contiene texto en una serie de columnas, pero algunas listas pueden permitir que se agreguen datos adjuntos al elemento.

## 2.3.2 Agregar un elemento a una lista

- En la lista donde quiera agregar el elemento, haga clic en la pestaña **Elementos** de la cinta de opciones. (Para un calendario, es la pestaña **Eventos**).

- Haga clic en **Nuevo elemento** (**Nuevo evento** para un calendario).

**Sugerencia**: Otra forma rápida de agregar un evento a un calendario es apuntar a la fecha en el calendario y, a continuación, hacer clic en **Agregar**.

- Complete los campos obligatorios y cualquier otro que desee completar.

- Haga clic en **Guardar**.

## 2.3.3 Modificar o eliminar un elemento de una lista

- Seleccione un elemento y, a continuación, active la casilla de verificación que aparece junto al elemento.

**Sugerencia**: Puede realizar acciones en diversos elementos activando varias casillas de verificación.

- En la ficha **Elementos** de la cinta de opciones, haga clic en **Editar elemento** o en **Eliminar elemento**, según corresponda.

En muchos tipos de sitios, algunas listas se crean automáticamente. Estas listas predeterminadas abarcan desde un panel de discusión hasta una lista de calendario. Si tiene permiso, también puede crear listas de varios tipos de plantillas de lista, que ofrecen ventajas ya que proporcionan la estructura y la configuración.

## 2.3.4 Crear una lista

- Para crear una lista, haga clic en el menú Acciones del sitio Acciones del sitio ▼ y, a continuación, haga clic en **Más opciones de creación**.

**Nota**: Si no ve el menú **Acciones del sitio** o si la opción para crear no aparece, probablemente no tenga permiso para crear una lista.

- En la página Crear, haga clic en el tipo de lista que desea crear. Por ejemplo, **Vínculos**.

- Escriba un **Nombre** para la lista, complete cualquier otro campo que desee completar y, a continuación, haga clic en **Crear**.

## 2.3.5 Bibliotecas

Una biblioteca es una ubicación en un sitio donde se pueden crear, recopilar, actualizar y administrar archivos con los miembros de equipo. Cada biblioteca muestra una lista de archivos e información básica acerca de los mismos que sirve de ayuda para conseguir que los archivos funcionen conjuntamente.

Puede agregar un archivo a una biblioteca cargándolo desde el explorador web. Después de agregar el archivo a la biblioteca, otras personas con los permisos adecuados pueden ver el archivo. Si ya está viendo la biblioteca cuando se agrega un archivo, deberá actualizar el explorador para ver el nuevo archivo.

Si usa un programa compatible con SharePoint Online, puede crear un archivo nuevo basado en una plantilla mientras trabaja en la biblioteca. También puede guardar un archivo en la biblioteca desde otro programa, como SharePoint Workspace o Microsoft Word.

## 2.3.6 Agregar un archivo a una biblioteca

- En la biblioteca donde desea agregar el archivo, haga clic en la pestaña **Documentos** de la cinta de opciones.

- Haga clic en **Cargar documento**.

- Busque el documento y, a continuación, haga clic en **Aceptar**.

**Sugerencia**: Si usa un programa compatible con SharePoint Online, como Microsoft Word 2010, puede arrastrar documentos desde el Explorador de Windows y colocarlos en el cuadro de diálogo Cargar documento.

## 2.3.7 Modificar o eliminar un archivo en una biblioteca

- Seleccione un archivo y, a continuación, active la casilla de verificación que aparece junto al archivo.

- En la ficha **Documentos** de la cinta de opciones, haga clic en **Editar documento** o en **Eliminar documento**, según corresponda.

Cuando se crean muchos tipos de sitios, se crea automáticamente una biblioteca predeterminada denominada **Documentos compartidos**. **Documentos compartidos** es una biblioteca de documentos que se puede usar para almacenar varios tipos de archivos. Si tiene permiso para administrar listas, puede crear más bibliotecas, como una biblioteca de fotografías para almacenar imágenes.

## 2.3.8 Crear una biblioteca de documentos

- Para crear una biblioteca de documentos, haga clic en el menú **Acciones del sitio** y, a continuación, en **Nueva biblioteca de documentos**.

**Nota**: Si no ve el menú **Acciones del sitio** o si la opción para crear no aparece, probablemente no tenga permiso para crear una biblioteca.

- Escriba un **Nombre** para la biblioteca, complete cualquier otro campo que desee completar y, a continuación, haga clic en **Crear**.

**Nota:** Para ver los demás tipos de bibliotecas que puede crear, haga clic en **Acciones del sitio** y, a continuación, en **Más opciones**. Apunte a una opción de biblioteca para ver una descripción de ella.

## 2.4 SITIOS Y PÁGINAS

Un sitio puede servir para un propósito general, como almacenar programaciones, instrucciones, archivos y otra información que el equipo consulta con frecuencia. O bien, un sitio puede servir para un propósito más específico, como realizar el seguimiento de una reunión u hospedar un blog, donde un miembro de la organización con frecuencia registra noticias e ideas.

Su organización puede dividir el contenido del sitio en distintos sitios más manejables por separado. Por ejemplo, cada departamento en la organización puede tener su propio sitio de grupo.

Puede agregar contenido a los sitios mediante la adición de listas y bibliotecas. Si tiene permiso, también puede agregar páginas al sitio. Puede agregar páginas de elementos web (página de elementos Web: tipo especial de página Web que contiene uno o varios elementos Web. Las páginas de elementos Web consolidan datos, como listas y gráficos, y contenido Web, como texto e imágenes, en un portal de información dinámico creado en torno a una tarea común.), que le permiten usar elementos web para agregar contenido dinámico de forma rápida.

Si necesita crear nuevos sitios, puede elegir entre varios tipos de plantillas de sitio para facilitar la creación de un nuevo sitio. Poder crear sitios y subsitios depende de cómo su organización haya configurado los sitios y sus permisos para crearlos.

## 2.4.1 Crear un sitio

- Para crear un sitio, haga clic en el menú **Acciones del sitio** Acciones del sitio ▼ y, a continuación, en **Nuevo sitio**.

**Nota**: Si no ve el menú **Acciones del sitio** o si la opción para crear no aparece, probablemente no tenga permiso para crear un sitio.

- Seleccione una plantilla de sitio de **Elementos destacados** o después de hacer clic en **Examinar todos** para ver todas las opciones.

- Escriba un **Título** y un **Nombre de dirección URL** para el sitio.

- Si selecciona una plantilla de la galería **Examinar todos**, elija cualquier opción que desee y, a continuación, haga clic en **Crear**.

## 2.4.2 Administrar y trabajar con el contenido del sitio

Hay varias formas de administrar y ampliar el contenido de listas, bibliotecas y sitios para ayudar al equipo a que sea más productivo. Algunas características ayudan al equipo a buscar y a trabajar con información más eficientemente. Otras características ayudan a administrar el acceso a la información.

## 2.4.3 Navegar por el contenido

Los elementos de navegación ayudan a las personas a examinar el contenido que necesitan. Dos elementos de navegación que se pueden personalizar son la barra de vínculos superior e Inicio rápido.

Con las páginas de configuración de cada lista o biblioteca, puede elegir qué listas y bibliotecas aparecen en Inicio rápido. También puede cambiar el orden de los vínculos, agregar o eliminar vínculos y agregar o eliminar las secciones en las que están organizados los vínculos. Por ejemplo, si tiene demasiadas listas en la sección **Lista**, puede agregar una sección nueva para **Listas de tareas** donde puede incluir vínculos a las listas de tareas. Puede realizar todos estos cambios a Inicio rápido desde un explorador web. Incluso puede agregar vínculos a páginas externas al sitio.

Bibliotecas

Páginas del sitio

Documentos compartidos

declare

Listas

Calendario

Tareas

Discusiones

Discusión de grupo

La barra de vínculos superior ofrece una manera para que los usuarios de su sitio lleguen a otros sitios de la colección mostrando una fila de pestañas en la parte superior de cada página del sitio. Cuando cree un sitio nuevo, puede elegir si incluirlo en la barra de vínculos superior del sitio primario y si usar la barra de vínculos superior del sitio primario.

Inicio    Blog    Planeación    Trabajo de grupo

Si el sitio usa una barra de vínculos superior única, puede personalizar los vínculos que aparecen en ella para el sitio. Los sitios que se crean dentro del sitio primario también se pueden mostrar en la barra de vínculos superior, siempre que estén configurados para heredar la barra de vínculos superior del sitio primario. Igualmente, puede incluir vínculos a otros sitios de fuera de la colección de sitios.

## 2.4.4 Cómo administrar el acceso al contenido

El propietario o administrador de un sitio puede conceder niveles de permisos a los usuarios y grupos de SharePoint, que contienen usuarios. Los permisos se pueden aplicar a un sitio, las listas y bibliotecas de un sitio y los elementos de las listas y bibliotecas.

Puede asignar diferentes niveles de permisos para distintos objetos, como un sitio, lista, biblioteca, carpeta dentro de una lista o biblioteca, elemento de lista o documento específicos.

## 2.5 ORGANIZAR LISTAS Y BIBLIOTECAS

La manera de organizar las listas y bibliotecas depende de las necesidades del grupo y de cómo prefiere almacenar y buscar la información. La planeación puede ayudarle a configurar la estructura más adecuada para su organización.

La información de las listas y bibliotecas se almacena en columnas, como Título, Apellidos o Compañía. Puede usar columnas para ordenar y filtrar elementos como lo haría en una hoja de cálculo haciendo clic en los encabezados de columna de una lista o biblioteca. También puede usar vistas para ver los elementos de una lista o biblioteca que considera más importantes.

### 2.5.1 Cambiar la vista de una lista o biblioteca

1. En la lista o biblioteca donde quiera cambiar la vista, haga clic en la pestaña **Lista** o **Biblioteca** de la cinta de opciones.

2. En el grupo **Administrar vistas**, en **Vista actual**, haga clic en la flecha junto a la lista de vistas y, a continuación, seleccione una.

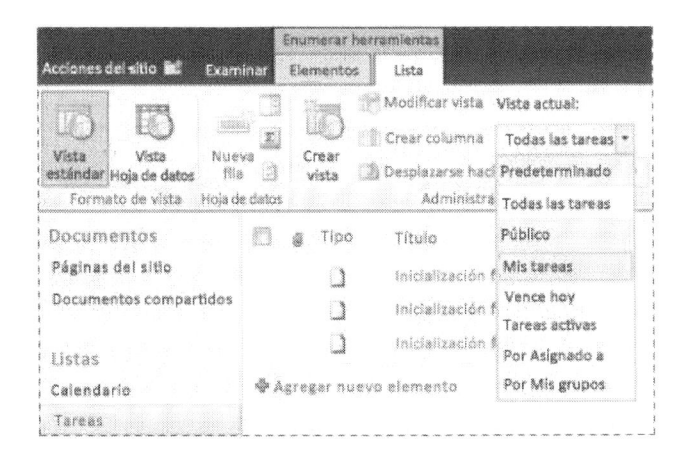

Si necesita almacenar información adicional sobre los archivos o elementos de la lista en una biblioteca, puede agregar columnas como ayuda para ordenar, agrupar y crear diversas vistas de su lista. Por ejemplo, puede ordenar una lista por fecha de vencimiento o agrupar los elementos por nombre de departamento.

Dispone de varias opciones para el tipo de columna que crea, como es una sola línea de texto, una lista desplegable de opciones, un número que se calcula a partir de otras columnas e incluso el nombre e imagen de una persona del sitio.

## 2.5.2 Crear una columna

1. En la lista o biblioteca donde desee crear la columna, haga clic en la pestaña **Lista** o **Biblioteca** de la cinta de opciones.

2. Haga clic en **Crear columna**.

3. Escriba un nombre para la columna y seleccione un tipo de columna.

4. Seleccione las opciones de configuración adicionales que desee y, a continuación, haga clic en **Aceptar**.

También puede usar las columnas de una lista o biblioteca para crear vistas que ayuden a departamentos específicos a encontrar información de su interés, como tareas con la prioridad más alta o todos los elementos asignados a cada persona.

## 2.5.3 Crear, modificar o eliminar una vista

Puede usar las vistas para ver los elementos de una lista o biblioteca que considera más importantes o más adecuados para un fin determinado. Por ejemplo, puede crear vistas de los archivos en una biblioteca que se apliquen a un departamento en particular o de los elementos de una lista que fueron creados por una persona específica. Las vistas están disponibles para la lista o biblioteca en la cual fueron creadas.

Cada lista o biblioteca tiene al menos una vista que se basa en el tipo de lista o biblioteca y en el modo en que fue configurada. Puede modificar estas vistas y crear vistas nuevas en el explorador. Por ejemplo, una lista de tareas incluye varias vistas como **Vence hoy** y **Todas las tareas**. Puede modificar estas vistas cambiando, por ejemplo, el modo en que los elementos están ordenados en la lista. También puede crear vistas nuevas que muestren solamente las tareas incompletas.

Además del explorador, también puede usar Microsoft SharePoint Designer 2010 para crear vistas altamente personalizadas y Microsoft Access para crear formularios e informes basados en la lista.

## 2.5.4 Planificar la vista

Antes de crear una vista, posiblemente desee agregar columnas a la lista o biblioteca para permitir mayor flexibilidad para ordenar, agrupar y filtrar los elementos de esa lista o biblioteca. Por ejemplo, las personas quizás deseen ver solo los documentos de una biblioteca que se apliquen a su departamento o los elementos de una lista ordenados según el número de proyecto.

Si va a crear vistas a las cuales se tendrá acceso mediante teléfonos u otros dispositivos móviles, debe considerar las capacidades de los dispositivos móviles.

## 2.5.5 Tipos de vistas

Cuando crea una vista, primero debe elegir si desea que la vista esté basada en:

- Un formato predefinido; por ejemplo, un calendario

- Una vista existente

- Una vista personalizada creada mediante SharePoint Designer 2010
- Formularios e informes creados en Microsoft Access

La opción que elija determinará los requisitos para los datos de la lista o biblioteca y el modo en que se mostrará la información. Por ejemplo, para crear una vista Calendario, la lista o biblioteca debe contener columnas que se puedan usar para las fechas de inicio y de finalización de los elementos del calendario.

**Nota**: Una vez creada la vista, no se puede cambiar su formato; por ejemplo, no se puede cambiar de calendario a vista de Gantt.

No todos los formatos están disponibles para todos los tipos de listas y bibliotecas. Por ejemplo, existen formatos de vista que solo están disponibles para paneles de discusión. A continuación, se detallan los formatos disponibles. También puede haber formatos personalizados disponibles en un sitio.

- **Estándar**: Esta vista muestra los elementos de la lista o biblioteca una fila después de la otra. La vista Estándar es la predeterminada para la mayoría de los tipos de listas y bibliotecas. Puede personalizar la vista de diferentes maneras; por ejemplo, puede agregar o quitar columnas de la vista.

| Título | Asignado a | Estado |
|---|---|---|
| Tarea 1 | Fabrikam01\arturo | En curso |
| Tarea 2 | Fabrikam01\albert | No iniciado |
| Tarea 3 ◻ Nuevo | Fabrikam01\arturo | No iniciado |

✚ Agregar nuevo elemento

- **Vista Estándar con eventos periódicos expandidos**: Esta vista muestra los elementos de la lista o biblioteca fila tras fila. Use esta vista si desea ver cada copia del evento periódico.

| | | | | Título | Ubicación | Hora de inicio |
|---|---|---|---|---|---|---|
| | ↻ | | | Reunión del equipo ◻Nuevo | | 4/1/2010 9:0 |
| | ↻ | | | Reunión del equipo ◻Nuevo | | 11/1/2010 9: |
| | | | | Llamada de conferencia ◻Nuevo | | 13/1/2010 1: |
| | ↻ | | | Reunión del equipo ◻Nuevo | | 18/1/2010 9: |
| | ↻ | | | Reunión del equipo ◻Nuevo | | 25/1/2010 9: |
| | | | | Planeación de producto con Patricia ◻Nuevo | | 28/1/2010 3: |

◀ Anterior

- **Calendario**: Esta vista muestra la lista y biblioteca con un formato similar al de un calendario de pared. En este formato puede aplicar vistas diarias, semanales o mensuales. Esta vista puede ser de utilidad cuando desea mostrar los elementos de la lista o biblioteca cronológicamente.

Los requisitos de las vistas Calendario son diferentes de aquellos de los demás formatos.

- **Hoja de datos**: Esta vista muestra los elementos de una lista o biblioteca en una cuadrícula similar a una hoja de cálculo. Esta vista puede resultar útil cuando es necesario editar varios elementos en una lista o biblioteca al mismo tiempo. Esta vista también es de utilidad si desea exportar los datos a un programa de hoja de cálculo o base de datos. La vista Hoja de datos requiere de un control o programa compatible con SharePoint, por ejemplo, Microsoft Office 2010, y compatibilidad con controles ActiveX (control ActiveX: control, como una casilla de verificación o un botón, que ofrece opciones a los usuarios o ejecuta macros o scripts que automatizan una tarea. Puede escribir macros para el control en Microsoft Visual Basic para Aplicaciones o scripts en Microsoft Script Editor.).

| Título | Asignado a | Estado | Fecha de inicio | Fecha de vencimiento |
|---|---|---|---|---|
| Tarea 1 | Fabrikam01\arturo | En curso | 1/1/2010 | 15/1/2010 |
| Tarea 2 | Fabrikam01\albert | Sin iniciar | 7/1/2010 | 21/1/2010 |
| Tarea 3 | Fabrikam01\arturo | Sin iniciar | 18/1/2010 | 29/1/2010 |

- **Gantt**: Esta vista muestra los elementos de listas y bibliotecas en barras que realizan el seguimiento del progreso. Una vista de

Gantt puede ayudarlo a administrar proyectos. Puede usar esta vista, por ejemplo, para ver qué tareas se superponen entre sí y el progreso general.

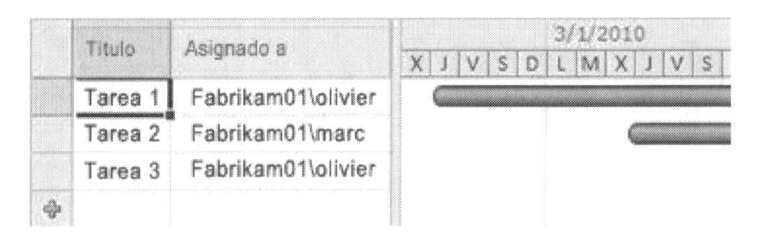

A continuación, se describen las demás opciones en las cuales puede basar la vista:

- **Vista existente**: Si una vista existente es más o menos la vista que desea, puede usar la vista existente como punto de partida para crear la nueva vista y así ahorrar tiempo.

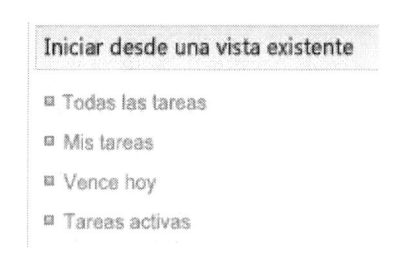

- **Vista de Access**: Use Microsoft Access para crear formularios e informes basados en la lista o biblioteca.

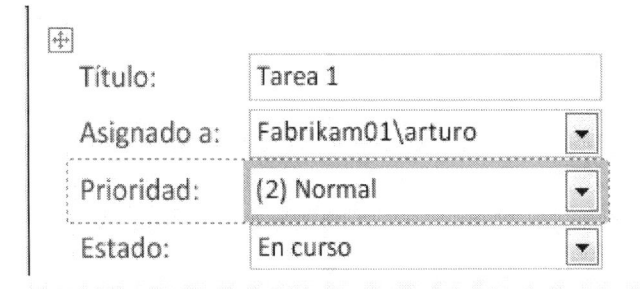

| Título: | Tarea 1 |
| Asignado a: | Fabrikam01\arturo |
| Prioridad: | (2) Normal |
| Estado: | En curso |

| Id. | Título | Prioridad | Estado | Asignado a |
| --- | --- | --- | --- | --- |
| 1 | Tarea 1 | (2) Normal | En curso | Fabrikam01\arturo |
| 2 | Tarea 2 | (2) Normal | En curso | Fabrikam01\albert |
| 3 | Tarea 3 | (2) Normal | En curso | Fabrikam01\arturo |

- **Vista personalizada en Designer**: Use las características de Microsoft SharePoint Designer 2010, como cambiar el ancho de las columnas, para crear vistas personalizadas para la lista o biblioteca.

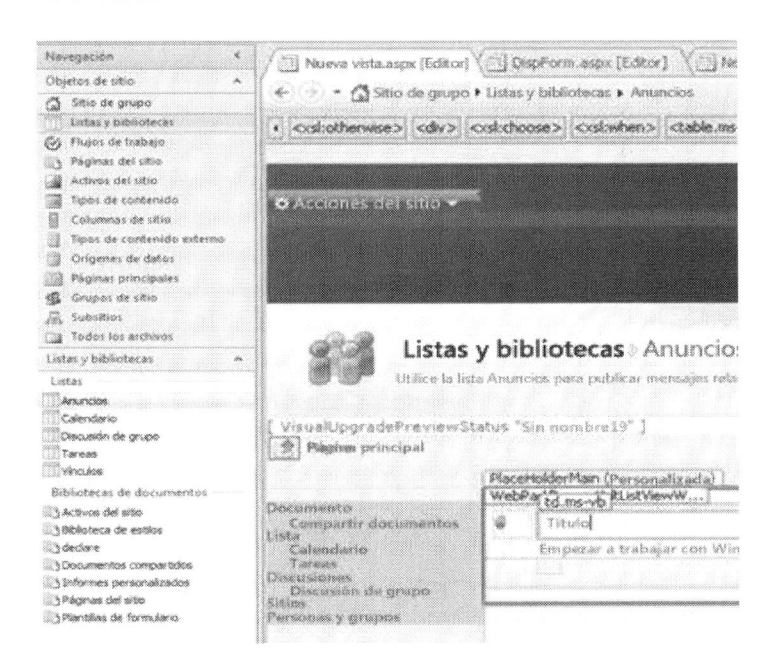

## 2.5.6 Configuración de las vistas

Las vistas tienen muchas opciones de configuración para ayudar a que le resulte más fácil encontrar rápidamente la información en la lista o biblioteca que necesita. A continuación, se describen las opciones de configuración para las vistas de SharePoint. No todas las opciones de configuración están disponibles para todos los tipos de vistas. Las opciones para las vistas Calendario son diferentes de aquellas para otros tipos de vistas.

**Importante**: La cantidad máxima de elementos en una vista es 5000. Puede administrar la cantidad de elementos en una vista mediante la configuración del filtro y el límite de elementos.

- **Vista predeterminada**: Todas las listas y bibliotecas tienen una vista predeterminada. Puede cambiar la vista predeterminada de cualquier vista pública de la lista o biblioteca; no puede usar una vista personal. Para eliminar una vista predeterminada, primero debe especificar otra vista pública como predeterminada.

**Nota**: Si no aparece **Establecer esta vista como predeterminada** en las páginas para crear o editar la vista, significa que no cuenta con los permisos necesarios para crear una vista pública o que la vista es una vista personal. Para crear una vista pública, al menos debe contar con los permisos ws (permisos: ajustes concretos de seguridad que permiten o restringen el acceso a un elemento, lista, biblioteca o sitio dado.) que se obtienen cuando es agregado al grupo Diseñador predeterminado para el sitio.

- **Vistas personal y pública**: Cuando crea una vista, puede configurar que la audiencia de la vista sea personal o pública. Una vista personal solo está disponible cuando mira la lista o biblioteca. Una vista pública está disponible cuando cualquiera mira la lista o biblioteca.

No puede convertir una vista personal en una vista pública o viceversa. Puede usar una vista pública como el punto de partida para las vistas personales o públicas. Puede usar una vista personal como el punto de partida de vistas personales únicamente.

Si al crear una vista la opción **Crear vista** está deshabilitada, significa que no cuenta con los permisos necesarios para crear una vista personal o pública. Si la opción **Crear una vista pública** está deshabilitada, quiere decir que no tiene los permisos necesarios para crear una vista pública. Para crear una vista personal, debe tener el nivel de permisos de colaboración para la lista o biblioteca; por ejemplo, ser miembro del grupo predeterminado Miembro de nombre del sitio. Para crear una vista pública, primero debe contar con el nivel de permisos de diseño para la lista o biblioteca; por ejemplo, al ser miembro del grupo de SharePoint predeterminado Diseñador para el sitio.

- **Columnas**: Las columnas en una vista pueden proporcionar, de un vistazo, la información necesaria para los elementos de listas o bibliotecas. Esto sirve para eliminar la necesidad de abrir cada elemento para ver sus detalles. Las columnas, en combinación con otras características de las vistas, como ser los filtros, pueden ayudar a ver únicamente la información importante para el trabajo. Esto es especialmente útil si la lista o biblioteca contiene muchos elementos.

- **Columnas de Gantt**: Seleccione las columnas que aparecerán en la vista de Gantt. Título es un campo de texto obligatorio. Fecha de inicio y Fecha de vencimiento son campos de fecha obligatorios. Cuando selecciona una columna, como Título, si no aparece ninguna opción en la lista desplegable, debe crear la columna para admitir esta vista.

- **Ordenar**: Establezca el orden en el que se muestran los elementos en la vista. Puede tener hasta dos criterios. Por ejemplo, puede mostrar los elementos en una lista de tareas ordenados por prioridad y después por fecha de vencimiento.

- **Filtrar:** Configure una vista para que muestre un subconjunto de los elementos en la lista o biblioteca filtrando los elementos con la información en las columnas de la lista o biblioteca. Por ejemplo, una vista puede mostrar los documentos de una biblioteca que son para un proyecto específico.

- **Edición incluida**: Habilite la edición de elementos de listas y bibliotecas en la vista sin tener que abrir cada elemento para modificarlo. Esto puede ayudarlo a ahorrar mucho tiempo si debe modificar muchos elementos de la lista o biblioteca. Esto no se aplica a los archivos en una biblioteca. Estos se deben modificar en el programa correspondiente, por ejemplo, Microsoft Word.

- **Vista tabular**: Proporciona casillas de verificación para cada elemento de manera que los usuarios puedan seleccionar varios elementos de la lista o biblioteca para llevar a cabo operaciones masivas. Esto puede ayudarlo a ahorrar mucho tiempo cuando es necesario modificar muchos elementos de la lista o biblioteca. Por ejemplo, un usuario puede seleccionar y desproteger varios documentos.

- **Agrupar por**: Agrupa los elementos de la lista o biblioteca por información en las columnas. Por ejemplo, agrupe los elementos en una lista de tareas por prioridad y después por porcentaje completado.

- **Totales**: Muestra cálculos de resumen para las columnas de la vista, por ejemplo: recuento, promedio, máximo, mínimo. Por ejemplo, al establecer la columna de título en Recuento en una biblioteca de documentos, la vista mostrará la cantidad de documentos en la vista y en los grupos de la vista.

Las columnas que están disponibles para los totales y las opciones de configuración disponibles para cada columna varían según el tipo de columna, por ejemplo número, y el tipo de lista o biblioteca para la cual se crea la vista.

- **Estilo**: Determina el diseño de la vista, por ejemplo boletín. No todos los estilos están disponibles para todos los tipos de vista.

**Tabla básica**: Muestra los elementos en filas.

| Título | Asignado a | Estado |
|---|---|---|
| Tarea 1 | Fabrikam01\arturo | En curso |
| Tarea 2 | Fabrikam01\albert | No iniciado |
| Tarea 3 | Fabrikam01\arturo | No iniciado |

Agregar nuevo elemento

**Encuadrado**: Muestra los elementos de la lista con un diseño similar al de las tarjetas de presentación. Este estilo solo está disponible para listas.

**Predeterminada**: La vista predeterminada varía según el tipo y la configuración de la lista o biblioteca.

**Detalles del documento**: Muestra los archivos de una biblioteca con un diseño similar al de las tarjetas de presentación. Este estilo está disponible para la mayoría de las bibliotecas, pero no para listas.

**Encuadrado, sin etiquetas**: Similar al estilo encuadrado, pero las etiquetas para las columnas no están en la vista. Este estilo solo está disponible para listas.

76   OFFICE 365. APLICACIONES EN LA NUBE DE MICROSOFT

**Boletín**: Muestra los elementos en filas con líneas entre las filas.

| Título | Asignado a | Estado |
|---|---|---|
| Tarea 1 ✪ Nuevo | Fabrikam01\arturo | En curso |
| Tarea 2 ✪ Nuevo | Fabrikam01\albert | No iniciado |
| Tarea 3 ✪ Nuevo | Fabrikam01\arturo | No iniciado |

✤ Agregar nuevo elemento

**Boletín, sin líneas**: Muestra los elementos en filas con sombras alternativas, sin las líneas entre las filas.

| Título | Asignado a | Estado |
|---|---|---|
| Tarea 1 ✪ Nuevo | Fabrikam01\arturo | En curso |
| Tarea 2 ✪ Nuevo | Fabrikam01\albert | No iniciado |
| Tarea 3 ✪ Nuevo | Fabrikam01\arturo | No iniciado |

✤ Agregar nuevo elemento

**Detalles de la biblioteca de imágenes**: Muestra miniaturas de las imágenes de una biblioteca de imágenes.

**Panel de vista previa**: Muestra el nombre de los elementos a la izquierda de la página. Cuando se señala el nombre del elemento, las columnas seleccionadas para la vista se muestran a la derecha de la página.

**Sombreado**: Muestra los elementos en filas con sombras alternativas.

| Título | Asignado a | Estado |
|---|---|---|
| Tarea 1 ☐ Nouveau | Fabrikam01\arturo | En curso |
| Tarea 2 ☐ Nouveau | Fabrikam01\albert | No iniciado |
| Tarea 3 ☐ Nouveau | Fabrikam01\arturo | No iniciado |

✚ Agregar nuevo elemento

- **Carpetas**: Seleccione **Mostrar elementos en las carpetas** para mostrar en la vista las carpetas de la lista o biblioteca con los elementos. Seleccione **Mostrar todos los elementos sin carpetas** para mostrar en la vista solo los elementos de la lista o biblioteca, también conocida como vista plana. Es posible que también pueda seleccionar si la vista que está creando se puede aplicar a todas las carpetas, solo en la carpeta del nivel superior o en las carpetas de un tipo de contenido (tipo de contenido: un grupo reutilizable de configuraciones para una categoría de contenido. Use tipos de contenido para administrar metadatos, plantillas y comportamientos de elementos y documentos consistentemente. Los tipos de contenido están definidos a nivel de sitio y usados en listas y bibliotecas.) específico.

- **Límite de elementos**: Puede especificar la cantidad de elementos que se muestran al mismo tiempo (lotes) en cada vista o la cantidad total de elementos que mostrará la vista. Cuanto más grande sea el lote de elementos en una vista, más tiempo tomará descargarlo en el explorador.

- **Móvil**: Puede especificar que esta vista es para dispositivos móviles, la vista móvil predeterminada para dispositivos móviles y el número de elementos para mostrar en el elemento web de la vista de lista para esta vista. Esta opción no está disponible para todas las listas y bibliotecas. La vista debe ser pública.

## 2.5.7 Crear una vista

Cuando mira una lista o biblioteca, puede ordenarla o filtrarla temporalmente. Para ello, seleccione el nombre de una columna y después haga clic en la flecha situada junto al nombre. Esto es de utilidad si a menudo desea ver la lista o biblioteca de esta manera porque debe repetir estos pasos la próxima vez que desee ver la lista o biblioteca de esta manera.

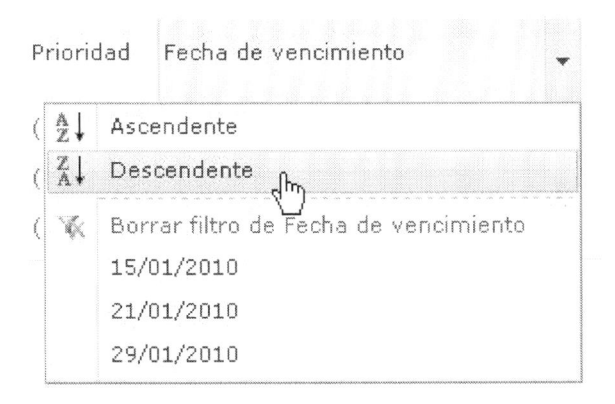

```
Prioridad   Fecha de vencimiento          ▼
    A↓  Ascendente
    Z↓  Descendente
        Borrar filtro de Fecha de vencimiento
        15/01/2010
        21/01/2010
        29/01/2010
```

Si frecuentemente necesita ver la información en una lista o biblioteca de una manera determinada, puede crear una vista. Cuando crea una vista, esta se agrega al menú Ver de la lista o biblioteca.

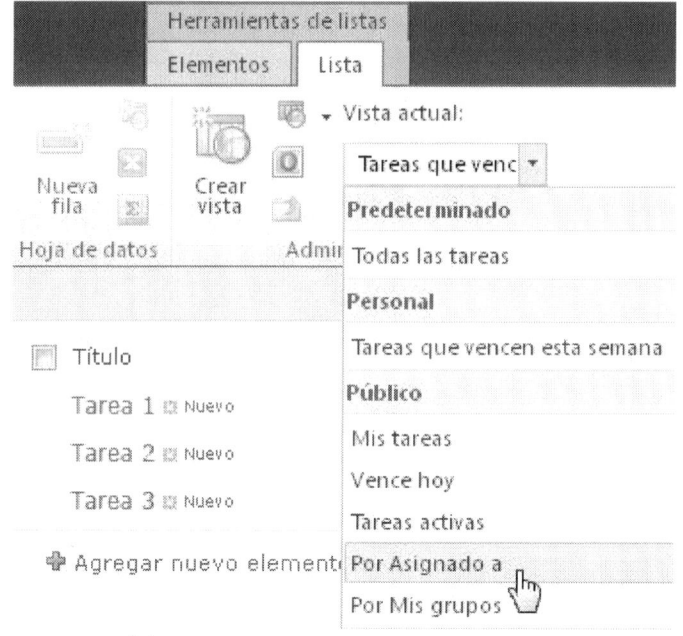

Para crear una vista:

1. En el Inicio rápido, haga clic en el nombre de la lista o biblioteca para la cual desea crear una vista.

Si la lista o biblioteca no se encuentra en el Inicio rápido, haga clic en **Acciones del sitio**, seleccione **Ver todo el contenido del sitio** y después haga clic en el nombre de la lista o biblioteca.

2. En la cinta, haga clic en la pestaña **Lista** o en la pestaña **Biblioteca** y, a continuación, haga clic en **Crear vista**.

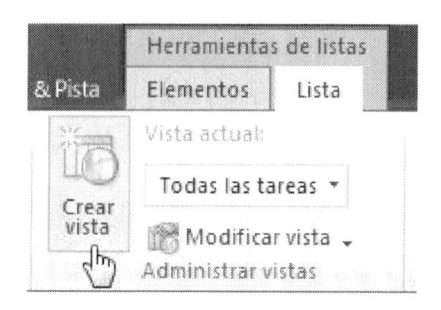

**Nota**: Si la opción **Crear vista** no está habilitada, es posible que no tenga los permisos necesarios para crear una vista personal o pública..

3. Haga clic en una opción, por ejemplo en **Vista Estándar** o en una vista existente que desee usar para crear la vista.

4. En el cuadro **Nombre de vista**, escriba el nombre para la vista. Seleccione **Establecer esta vista como predeterminada** si desea que esta sea la vista predeterminada de la lista o biblioteca. Solamente una vista pública puede ser la vista predeterminada de una lista o biblioteca.

5. En **Audiencia de la vista** en la sección Audiencia, seleccione **Crear una vista personal** o **Crear una vista pública**.

**Nota**: Si la opción **Crear una vista pública** no está habilitada, probablemente no cuente con los permisos necesarios para crear una vista pública para esta lista o biblioteca.

6. En la sección Columnas, seleccione las columnas que desea para la vista y borre las columnas que no desea. En las listas desplegables junto a las columnas seleccionadas, elija el orden de las columnas en la vista.

7. Configure las demás opciones para la vista, como **Ordenar** y **Filtrar** y haga clic en **Aceptar**.

## 2.5.8 Modificar una vista

Use el procedimiento que se describe a continuación para modificar una vista; por ejemplo, para establecer una vista como predeterminada, agregar columnas y cambiar el orden de los elementos en la vista.

1. En el Inicio rápido, haga clic en el nombre de la lista o biblioteca que contiene la vista que desea modificar.

Si la lista o biblioteca no se encuentra en el Inicio rápido, haga clic en **Acciones del sitio**, seleccione **Ver todo el contenido del sitio** y luego haga clic en el nombre de la lista o biblioteca.

2. En la cinta, haga clic en la pestaña Lista o en la pestaña **Biblioteca**.

3. Seleccione la vista que desea modificar en la lista desplegable **Vista actual**.

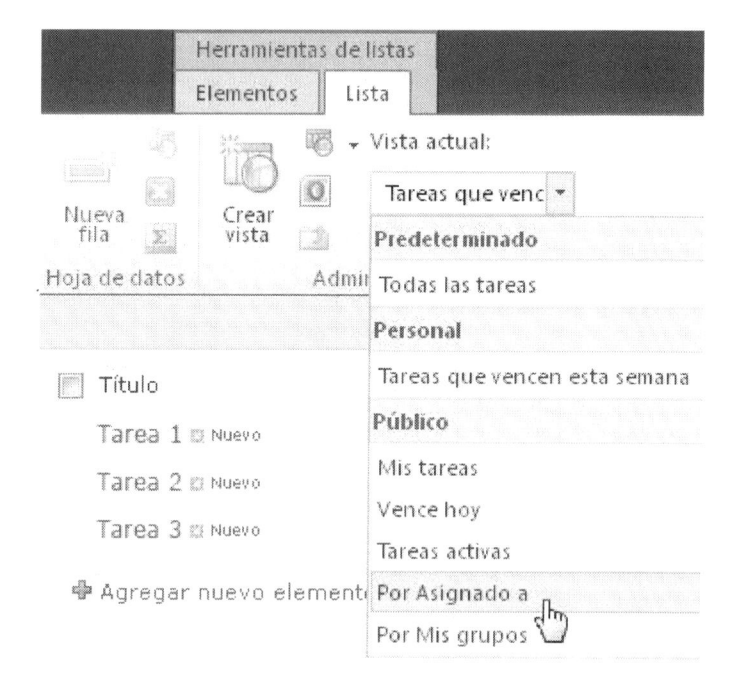

4. Haga clic en **Modificar esta vista**.

Para aprovechar la funcionalidad avanzada que ofrece SharePoint Designer para modificar una vista, seleccione **Modificar esta vista**, seleccione la flecha hacia abajo y luego haga clic en **Modificar en DesignSharePoint Designer (avanzado)**. Para usar esta opción, SharePoint Designer 2010 debe estar instalado en el equipo local. Si selecciona esta opción y la aplicación no está instalada, se le solicitará que lo haga. Puede descargar SharePoint Designer 2010 de forma gratuita.

**Nota**: Si la opción **Modificar esta vista** no está habilitada, es posible que no cuente con los permisos necesarios para modificar la vista actual. Sin embargo, puede modificar sus vistas personales. También puede modificar las vistas públicas si tiene el nivel de permisos Diseño para la lista o biblioteca.

## 2.5.9 Eliminar una vista

Use el siguiente procedimiento para eliminar una vista de una lista o biblioteca.

**Nota**: Si **Eliminar** no aparece como una opción, quizás esta sea la vista predeterminada para una lista o biblioteca. Primero deberá modificar otra vista y establecerla como predeterminada.

- En el Inicio rápido, haga clic en el nombre de la lista o biblioteca que contiene la vista que desea eliminar.

Si la lista o biblioteca no se encuentra en el Inicio rápido, haga clic en **Acciones del sitio**, seleccione **Ver todo el contenido del sitio** y luego haga clic en el nombre de la lista o biblioteca.

- En la cinta, haga clic en la pestaña **Lista** o en la pestaña **Biblioteca**.

- Seleccione la vista que desea eliminar en la lista desplegable **Vista actual**.

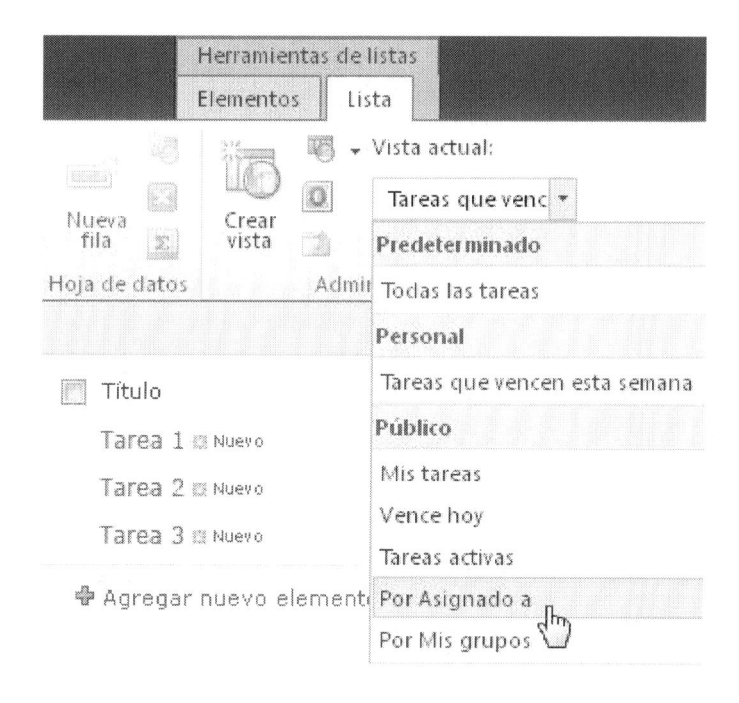

- Haga clic en **Modificar esta vista**.

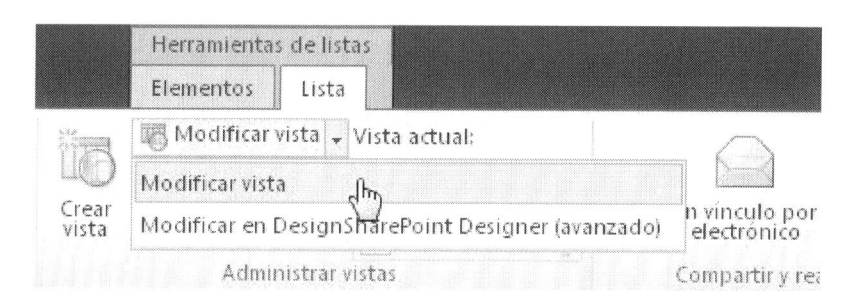

**Nota**: Si la opción **Modificar esta vista** no está habilitada, no cuenta con los permisos necesarios para modificar la vista actual. Sin embargo, puede modificar sus vistas personales. También puede modificar las vistas públicas si tiene el nivel de permisos Diseño para la lista o biblioteca.

- En la parte superior de la vista, haga clic en **Eliminar**.

- Cuando se le pida, haga clic en **Aceptar**.

Algunas características de las listas pueden ayudar a su equipo a crear y administrar elementos con eficiencia a través de diversas listas y bibliotecas. Por ejemplo, puede crear una columna que proporcione información acerca de los elementos de lista y, a continuación, compartirla en otras listas. O, si desea hacer que un archivo esté disponible en varias bibliotecas, puede copiarlo fácilmente en otras bibliotecas del sitio. Es posible que se le soliciten actualizaciones si el archivo ha cambiado.

## 2.6 ADMINISTRAR LISTAS Y BIBLIOTECAS CON MUCHOS ELEMENTOS

Independientemente de su tamaño, las listas y bibliotecas son fundamentales para usar SharePoint 2010 de varias formas. Pero cuando una lista o biblioteca tiene un gran número de elementos, debe tener cuidado al planear, organizar y justificar cómo se tiene acceso a los datos. Mediante la planeación y el uso de características de biblioteca y listas clave, puede asegurarse de que todos los usuarios encuentren rápidamente la información sin afectar negativamente al rendimiento del resto del sitio.

**Nota**: El rendimiento de cualquier sitio de SharePoint, sobre todo el que contiene listas y bibliotecas con muchos elementos, se ve directamente afectado por las decisiones que se toman al configurar y planear un sitio de SharePoint. Puede encontrar más información sobre la capacidad de planeación y el rendimiento de SharePoint en Microsoft TechNet.

### 2.6.1 Información general acerca de listas y bibliotecas con muchos elementos

SharePoint 2010 admite bibliotecas y listas muy grandes. En la siguiente tabla se resumen las especificaciones y límites de las bibliotecas y listas que contienen muchos elementos.

| CARACTERÍSTICA | LÍMITE MÁXIMO |
|---|---|
| Número de elementos en una lista o biblioteca | 50 millones |
| Tamaño de un elemento de archivo o de los datos adjuntos de un elemento | 2 gigabytes |

Como verá, se puede almacenar una gran cantidad de datos y archivos en las listas y bibliotecas. Pero si una operación de base de datos o consulta supera un límite de recursos, es posible que se bloquee la operación ya que tener acceso a tantos elementos podría afectar negativamente a otros usuarios del sitio. Afortunadamente, hay una serie de estrategias sencillas y características básicas que se pueden usar para conseguir los resultados deseados a fin de impedir que se supere este límite. Todos los usuarios pueden sortear el límite durante una ventana de tiempo dedicada y, con los permisos adecuados, también se puede usar un límite más alto a través del código.

## ¿Por qué 5.000 es un número mágico?

Para minimizar la contención de la base de datos, el servidor SQL Server usa a menudo el bloqueo por filas como estrategia para garantizar actualizaciones correctas sin afectar negativamente a otros usuarios que tienen acceso a otras filas. Sin embargo, si una operación de lectura o escritura de base de datos, como una consulta, provoca que más de 5.000 filas se bloqueen a la vez, entonces resulta más eficaz que el servidor SQL Server extienda temporalmente el bloqueo a toda la tabla hasta que se haya completado la operación de base de datos. Tenga en cuenta que el número real no es siempre 5.000 y puede variar según el sitio, la actividad de la base de datos y la configuración del sitio. Cuando se produce esta extensión de bloqueo, se evita que otros usuarios tengan acceso a la tabla. Si esto sucede con mucha frecuencia, todos los usuarios notarán una degradación del rendimiento del sistema. Por lo tanto, los umbrales y los límites son esenciales para ayudar a minimizar el impacto de las operaciones de base de datos con uso intensivo de recursos y para encontrar un equilibrio entre las necesidades de todos los usuarios.

## ¿Qué sucede en segundo plano cuando se tiene acceso a muchos elementos de una lista o biblioteca?

En el diagrama siguiente, se resumen los puntos clave sobre lo que sucede en segundo plano cuando se tiene acceso a muchos elementos de una lista o biblioteca.

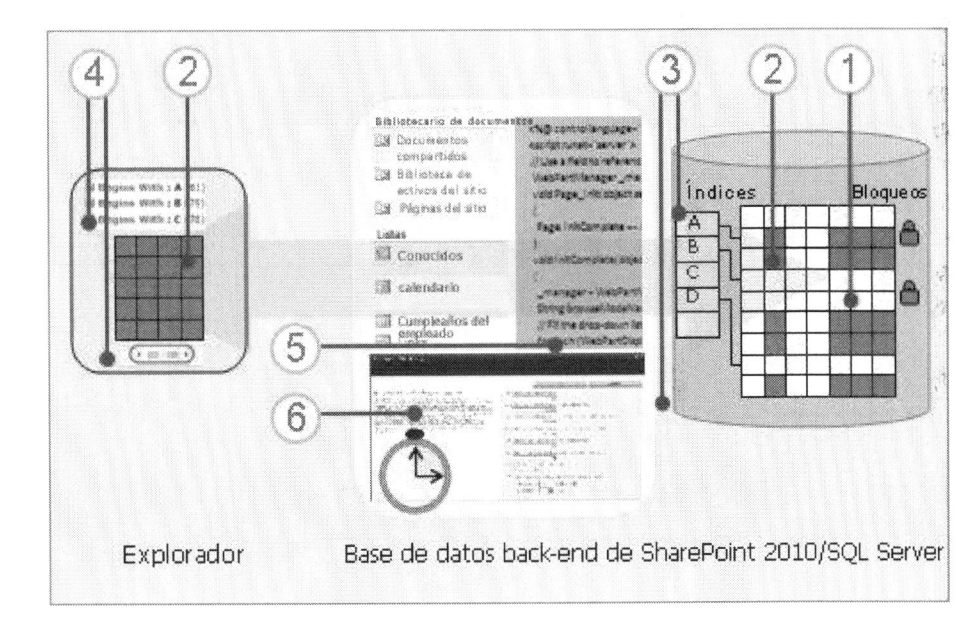

- Los profesionales de la información pueden usar vistas, estilos y límites de página adecuados para mostrar los datos en la página más rápidamente.

- Las vistas filtradas con índices de columna (y otras operaciones) crean consultas de base de datos que identifican un subconjunto de columnas y filas, y lo devuelven al equipo.

- Los administradores del conjunto de servidores pueden especificar intervalos de horas dedicados para que todos los usuarios puedan realizar operaciones ilimitadas durante las horas de menor actividad.

- Los desarrolladores con privilegios pueden usar invalidaciones del modelo de objetos para aumentar temporalmente los umbrales y límites de las aplicaciones personalizadas.

- Los umbrales y los límites ayudan a limitar las operaciones y equilibrar los recursos para varios usuarios simultáneos.

- Los datos de lista o biblioteca de una colección de sitios se almacenan en una tabla de base de datos de SQL Server, que usa consultas, índices y bloqueos para mantener globalmente el rendimiento, el uso compartido y la precisión.

## 2.6.2 Límites de recursos

En la tabla siguiente se resume la información acerca de los límites de recursos que necesita conocer. Estos límites se definen en la página Límite de recursos de la Administración central. Póngase en contacto con el administrador para obtener más información acerca de solicitudes y límites específicos para el sitio.

**Nota**: Para facilitar la administración central, el administrador del equipo front-end y el propietario del sitio del administrador central que tienen acceso a una lista o biblioteca con muchos elementos no están sujetos a los siguientes límites de recursos.

| UMBRAL O LÍMITE | VALOR PREDETERMINADO | DESCRIPCIÓN |
|---|---|---|
| Umbral de la vista Lista | 5.000 | Especifica el número máximo de elementos de biblioteca o lista que una operación de base de datos, como una |

CAPÍTULO 2. SHAREPOINT ONLINE 89

|  |  | |
|---|---|---|
|  |  | consulta, puede procesar a la vez. Se bloquean las operaciones que superan este límite. Para darle tiempo de hacer planes alternativos, SharePoint 2010 le advierte en la página Configuración de lista cuando la lista ha superado los 3.000 elementos. La advertencia contiene un vínculo de ayuda a este tema. |
| Límite de Permisos exclusivos | 50.000 | Especifica el número máximo de permisos exclusivos permitidos para una lista o biblioteca. Cada vez que interrumpe la herencia de permisos de un elemento o carpeta, se cuenta como un permiso exclusivo para con este límite. Si intenta agregar un elemento que podría provocar que se supere el límite, se le impide hacerlo. |
| Límite de tamaño de fila | 6 | Especifica el número máximo de filas de tabla internas a la base de datos que se usan en un elemento de biblioteca o de lista. Para que |

|  |  | quepan listas extensas con muchas columnas, cada elemento se ajusta en varias filas internas de la tabla, hasta 6 filas y un total de 8.000 bytes (quedan excluidos los datos adjuntos). Por ejemplo, si tiene una lista con muchas columnas pequeñas, una que contenga cientos de columnas Sí/No, podría superar este límite, en cuyo caso no le sería posible agregar más columnas Sí/No a la lista, pero sí podría agregar columnas de otro tipo. NOTA Los administradores de conjuntos de servidores solo pueden establecer este límite mediante el modelo de objetos, y no a través de la interfaz de usuario. |
|---|---|---|
| **Umbral de búsqueda en la vista Lista** | 8 | Especifica el número máximo de operaciones de unión, como las que se basan en columnas de búsqueda, de persona o grupo, o de estado del flujo de trabajo. Si la consulta usa más de ocho columnas, se bloquea la operación. Sin embargo, es posible seleccionar mediante |

|  |  |  |
|---|---|---|
|  |  | programación las columnas que se van a usar con la vista máxima, que se puede establecer a través del modelo de objetos. |
| **Tamaño del Umbral de la vista Lista para auditores y administradores** | 20.000 | Especifica el número máximo de elementos de biblioteca o lista que una operación de base de datos, como una consulta, puede procesar a la vez cuando la realiza un auditor o administrador con los permisos adecuados. Esta opción funciona junto con **Permitir invalidación de modelos de objetos**. |
| **Permitir invalidación de modelos de objetos** | S | Especifica si los desarrolladores pueden realizar operaciones de base de datos, como consultas, que solicitan la invalidación del **Umbral de la vista Lista** para el límite superior especificado por el **Umbral de la vista Lista para auditores y administradores**. Un administrador de conjunto de servidores debe habilitar la invalidación de modelos de objetos para que los desarrolladores con permisos adecuados |

|  |  | puedan solicitar mediante programación que su consulta use el Umbral de la vista Lista más alto para aprovecharlo. |
| --- | --- | --- |
| Intervalo diario de horas | Ninguno | Especifica un período de tiempo durante el cual se omiten los límites y umbrales de recursos. Un administrador de conjunto de servidores puede configurar una ventana de tiempo durante las horas de menor actividad en incrementos de 15 minutos y hasta 24 horas, como 6:00 p. m. a 10:00 p. m. o 1:30 a. m. a 5:15 a. m. NOTA Una consulta u operación de base de datos iniciada dentro del intervalo diario de horas sigue hasta su finalización (o error) aunque no se termine en el intervalo de horas especificado. |

## 2.6.3 Formas de administrar listas y bibliotecas con muchos elementos

En las siguientes secciones se proporcionan recomendaciones, técnicas y sugerencias para garantizar que todos los usuarios puedan obtener acceso rápidamente a muchos elementos de una lista o biblioteca y para ayudar a mantener el sitio funcionando correctamente.

## 2.6.4 Crear columnas indizadas de SharePoint

Para ayudar a mejorar el rendimiento de una biblioteca o lista grande, puede indizar hasta 20 columnas. En general, el índice de una columna le permite encontrar rápidamente las filas que desea en función de los valores de esa columna, incluso cuando está trabajando con millones de elementos. Cuando combina índices con vistas filtradas, puede recuperar rápidamente los elementos que desee.

Es importante tener en cuenta lo siguiente al crear y usar columnas indizadas. Cada índice de columna adicional consume recursos extras de la base de datos y agrega alguna sobrecarga a cada operación para mantener el índice. Por lo tanto, debe agregar índices únicamente a las columnas que se usarán activamente para filtrar en vistas de la lista o biblioteca. Una buena idea es analizar todas las vistas y ver qué columnas se usan con más frecuencia en las diversas vistas para filtrar a fin de elegir las columnas correctas que se indizarán. Tenga en cuenta que las columnas que defina para que tengan un valor único requieren un índice.

| TIPOS DE COLUMNA ADMITIDOS | TIPOS DE COLUMNA NO ADMITIDOS |
|---|---|
| Una línea de texto | Varias líneas de texto |
| Opción (valor único) | Opción (multivalor) |
| Número | Calculado |
| Moneda | Hipervínculo o imagen |
| Fecha y hora | Columnas personalizadas |
| Búsqueda (valor único) <br> NOTA Indizar la columna en la otra lista o biblioteca no mejora el rendimiento de la operación de búsqueda. | Búsqueda (valor múltiple) |
| Persona o grupo (valor único) | Persona o grupo (valor múltiple) |
| Sí o No | |
| Metadatos administrados | |

## 2.6.5 Crear un índice simple o compuesto

Para mejorar el rendimiento de una lista o biblioteca de gran tamaño, puede crear un índice. Luego, puede usar la columna indizada al crear o modificar una vista filtrada a partir de índices de columna de esa lista o biblioteca.

**Importante**: Debido a que la creación de un índice requiere el acceso a todos los elementos de la lista, es posible que no pueda crear un índice de una columna si toda la lista supera el Umbral de la vista Lista. Si esto ocurre, realice la operación durante el intervalo diario de horas o póngase en contacto con el administrador.

1. Navegue al sitio que contiene la lista o biblioteca para la cual desea crear el índice.

2. Si la lista o biblioteca aún no está abierta, haga clic en su nombre en **Inicio** rápido.

Si no aparece el nombre de la lista o biblioteca, haga clic en **Acciones del sitio** Acciones del sitio ▼ , haga clic en **Ver todo el contenido del sitio** y luego seleccione el nombre de la lista o biblioteca.

3. En la cinta, en **Herramientas de listas** o **Herramientas de bibliotecas**, haga clic en la pestaña **Lista** o **Biblioteca** y, a continuación, en el grupo **Configuración**, haga clic **en Configuración de lista** o **Configuración de biblioteca**.

4. En la sección **Columnas**, haga clic en **Columnas indizadas**.

5. En la página **Columnas indizadas**, haga clic en **Crear índice nuevo**.

6. Realice una de las siguientes acciones:

**Para crear un índice simple:**

1. En la sección **Columna principal**, seleccione una columna en **Columna principal para este índice**.

2. Haga clic en **Crear**.

**Para crear un índice compuesto:**

1. En la sección **Columna principal**, seleccione la columna en **Columna principal para este índice**.

2. En la sección **Columna secundaria**, seleccione una columna diferente en **Columna secundaria para este índice**.

3. Haga clic en **Crear**.

## 2.6.6 Crear vistas filtradas a partir de índices de columna

Para que una vista filtre rápidamente a través de un gran número de elementos, la primera columna especificada en el filtro debe estar indizada. Otras columnas especificadas en el filtro de vista pueden o no estar indizadas, pero la vista no usa dichos índices. También necesita asegurarse de que la primera columna del filtro no devuelve más elementos que el Umbral de la vista Lista, aun cuando el resultado final de la vista filtrada devuelva menos que el Umbral de la vista Lista.

Si la primera columna del filtro devuelve más elementos que el Umbral de la vista Lista, puede usar un filtro con dos o más columnas. Cuando define una vista filtrada que usa dos o más columnas, si se usa un operador Y normalmente se limitará el número total de elementos devueltos. Pero aun en ese caso, debe especificar como primera columna del filtro la columna que más probablemente devuelva la menor cantidad de datos. Tenga en cuenta que cuando se usa un filtro O casi siempre aumenta el número de elementos devueltos, lo que no sería eficaz en estas circunstancias.

**Importante**: Si filtra una lista por un campo indexado, compruebe si hay elementos eliminados en la papelera de reciclaje. Los elementos de la papelera de reciclaje no se eliminan completamente de la base de datos back-end hasta que se quitan de la papelera de reciclaje. Si la cantidad total de elementos filtrados en la lista y en la papelera de reciclaje es superior al límite Umbral de la lista, es posible que obtenga un conjunto incompleto de resultados o ningún resultado.

**Nota:** Si es desarrollador, puede usar mediante programación un índice compuesto en la primera columna. Un índice compuesto se basa en dos columnas, principal y secundaria, y puede usar cualquiera de las dos para obtener acceso a los datos rápidamente.

A continuación, se incluyen algunas sugerencias para las vistas típicas que funcionarían bien con columnas indizadas:

| PARA FILTRAR POR: | INDIZAR: | POR EJEMPLO: |
|---|---|---|
| Elementos modificados recientemente | Columna **Modificado** | Para ver únicamente los elementos que cambiaron en la última semana, aplique el filtro **Modificado es mayor que [Hoy]-7**. |
| Nuevos elementos | Columna **Creado** | Para crear una vista únicamente con los elementos que se agregaron en la última semana, aplique el filtro **Creado es mayor que [Hoy]-7**. |
| Mis elementos | Columna **Creado por** | Para crear una vista únicamente con los elementos que haya agregado personalmente, aplique el filtro **Creado por es igual a [Yo]**. |
| Elementos que vencen hoy | Columna **Fecha de vencimiento** (creada personalmente en una lista o biblioteca) | Para crear una vista únicamente con los elementos que vencen hoy, aplique el filtro **Fecha de vencimiento es igual a [Hoy]**. |
| Actualizaciones del panel de discusión | Columna **Última actualización** | Para crear una vista únicamente de las discusiones actualizadas en el último mes, aplique el filtro **Última actualización es mayor que [Hoy]-30**. |
| Almacenar archivos en una biblioteca de documentos | Fecha de modificación | Para crear una vista de los documentos que no han cambiado desde el año 2006 (que desea archivar después), aplique el filtro **La fecha de modificación es menor que el 31 de diciembre de 2006** |

| Buscar un subconjunto de datos financieros | **Región**, **Año** (como dos índices simples) | Para crear una vista de los datos financieros para la región Noreste en 2008, aplique el filtro **Región es igual a "NE" AND Año es igual a 2008** porque es probable que la columna Región tenga menos valores que la columna Año |

**Nota**: Incluso cuando se crea una vista filtrada en función de los índices de columna, determinadas operaciones adicionales aún podrían bloquearse porque requieren tener acceso a toda la lista o biblioteca. Estas operaciones incluyen: agregar o eliminar un índice, crear una ordenación en la definición de vista; mostrar un total de columna; y agregar, actualizar o eliminar campos calculados.

## 2.6.7 Organizar elementos en carpetas

Aunque las carpetas (denominadas también contenedores) no son necesarias para usar listas y bibliotecas grandes, aun así puede usarlas para facilitar la organización de los datos y mejorar la eficacia del acceso a los datos. Cuando crea una carpeta, está creando un índice interno en segundo plano. Este índice interno también se crea para la carpeta raíz o de nivel superior de una lista o biblioteca. Al obtener acceso a los elementos de una carpeta, está usando de forma eficaz este índice interno para obtener acceso a los datos. Tenga presente que si una carpeta contiene subcarpetas, cada subcarpeta se cuenta como un elemento (pero no los elementos de esa subcarpeta).

Incluso si el número total de elementos de una lista o biblioteca es muy grande, la vista de una sola carpeta es al menos tan rápida como una vista que filtra el número total de elementos mediante una columna indizada. En algunos escenarios, sería posible distribuir todos los elementos de una lista o biblioteca en varias carpetas de forma que ninguna carpeta tenga más de 5.000 elementos.

Es importante tener en cuenta lo siguiente cuando se usan carpetas para organizar una lista o biblioteca grande:

- Una carpeta puede tener más elementos que el Umbral de la vista Lista pero, para evitar que SharePoint 2010 lo bloquee, puede que todavía necesite usar una vista filtrada basada en índices de columna.

- Si elige la opción **Mostrar todos los elementos sin carpetas** en la sección **Carpetas** al crear o modificar una vista en esta lista o biblioteca, debe usar un filtro que se base en un índice simple para asegurarse de no alcanzar el **Umbral de la vista Lista**.

- Generalmente, resulta útil configurar la vista predeterminada de modo que muestre todas las carpetas disponibles sin filtros para que los usuarios puedan elegir la carpeta apropiada al insertar nuevos elementos. Además, al mostrar todas las carpetas, es menos probable que los elementos se agreguen fuera de las carpetas de la lista o biblioteca de manera incorrecta. Tenga en cuenta que no hay una forma automática de mover los elementos entre las carpetas de una lista.

## 2.7 CONTROLAR LA PRESENTACIÓN DE DATOS EN UNA PÁGINA

Una vez que el subconjunto de datos ha sido transferido a su equipo, existen otras estrategias que se pueden usar para acelerar la presentación de los datos en el explorador.

A medida que se incrementa el tamaño del código fuente HTML en el que está basada la página, por lo general hay un correspondiente incremento en el tiempo de presentación de la página. Cuanto más grande la página, más tiempo demora en mostrarse. Por ejemplo, el estilo predeterminado para una vista de lista o biblioteca es el estilo de tabla que muestra todos los datos, un elemento por cada fila de la tabla en una página. En consecuencia, cuantas más filas se muestren, más tiempo habrá de demora para mostrar los datos.

### 2.7.1 Establecer el límite de elementos en una página

Cuando se establece el límite de elementos en una página, se puede controlar directamente la cantidad de elementos que se muestran al mismo tiempo mediante el uso de un número específico; el predeterminado es 30.

| María | 15/05/93 | 16/01/75 |
| Enrique | 19/04/97 | 22/07/78 |
| Francisco | 02/07/93 | 21/03/77 |
| Tomás | 13/05/95 | 18/08/58 |
| Fabricio | 01/09/96 | 08/05/61 |

◀ 121-150 ▶

Al establecer el límite de elementos en una página, hay dos opciones:

- Si selecciona **Mostrar los elementos en lotes del tamaño especificado (para la paginación)**, estará creando una presentación de los datos página por página que es de utilidad cuando se examinan los elementos de un modo no interactivo.
- Si selecciona Limitar el número total de elementos mostrados a la cantidad especificada, estará creando un límite rígido que quizás devuelva o no los resultados completos de la operación de filtrado pero que puede ser útil al probar la vista, crear un prototipo o cuando solo desea recuperar los valores principales en una lista.

## 2.7.2 Usar el estilo de vista Panel de vista previa

Para ver toda la información de los elementos de la lista en un panel con formato vertical, use el estilo Panel de vista previa. Puede desplazarse por los datos más rápidamente manteniendo el mouse sobre el título del elemento en un área a la izquierda de la página que permite el desplazamiento y así ver todos los valores de la columna del elemento actual en una lista vertical a la derecha de la página. Se muestran menos datos iniciales y esto ayuda a mostrar la vista más rápidamente. Este estilo también es muy útil cuando la lista es extensa o tiene muchas columnas y es necesario desplazarse horizontalmente para ver los datos.

## 2.7.3 Usar el estilo de vista Agrupar por

```
⊟ Comienza por: H (60)
⊟ Comienza por: I (8)
        Iallo         Lucio      13/4/1990
        Ihrig         Ryan       13/12/1997
        Ilyina        Julia      15/3/2007
        Iragavarapu   Srinivas   20/12/1999
        Isla          Julian     12/12/1996
        Ismert        Erik       6/10/1992
        Ito           Shu        17/12/1990
        Iyer          Raman      20/7/1995
⊞ Comienza por: J (29)
```

El estilo de vista Agrupar por agrupa los datos con base en una categoría (hasta dos niveles) que el usuario elige al definir la vista. Esto hace que la presentación inicial de la vista de lista sea más pequeña. Se hace clic en un botón más o menos para expandir o contraer un grupo de datos específico y solamente cargar el subconjunto de datos necesario en la página actual. Este estilo de vista no solo limita la presentación de los datos sino que además limita su recuperación. Asegúrese de que la opción predeterminada **Mostrar agrupación** esté establecida en **Contraída**. También puede controlar la paginación de los datos agrupados al igual que la de los datos no agrupados. En algunos casos, como en la creación de informes simples o del rastreo desagrupando datos o agrupando datos para buscar y actualizar datos, el uso de este estilo de vista puede resultar mucho más eficaz para los usuarios.

## 2.7.4 Usar la vista Hoja de datos

La vista Hoja de datos está basada en un control ActiveX específicamente diseñado para cargar los datos más rápidamente al recuperar y actualizar los datos de manera asincrónica. Esta vista permite desplazarse, modificar y trabajar con muchos datos de manera más eficaz, y resulta especialmente útil para agregar, actualizar y comparar datos con frecuencia. Sin interrumpir el trabajo, los cambios se envían al servidor, el estado se comunica con usted mediante iconos, los cambios se sincronizan de manera eficaz con el servidor y usted puede resolver rápidamente conflictos ocasionales. La vista Hoja de datos respeta la configuración del filtro, de las ordenaciones y de las carpetas de la vista pero no está diseñada para funcionar con límites de página, filtros y ordenaciones dinámicas en vista Estándar y otros estilos de vistas no tabulares como Agrupar por y Panel de vista previa.

Si la característica Servicios de Access está activada, puede trabajar con muchísimos más datos que el Umbral de la vista Lista, hasta 50.000 elementos de forma predeterminada..

| Identificación | Apellidos | Nombre | FDN | Años | Antigüedad |
|---|---|---|---|---|---|
| 17442 | Nixon | Toby | 3/2/1970 | 9 | Nivel 10 |
| 34456 | Nkya | Elly | 14/4/1974 | 13 | Nivel 15 |
| 68879 | Noriega | Fabricio | 10/1/1955 | 9 | Nivel 10 |
| 19544 | Norred | Chris | 29/9/1967 | 12 | Nivel 15 |
| 72596 | Oberleitner | Gerwald | 19/2/1964 | 8 | Nivel 10 |
| 99318 | Ola | Preeda | 31/12/1953 | 10 | Nivel 10 |
| 55308 | Olecka | Aneta | 6/5/1951 | 2 | Nivel 05 |
| 25442 | Oliveira | Manuel | 24/4/1945 | 6 | Nivel 10 |
| 94636 | Orint | Neil | 4/7/1950 | 7 | Nivel 10 |
| 33203 | Orman | Jerry | 17/5/1971 | 2 | Nivel 05 |
| 43561 | Orman | Tad | 20/12/1966 | 17 | Nivel 20 |
| 41995 | Orme | Stan | 20/11/1978 | 12 | Nivel 15 |
| 66721 | Ortman | Danni | 28/12/1974 | 8 | Nivel 10 |

**Sugerencia**: Si la lista está organizada por carpetas y desea ver todos los datos en la vista Hoja de datos sin las carpetas (una vista "plana"), puede establecer la vista en **ver todos los elementos sin carpetas**. Sin embargo, quizás deba usar un filtro basado en columnas indizadas para evitar alcanzar el Umbral de la vista Lista.

## 2.7.5 Usar el intervalo diario de horas

El intervalo diario de horas es una forma para que los administradores del conjunto de servidores especifiquen un período de tiempo dedicado para que todos los usuarios puedan realizar operaciones ilimitadas durante las horas de poca actividad, por ejemplo entre las 6:00 p. m. y las 10:00 p. m.

Si bien las vistas son la manera principal de recuperar elementos de una lista o biblioteca, otros comandos y otras operaciones de SharePoint también requieren obtener acceso a los elementos en una lista o biblioteca, por ejemplo, agregar y eliminar un índice, agregar y modificar una columna de la lista, eliminar y copiar carpetas, cambiar la configuración de seguridad para una lista o biblioteca, guardar una lista con su contenido como una plantilla, eliminar una página o un sitio web, y restaurar o eliminar elementos de la papelera de reciclaje. Estos comandos y operaciones también podrían producir un error si excedieran los umbrales y límites del sitio al recuperar datos de una lista.

Si no es un desarrollador o no tiene acceso conveniente a desarrolladores para que realicen estas operaciones en su lugar, puede diferir estos tipos de operaciones al intervalo diario de horas. Si el período del intervalo diario de horas regular se configura durante el horario normal de inactividad, puede solicitarle al administrador del conjunto de servidores que mueva el período de tiempo a una hora temprano por la mañana o tarde por la noche.

### 2.7.6 Usar la sincronización sin conexión

Usar los datos sin conexión es más práctico y eficaz para el usuario. Puede realizar cambios en su equipo de escritorio o portátil y, a continuación, cuando vuelva a colocar los datos en línea, sincronice los cambios y resuelva conflictos de un modo simple y eficaz. El trabajo con largas listas con la sincronización sin conexión para "depurar", analizar o notificar datos ayuda en la actividad de descarga y minimiza el uso de los recursos de SharePoint.

Puede trabajar con datos de lista sin conexión y sincronizar los cambios cuando vuelva a conectarse utilizando cuatro productos de Microsoft Office. Dos de estos productos, Microsoft Office Access 2010 y Microsoft SharePoint Workspace 2010, procesan automáticamente datos de lista o biblioteca en pequeños lotes y, a continuación, vuelven a ensamblar los datos, una técnica que permite trabajar con muchos más datos que el Umbral de la vista Lista, y sin afectar negativamente a otros usuarios del sitio de SharePoint.

**Microsoft Office SharePoint Workspace 2010:** Con

Office SharePoint Workspace 2010, puede desconectar de forma eficaz las listas y las bibliotecas, sincronizar automáticamente los cambios cuando se producen en el cliente o en el servidor, y aprovechar una interfaz de usuario más completa, más flexible y con mayor capacidad de respuesta en el equipo portátil o cliente. En segundo plano, Office SharePoint Workspace 2010 procesa automáticamente los datos en lotes de 100 elementos a la vez y, a continuación, los ensambla, lo que significa que puede trabajar con muchos más elementos que el Umbral de la vista Lista del sitio, hasta un máximo absoluto de 30.000 elementos. Si una lista o biblioteca contiene más de 30.000 elementos, el equipo cliente detiene la sincronización.

**Microsoft Office Access 2010**: Puede leer y escribir la mayoría de las listas nativas desde Office Access 2010 al vincularse a ellas. Office Access 2010 funciona bien con prácticamente todos los tipos de datos de SharePoint. La vinculación permite conectarse a los datos de una lista de SharePoint, de modo que pueda crear una conexión bidireccional para ver y editar los datos más recientes tanto en la lista de SharePoint como en la base de datos de Access. Access crea una copia de la lista de SharePoint (la replica) en una tabla de Access. Una vez que se cree la tabla de Access, puede trabajar con los datos de lista en Access hasta el límite de Access de dos gigabytes (quedan excluidos los datos adjuntos que no están almacenados localmente). Además, Office Access 2010 almacena en caché los datos de lista en el cliente, usa una memoria caché de escritura a través en memoria eficaz y solo transfiere los elementos modificados de la lista, lo que hace que las consultas y las actualizaciones se realicen mucho más rápido. Un cuadro de diálogo de resolución de conflictos también permite administrar las actualizaciones conflictivas sin problemas.

Si la característica Servicios de Access está activada, puede trabajar con muchísimos más datos que el Umbral de la vista Lista, hasta 50.000 elementos de forma predeterminada..

**Microsoft Office Excel 2010**: Puede exportar listas de SharePoint a una tabla de Excel, que crea una conexión de datos unidireccional entre una tabla de Excel y la lista de SharePoint. Cuando actualiza los datos desde la lista de SharePoint y actualiza la tabla de Excel, Office Excel 2010 reemplaza los datos de Excel con los datos más recientes de la lista de SharePoint al sobrescribir los cambios efectuados en la tabla de Excel. Una vez que los datos están en la tabla de Excel, puede aprovechar muchas de las características de análisis de datos de Office Excel 2010, como hojas de cálculo eficaces y flexibles, informes de tabla dinámica, gráficos y minigráficos de aspecto profesional, formato condicional con iconos, barras de datos y escalas de color, y operaciones de análisis de hipótesis sofisticadas.

Si la característica Servicios de Access está activada, puede trabajar con muchísimos más datos que el Umbral de la vista Lista, hasta 50.000 elementos de forma predeterminada..

**Microsoft Office Outlook 2010:** Desde Office Outlook 2010, puede leer y escribir contactos, tareas, calendarios y listas de discusión, así como sincronizar las bibliotecas de documentos. Por ejemplo, puede trabajar tanto con listas de tareas estándar como con listas de tareas de proyecto sin conexión; ver, actualizar y asignar tareas nuevas, conectarlas nuevamente y sincronizarlas sin salir de Office Outlook 2010. Además, puede almacenar, compartir y administrar contactos de SharePoint más eficazmente en Office Outlook 2010.

## 2.7.7 Usar la búsqueda para buscar elementos de lista o biblioteca

Una forma alternativa de buscar documentos o elementos en una lista o biblioteca de gran tamaño es usar la búsqueda. Debido a que la búsqueda posee sus propios mecanismos de indización, no está sujeta al Umbral de la vista Lista o a otros límites relacionados. Cuando use la búsqueda, puede restringir (o limitar) la búsqueda a una lista o biblioteca determinada. Puede buscar por una frase o palabra clave y restringir aún más los resultados mediante el uso de propiedades de elemento, como el autor de un documento o la fecha de creación de un elemento de lista. Incluso puede usar operadores lógicos o sintaxis booleana para formular consultas más elaboradas. Una vez que identificó los resultados con los que desea trabajar, puede usar el panel de refinamiento para, por ejemplo, ordenar y filtrar los resultados de acuerdo con sus necesidades.

## 2.8 ACERCA DE LAS CARACTERÍSTICAS DE SHAREPOINT QUE SE USAN CON FRECUENCIA

Para contribuir a mejorar el rendimiento general del sistema y evitar alcanzar un umbral o límite de recursos, considere las siguientes características de SharePoint que se usan frecuentemente:

**Vistas personales**: Como la creación correcta de vistas que usan un índice de columna es más complicado para listas y bibliotecas grandes, es posible que desee quitar el permiso Administrar vistas personales de los colaboradores de una biblioteca o lista grande. Al quitar este permiso, puede evitar que los usuarios creen una vista que abarque todos los elementos y que pueda afectar negativamente al rendimiento del resto del sitio.

**Listas relacionales**: Cuando crea relaciones de lista mediante el uso de columnas de búsqueda, columnas únicas y comportamiento relacional obligatorio (llamado también integridad referencial), puede alcanzar el Umbral de la vista Lista y sufrir bloqueos en las siguientes circunstancias:

- Si crea una columna única en una lista existente que contiene más elementos que el Umbral de la vista Lista (aunque tenga en cuenta que agregar un elemento a una lista que hace que la lista supere el Umbral de la vista Lista, por lo general, no es una operación que se bloquee).

- Si una lista tiene más elementos que el Umbral de la vista Lista y, a continuación, activa **Eliminación en cascada** o **Eliminación restringida** para un campo de búsqueda en esa lista.

**Fuentes RSS**: Después de habilitar la compatibilidad con RSS en Administración central y en el nivel de la colección de sitios, puede habilitar y configurar la compatibilidad con RSS para los distintos tipos de listas y bibliotecas. Cuando los usuarios obtienen acceso a la fuente RSS para una lista o biblioteca, los datos se recuperan de esa lista. La vista RSS predeterminada limita la cantidad de elementos que se devuelven en función de la fecha en que el elemento se modificó por última vez mediante el uso de un filtro en la columna **Modificado**. Si la lista o biblioteca tiene muchos elementos y los usuarios tienen acceso a la fuente RSS, es una buena idea indizar la columna **Modificado**. Para reducir la cantidad de elementos recuperados, puede cambiar el **número de elementos** y el **número de días** para los cuales se incluyen cambios en una fuente RSS.

## 2.9 USAR SERVICIOS DE ACCESS

Puede crear una base de datos web mediante Office Access 2010 y Office SharePoint Services con Servicios de Access configurado. Office Access 2010 facilita la creación de tablas en función de listas nativas, consultas, formularios, informes y macros vinculados, publica estos objetos en un sitio de SharePoint, convierte estos objetos automáticamente con las páginas y funciones de SharePoint, y crea una aplicación sólida basada en Web.

Mediante Servicios de Access, puede trabajar con muchísimos más datos que el Umbral de la vista Lista sin que se le bloquee. Los Servicios de Access procesan automáticamente los datos en lotes de 2.000 elementos cada vez y luego vuelven a ensamblarlos. El límite predeterminado es de 50.000 elementos, aunque un administrador del conjunto de servidores puede cambiarlo. Tenga en cuenta que los Servicios de Access tienen su propio conjunto de límites y umbrales.

## 2.10 USAR CONSULTAS INDIZADAS Y DE RESERVA

La característica Filtrado y navegación por metadatos está habilitada de forma predeterminada en la mayoría de los sitios creados en SharePoint Server 2010. Incluso si la navegación por metadatos no se ha configurado para una lista o biblioteca específica, la característica Filtrado y navegación por metadatos igualmente está en funcionamiento en segundo plano para mejorar el rendimiento de las vistas en las listas y bibliotecas. La característica Filtrado y navegación por metadatos puede seleccionar automáticamente el mejor índice para trabajar cada vez que se carga una vista. Al cargar vistas nuevas, aplicar filtros a las vistas, desactivar filtros o aplicar una ordenación en un campo, la optimización de consultas determina la mejor forma en la que se realizarán consultas en la base de datos.

Si un usuario crea o carga una vista que no puede usar un índice para realizar consultas en la lista, la característica Filtrado y navegación por metadatos construirá y ejecutará una consulta de reserva. Una consulta de reserva es una versión modificada de la consulta de usuario original que muestra un conjunto parcial de los elementos solicitados, debido a que realiza consultas solo en una parte de la lista en lugar de la lista completa. Está diseñada para proporcionar algunos resultados útiles en circunstancias en las que la consulta original está bloqueada debido a una limitación de listas grandes. Se mostrarán hasta 1.250 de los elementos más recientes en función de cuándo se agregaron esos elementos a la lista. En algunas ocasiones, las consultas de reserva devolverán 0 resultados si ninguno de los elementos de la parte de la lista en la que se realizó la búsqueda contiene resultados que coincidan con la consulta de usuario original.

## 2.11 USAR EL SITIO DEL CENTRO DE DOCUMENTACIÓN

Puede usar un sitio del Centro de documentación cuando desee crear, administrar y almacenar grandes cantidades de documentos. El Centro de documentación se basa en una plantilla de sitio y está diseñado para que pueda funcionar como repositorio centralizado para administrar varios documentos. Sus diferentes características, como la navegación de vista de árbol y metadatos, los tipos de contenido y los componentes web, ayudan a organizar y recuperar documentos de una forma eficaz y significativa para los usuarios.

Los administradores de contenido pueden configurar en poco tiempo la navegación controlada por metadatos para que tenga un buen rendimiento en la mayoría de las bibliotecas sin tener que crear explícitamente los índices, pero también pueden obtener ayuda al crear índices adicionales para mejorar el rendimiento sobre un mayor rango de filtros y vistas.

Puede usar un sitio del Centro de documentación como entorno de creación o como archivo de contenido:

- En un entorno de creación, los usuarios protegen y desprotegen activamente los archivos y crean estructuras de carpetas para los archivos. El control de versiones está habilitado y puede haber 10 versiones o más de cada documento. Los usuarios protegen y desprotegen los documentos con frecuencia y los flujos de trabajo ayudan a automatizar las acciones en los documentos.

- Por el contrario, hay muy poca creación en un archivo de contenido (o de base de conocimiento). Los usuarios solo ven o cargan documentos. Normalmente, los archivos de contenido contienen versiones únicas de los documentos y un sitio puede escalar a millones de archivos. En un escenario típico, como un centro de soporte técnico de una organización grande, es posible que 10.000 usuarios tengan acceso al contenido, principalmente para leerlo. Un subconjunto de 3.000 a 4.000 usuarios podría cargar contenido nuevo en el sitio.

## 2.12 PROCEDIMIENTO PARA INDIZAR Y FILTRAR VISTAS

Las siguientes secciones proporcionan procedimientos paso a paso para crear índices y usarlos en vistas filtradas.

### 2.12.1 Crear un índice simple o compuesto

Para mejorar el rendimiento de una lista o biblioteca de gran tamaño, puede crear un índice. Luego, puede usar la columna indizada al crear o modificar una vista filtrada a partir de índices de columna de esa lista o biblioteca.

**Importante**: Debido a que la creación de un índice requiere el acceso a todos los elementos de la lista, es posible que no pueda crear un índice de una columna si toda la lista supera el Umbral de la vista Lista. Si esto ocurre, realice la operación durante el intervalo diario de horas o póngase en contacto con el administrador.

1. Navegue al sitio que contiene la lista o biblioteca para la cual desea crear el índice.

2. Si la lista o biblioteca aún no está abierta, haga clic en su nombre en Inicio rápido.

Si no aparece el nombre de la lista o biblioteca, haga clic en **Acciones del sitio** Acciones del sitio ▼, haga clic en **Ver todo el contenido del sitio** y luego seleccione el nombre de la lista o biblioteca.

3. En la cinta, en **Herramientas de listas** o **Herramientas de bibliotecas**, haga clic en la pestaña **Lista** o **Biblioteca** y, a continuación, en el grupo **Configuración**, haga clic en **Configuración de lista** o **Configuración de biblioteca**.

4. En la sección **Columnas**, haga clic en **Columnas indizadas**.

5. En la página **Columnas indizadas**, haga clic en **Crear índice nuevo**.

6. Realice una de las siguientes acciones:

## 2.12.2 Para crear un índice simple:

1. En la sección **Columna principal**, seleccione una columna en **Columna principal para este índice**.

2. Haga clic en Crear.

## 2.12.3 Para crear un índice compuesto:

1. En la sección **Columna principal**, seleccione la columna en **Columna principal para este índice**.

2. En la sección **Columna secundaria**, seleccione una columna diferente en **Columna secundaria para este índice**.

3. Haga clic en **Crear**.

## 2.12.4 Crear o modificar una vista filtrada basada en índices de columna

Después de indizar una columna, puede agregarla a una vista cuando cree o modifique una vista y, a continuación, usar la columna indizada para filtrar la vista. Antes de crear una vista, es posible que desee agregar más columnas a la lista para permitir mayor flexibilidad al ordenar, agrupar y filtrar.

1. Navegue al sitio que contiene la lista o biblioteca para la cual desea crear el índice.

2. Si la lista o la biblioteca aún no está abierta, haga clic en su nombre en Inicio rápido.

Si no aparece el nombre de la lista o biblioteca, haga clic en **Acciones del sitio** Acciones del sitio ▼, haga clic en **Ver todo el contenido del sitio** y luego seleccione el nombre de la lista o biblioteca.

3. En la cinta, en **Herramientas de listas** o **Herramientas de bibliotecas**, haga clic en la pestaña **Lista** o **Biblioteca**.

4. Realice una de las siguientes acciones:

## 2.12.5 Para crear una vista:

1. En el grupo **Vistas administradas**, haga clic en **Crear vista**.

2. Haga clic en la opción que desea usar para crear la vista; por ejemplo, **Vista estándar** o una vista existente.

3. En el cuadro **Nombre de vista**, escriba el nombre para la vista.

Si desea que esta vista sea la predeterminada para la lista o biblioteca, seleccione **Establecer como vista predeterminada**. Solo una vista pública puede ser la predeterminada para una lista o biblioteca.

## 2.12.6 Para modificar una vista:

4. En el grupo **Vistas administradas**, seleccione la vista que desea modificar en la lista desplegable **Vista actual**.

5. En el grupo **Vistas administradas**, haga clic en **Modificar esta vista**.

5. En la sección **Filtro**, haga clic en **Mostrar elementos solo cuando se cumpla lo siguiente**: y, a continuación, elija la forma en que desea filtrar los elementos a partir de una de las columnas indizadas.

Por ejemplo, para crear una vista únicamente de elementos que cambiaron hoy, elija la columna **Modificado (Indizado)** y la condición **es igual a** y, a continuación, escriba **[Hoy]**.

**Nota**: Si no ve ninguna columna que muestre **(Indizado)** después del nombre, significa que no tiene ninguna columna indizada disponible para esa lista o biblioteca. Primero deberá crear un índice simple o compuesto.

6. Elija las demás opciones que desee para la vista, como qué columnas desea ocultar o mostrar y cómo desea ordenar los elementos.

7. Haga clic en **Aceptar**.

## 2.13 USAR CARACTERÍSTICAS DE ACCESIBILIDAD

Los sitios están diseñados para que se pueda tener total acceso a listas, bibliotecas y otras características usando solo el teclado. El modo de accesibilidad permite a los usuarios con necesidades especiales interactuar fácilmente con los diferentes menús y controles. Los vínculos **Saltar al contenido principal** permiten a los usuarios del teclado evitar vínculos de navegación repetitivos para llegar al contenido más significativo de una página.

El marcado de los encabezados se ha diseñado de forma que defina mejor la estructura y mejore la navegación de una página para las personas que usan lectores de pantalla. Las imágenes cargadas en el sitio permiten definir un texto alternativo personalizado. Por ejemplo, puede asignar texto alternativo personalizado a la imagen que aparece en la página principal en el elemento web de la imagen del sitio o a una imagen que agregue a una biblioteca de imágenes. Para ver sitios, las opciones de contraste alto de Windows funcionan bien para los usuarios con discapacidades visuales.

## 2.14 REALIZAR EL SEGUIMIENTO DE VERSIONES

La lista o biblioteca puede configurarse para realizar un seguimiento de las versiones con el fin de restaurar una versión anterior si comete un error y ver un historial de versiones de los cambios. Cuando se realiza un seguimiento de versiones, se guardan las revisiones a los elementos o archivos y sus propiedades. Esto permite administrar mejor el contenido a medida que se revisa e incluso restaurar una versión anterior si comete un error en la versión actual. El control de versiones es especialmente útil cuando varias personas trabajan juntas en proyectos o cuando la información pasa por varias fases de desarrollo y revisión.

| No. ↓ | Modificado | Modificado por | Tamaño | Comentarios |
|---|---|---|---|---|
| 2.0 | 10/12/2009 11:00 PM | Fabrikam02\Enrique | 26.6 KB | Aprobado |
|  | Propuestas de palabras clave administradas; clientes |  |  |  |
| 1.2 | 10/12/2009 10:58 PM | Fabrikam02\Enrique | 26.6 KB |  |
|  | Palabras clave administradas clientes |  |  |  |
| 1.1 | 10/12/2009 10:57 PM | Fabrikam02\Enrique | 26.5 KB |  |
| 1.0 | 10/12/2009 10:56 PM | Fabrikam02\José | 26.5 KB | Listo para revisión |
|  | Título | Número de propuesta del cliente 1 |  |  |
| 0.1 | 10/12/2009 10:25 PM | Fabrikam02\José | 26.5 KB |  |

1 La versión principal publicada actual está resaltada y el número de versión es un número entero.

2 Cuando cambian las propiedades o los metadatos, se crea una versión.

3 La primera versión de un archivo es siempre un número de versión secundaria 0.1.

El control de versiones está disponible para los elementos de lista de todos los tipos de lista predeterminados, como calendarios, listas de seguimiento de problemas y listas personalizadas, y para todos los tipos de archivos que pueden almacenarse en bibliotecas, incluidas páginas de elementos web.

## 2.14.1 Coautoría de documentos

Dos o más usuarios pueden editar un documento de Word o una presentación de PowerPoint al mismo tiempo. Esta nueva característica permite leer y escribir partes de un archivo almacenado en SharePoint.

Por ejemplo, puede trabajar en un párrafo de un documento de Word mientras un compañero trabaja en otro párrafo del mismo documento al mismo tiempo.

## 2.14.2 Cómo mantenerse actualizado con los cambios

RSS proporciona una forma cómoda de distribuir y recibir información con un formato estándar, incluso actualizaciones de listas y bibliotecas. Un formato de archivo XML estándar permite que la información se pueda ver en muchos programas diferentes. También puede suscribirse a listas y bibliotecas configurando alertas para saber cuándo ha cambiado el contenido.

Un grupo puede usar sus fuentes como una forma de personalizar el contenido para los miembros del grupo que se suscriban a dichas fuentes y ofrecer vínculos a sus sitios. Las fuentes RSS son una manera fácil de realizar un seguimiento del progreso del grupo y las actualizaciones del proyecto. En lugar de examinar varios sitios de grupo, recibirá las últimas noticias o actualizaciones de dichos sitios automáticamente.

## 2.15 ADMINISTRACIÓN DE FLUJOS DE TRABAJO

Los flujos de trabajo ayudan a las personas a colaborar en documentos y a administrar las tareas del proyecto implementando procesos empresariales específicos en documentos y elementos de un sitio. Los flujos de trabajo ayudan a las organizaciones a ajustarse a procesos empresariales coherentes. Además, pueden mejorar la eficiencia y la productividad organizativas administrando las tareas y los pasos necesarios para los procesos empresariales específicos. Esto permite que las personas que realizan estas tareas se concentren en la realización del trabajo en lugar de administrar el flujo de trabajo.

Los flujos de trabajo pueden simplificar el costo y el tiempo necesarios para coordinar los procesos de negocio comunes, como la aprobación de proyectos o la revisión de documentos, al administrar y realizar el seguimiento de las tareas humanas relacionadas con estos procesos. Por ejemplo, una organización puede crear e implementar un flujo de trabajo personalizado básico para administrar el proceso de aprobación de borradores de documentos en una biblioteca de documentos.

## 2.15.1 Trabajo con tipos de contenido

La lista o biblioteca puede admitir varios tipos de contenido. Los tipos de contenido permiten a las organizaciones organizar, administrar y controlar grandes cantidades de contenido de forma más eficaz. Si la lista o biblioteca está configurada para permitir varios tipos de contenido, puede agregar tipos de contenido desde una lista de opciones disponibles que su organización use frecuentemente, como **Presentaciones de marketing** o **Contratos**.

Después de agregar un tipo de contenido a una lista o biblioteca, se permite que esa lista o biblioteca contenga elementos de ese tipo. Luego los usuarios pueden usar el botón **Nuevo elemento** en esa lista o biblioteca para crear nuevos elementos de este tipo.

Una de las principales ventajas de los tipos de contenido para las listas y bibliotecas es que permiten que una única lista o biblioteca contenga varios tipos de elementos o de documentos, cada uno con sus propios metadatos, directivas o comportamientos.

Capítulo 3

# PLANIFICACIÓN DE SHAREPOINT ONLINE

## 3.1 ACTIVIDADES DE LA PLANIFICACIÓN

SharePoint Online, que está disponible como parte de Microsoft Office 365, es un servicio basado en la nube para empresas de todos los tamaños. SharePoint Online ayuda a las empresas a crear sitios para compartir documentos y perspectivas con compañeros, socios y clientes.

Para obtener información y detalles acerca de los servicios disponibles en diferentes los planes de Office 365, vea el sitio web de Microsoft Office 365.

El propósito de estos artículos es ayudar a los administradores de colecciones de sitios y a los propietarios de sitios en los pasos que conllevan la configuración y el uso de sitios de SharePoint Online para Office 365 para empresas.

Es necesario conocer cómo funcionan las características de SharePoint en conjunto, a fin de tomar decisiones sobre la configuración de los sitios.

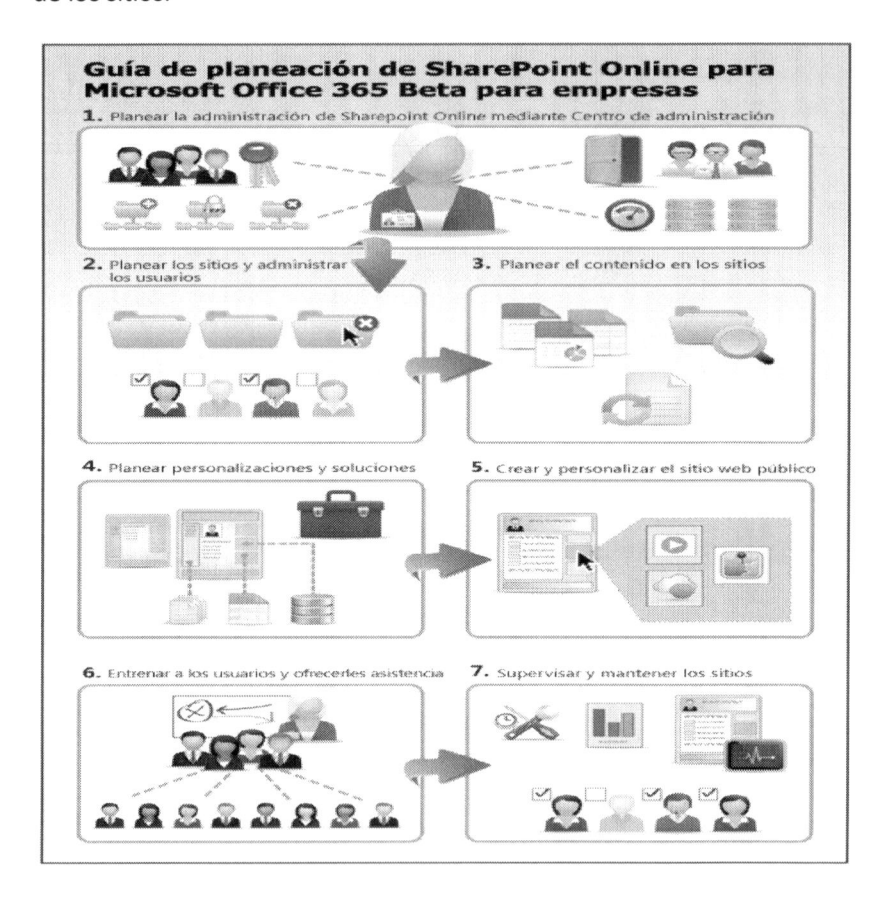

## 3.2 PLANIFICAR Y ADMINISTRAR SHAREPOINT ONLINE MEDIANTE EL CENTRO DE ADMINISTRACIÓN

Este es el primer artículo de la Guía de planeación de SharePoint Online para Office 365 para empresas. En este artículo, se trata la planeación de colecciones de sitios internas para la organización y las características que puede que desee implementar en las colecciones de sitios. En este artículo, también se describen algunas de las consideraciones que debe tener en cuenta antes de crear un sitio web público.

Después de que su organización y sus usuarios se suscriban a SharePoint Online para Microsoft Office 365 para empresas, se proporciona una dirección URL a la organización para que administre la implementación de SharePoint Online. La persona que usa esta dirección URL para tener acceso a la interfaz de usuario de administración de SharePoint Online se denomina administrador de SharePoint Online. Si se le ha asignado este rol o planea implementar SharePoint Online, este documento puede resultarle útil. Le convendría que otras personas de su organización participaran en la planeación de la implementación de SharePoint Online con el fin de tomar decisiones sobre las características, los permisos y el gobierno de los sitios y las colecciones de sitios.

### 3.2.1 ¿Qué labor desempeña el administrador de SharePoint Online?

El administrador de SharePoint Online puede:

- Crear, eliminar y restaurar colecciones de sitios

- Conceder acceso a los administradores de la colección de sitios

- Conceder acceso a usuarios externos y asociados de soporte

- Asignar y supervisar el almacenamiento de la colección de sitios

- Planear sitios multilingües

- Configurar perfiles de usuario y Mis sitios

- Configurar InfoPath Forms Services para la organización
- Configurar y administrar metadatos administrados

Algunas de estas tareas se deben planear con antelación. Este documento está diseñado para ayudarle con eso planes.

## 3.2.2 Planear soluciones de asociados

Al comenzar la planificación, debería evaluar si su organización tiene necesidades empresariales específicas que puedan requerir que use servicios o aplicaciones de terceros para personalizar SharePoint Online. Por ejemplo, su organización puede necesitar migrar un gran volumen de contenido o una gran cantidad de usuarios al sitio de SharePoint Online, o bien puede tener otros procesos empresariales que requieran soporte para listas por correo electrónico. Si cree que su organización podría beneficiarse de los servicios o aplicaciones de terceros, explore los servicios y las aplicaciones profesionales disponibles de asociados de Microsoft en el Catálogo de soluciones de Microsoft Office 365. Puede usar este catálogo de soluciones para buscar expertos que pueden ayudarle a implementar la nube o adaptar Microsoft Office 365 para las necesidades de su negocio. Es aconsejable explorar e investigar los servicios y las soluciones de terceros disponibles al principio del proceso de planeación.

## 3.2.3 Planear la creación y administración de colecciones de sitios

El Centro de administración de SharePoint Online ofrece la capacidad para crear y administrar colecciones de sitios en una ubicación, pero es importante planear con antelación cómo desea implementar las colecciones de sitios antes de crearlas.

Una colección de sitios es un grupo de sitios web que tienen el mismo propietario y comparten la configuración de administración, como los permisos. Al crear una colección de sitios, se crea automáticamente un sitio de nivel superior en dicha colección. A continuación, se pueden crear uno o varios subsitios debajo del sitio de nivel superior.

Los sitios de nivel superior y los subsitios permiten tener distintos niveles de control de las características y configuraciones de los sitios. Mediante esta jerarquía, los usuarios pueden tener un sitio de trabajo principal para todo el grupo y sitios de trabajo individuales y compartidos para proyectos complementarios. Puede crear colecciones de sitios independientes para divisiones distintas o sitios web externos. El modo en que decida separar las colecciones de sitios depende del tamaño de su organización y de sus necesidades empresariales.

Puede comenzar con la evaluación del tipo de sitios y colecciones de sitios que la organización necesita considerando las respuestas a las siguientes preguntas.

| DECIDA ESTO: | PARA AYUDARLE A HACER ESTO: |
|---|---|
| ¿Qué tipo de contenido se almacenará en los sitios? | Determinar los grupos en la organización que usan plantillas de sitio o tipos de contenido similares. |
| ¿Cuánto almacenamiento necesita para cada colección de sitios? | Evaluar cuántas colecciones de sitios podría necesitar o puede tener. Es posible que pueda determinar este número en función del uso del servidor de archivos actual o del tipo de contenido que hospedará la colección de sitios. |
| ¿Existen divisiones o grupos que necesitan mantener datos por separado? | Crear colecciones de sitios independientes. Por ejemplo, los permisos que concede a los usuarios para datos de recursos humanos serán diferentes de aquellos que permite para el sitio de material de marketing. |
| ¿Tendrá la organización un sitio web público? | Elegir un nombre de dominio y comprarlo, o usar el nombre de dominio predeterminado que proporciona Office 365. |
| ¿Necesita compatibilidad con otros idiomas? | Elegir el idioma correcto al crear la colección de sitios. |
| ¿Desea que los usuarios | Planear la implementación de Mis sitios. |

| | |
|---|---|
| tengan su propio Mi sitio? | |
| ¿Desea crear y administrar formularios personalizados o incorporarlos en flujos de trabajo? | Planear la implementación de InfoPath Forms Services. |
| ¿Desea usar metadatos administrados? | Decidir quién será responsable de configurar la terminología utilizada en la organización |

El gobierno es un conjunto de directivas, roles, responsabilidades y procesos que guían, dirigen y controlan el modo en que la organización coopera para lograr objetivos profesionales. Estos objetivos se centran en el gobierno del software y el servicio que proporciona, el gobierno de aplicación y las soluciones personalizadas que proporciona, y la administración del contenido y la información que almacenan los usuarios en dichos servicios. A medida que planea las colecciones de sitios, también debe desarrollar un plan sobre cómo gobernarlas.

Al pensar cómo estructurar las colecciones de sitios, tenga en cuenta las respuestas a estas preguntas.

| CONSIDERE ESTO: | PARA CREAR ESTO: |
|---|---|
| ¿Contribuye la estructura de las colecciones de sitios a la eficacia de la organización? | Una colección de sitios eficaz formada por grupos de individuos y equipos que comparten objetivos comunes. |
| ¿Permite la estructura que la arquitectura de información cumpla con los requisitos de regulaciones, las necesidades de privacidad y los objetivos de seguridad? | Un sitio seguro abierto para aquellos usuarios que necesitan la información, pero donde la información está bloqueada para aquellos que no deben verla. |
| ¿Qué tipo de acceso necesitarán los usuarios para el contenido? | Un modelo de permisos que permite acceso de lectura, acceso de escritura o |

CAPÍTULO 3. PLANIFICACIÓN DE SHAREPOINT ONLINE 123

| | ambos. |
|---|---|
| ¿Los usuarios externos a la compañía necesitan tener acceso? | Autorización para usuarios externos solo en las colecciones de sitios que lo necesitan. Para más información sobre cómo permitir el acceso de usuarios externos a los sitios, vea Compartir un sitio con usuarios externos en la Ayuda de SharePoint Online. |
| ¿A quién se le permitirá crear y administrar los sitios en la colección de sitios? | Un plan administrado para sitios bien mantenidos. |
| ¿Qué características y funciones se habilitarán para los usuarios? | Ubicaciones para aplicaciones y acciones específicas, como soluciones de espacio aislado. |
| ¿Será el contenido que se encuentra en los resultados de búsquedas relevante para aquellos usuarios que comparten la colección de sitios? | Una colección de sitios donde el contenido es útil para aquellas personas que comparten el sitio. |
| ¿Cuánta personalización se permitirá? | Una solución que se pueda administrar y sea fácil de actualizar. |

Para que sea más fácil responder a las preguntas anteriores, continúe leyendo las guías de planeación y lea también los artículos de la Ayuda de SharePoint Online relacionados con la administración de permisos. Antes de empezar a configurar el entorno, es importante comprender qué tipo de acceso desea proporcionar tanto a usuarios internos como externos.

El administrador de SharePoint Online debe colaborar con otros usuarios de la organización para responder a estas preguntas antes de configurar las colecciones de sitios y permitir la creación de sitios. El administrador tiene la capacidad para:

- Crear, eliminar y restaurar colecciones de sitios
- Establecer cuotas en colecciones de sitios
- Crear un sitio público
- Asignar permisos a los administradores de colecciones de sitios
- Decidir si los usuarios externos tendrán acceso a las colecciones de sitios
- Configurar las otras características mencionadas en este artículo

La planeación con anticipación puede marcar una gran diferencia en lo bien que resulta en el tiempo la implementación de los sitios.

## 3.2.4 Planear qué plantilla de sitio se usará para la colección de sitios

Al crear una colección de sitios o los sitios de una colección de sitios, SharePoint le ofrece la opción de elegir una plantilla de sitio. Una plantilla de sitio está rellenada previamente con listas, bibliotecas, páginas u otros elementos que satisfacen las necesidades de una organización. Al crear una nueva colección de sitios o sitio mediante una plantilla, puede empezar a usar el sitio inmediatamente o personalizarlo para que se ajuste a las necesidades de su equipo, evento o a su organización de mayor tamaño.

Es importante pensar en cómo desea usar los sitios antes de crear la colección de sitios, ya que cada sitio heredará las propiedades de la plantilla que elija para la colección de sitios. Puede elegir varias colecciones de sitios que usen distintas plantillas de sitio para diferentes proyectos u objetivos.

Al configurar sitios en SharePoint Online, puede elegir entre varias plantillas. Para obtener una descripción de cada plantilla, vea el tema con una **vista previa de las plantillas de sitio** en la Ayuda de SharePoint Online.

## 3.2.5 Planear cuánto almacenamiento se asigna a las colecciones de sitios

Cuando su organización adquiere el servicio SharePoint Online, se le asigna una cantidad de almacenamiento en función del número de licencias de usuario adquiridas y del tipo de plan de Office 365 adquirido. La cantidad total de almacenamiento se agrupa, de forma que pueda determinar qué cantidad de almacenamiento corresponde a cada colección de sitios (mínimo 50 MB).

Al asignar almacenamiento a una nueva colección de sitios, podrá ver la cantidad total de almacenamiento asignada a su organización y qué parte del almacenamiento total de la organización aún debe asignarse a nuevas colecciones de sitios. Si es necesario, podrá aumentar en el futuro la cantidad de almacenamiento establecida para una colección de sitios.

Las herramientas de SharePoint Online permiten evaluar qué cantidad de almacenamiento usa cada colección de sitios y recibir una alerta cuando una colección de sitios se acerque a su límite de asignación de almacenamiento.

Si observa que su organización se está quedando sin almacenamiento, puede realizar las tres acciones siguientes:

- Reducir la cantidad de contenido en los sitios de SharePoint Online

- Eliminar una o varias colecciones de sitios

- Comprar más almacenamiento de Microsoft o de su proveedor

Es importante controlar cuánto espacio se está usando y establecer pautas y directivas con los administradores de colecciones de sitios y propietarios de sitios con respecto a las limitaciones de tamaño de archivo que puede que desee establecer en la organización.

## 3.2.6 Eliminar y restaurar colecciones de sitios

La papelera de reciclaje permite al administrador de SharePoint Online restaurar colecciones de sitios que se hayan eliminado, pero siempre que no lleven más de 30 días en la papelera. Después de 30 días, una colección de sitios se elimina permanentemente de la papelera de forma automática. Esos 30 días le permiten asegurarse de que la colección de sitios no contiene datos necesarios para su organización.

## 3.2.7 Planear el acceso de usuarios externos a los sitios internos

SharePoint Online le permite colaborar con usuarios externos a su organización si les otorga permiso de acceso a los recursos de sitios internos. Estos usuarios se llaman usuarios externos. Para permitir que usuarios externos tengan acceso a un sitio, primero hay que habilitar **Administrar Compartir por correo electrónico** en el Centro de administración de SharePoint. Al habilitar esta opción, el administrador de SharePoint Online concede a cada administrador de colecciones de sitios la posibilidad de habilitar el uso compartido externo en sus sitios.

Posteriormente, los administradores de colecciones pueden habilitar **Invitaciones para usuarios externos** en sus colecciones, tras lo cual los propietarios de sitios y los diseñadores pueden enviar una invitación de acceso a usuarios externos a través de correo electrónico. Los usuarios pueden iniciar sesión en el sitio usando tres métodos: una dirección de correo que esté asociada a una cuenta de Microsoft, una cuenta de Hotmail, Live o MSN, o un identificador (Id.) de Microsoft Online Services (si su empresa está suscrita a Microsoft Online Services). La invitación expira después de un uso. Una vez que un usuario externo es miembro o visitante de un sitio, ese usuario puede agregarse a cualquier otra colección de sitios del entorno.

Es importante entender el funcionamiento de esta característica, ya que se puede habilitar y deshabilitar en tres niveles distintos del entorno. La importancia de cada ubicación depende de si ya se les ha concedido acceso a los usuarios.

## 3.2.8 Planear el uso de varios idiomas en los sitios

La interfaz de usuario multilingüe (MUI) permite a los usuarios ver sitios o páginas web en un idioma distinto al predeterminado para el sitio o la colección de sitios. La característica de MUI no es una herramienta de traducción; simplemente cambia el idioma de presentación de los elementos predeterminados de la interfaz. La interfaz de usuario del sitio hace referencia a los elementos de la pantalla que se usan para interactuar con SharePoint, por ejemplo, los menús, los elementos de navegación y la papelera de reciclaje.

Con la característica MUI, puede mostrar los siguientes elementos de la interfaz de usuario en diferentes idiomas:

- Título y descripción del sitio
- Menús y acciones predeterminados de SharePoint
- Columnas predeterminadas
- Columnas personalizadas (lista o sitio)
- Vínculos de la barra de navegación
- Servicios de metadatos administrados

Cuando un usuario implementa la MUI, la interfaz de usuario cambia para ese usuario únicamente y no afecta al modo en que se presenta el sitio para otros usuarios. Además, todo el contenido del sitio (a diferencia de los elementos de la interfaz de usuario) que se creó en el idioma predeterminado del sitio aún se mostrará en el idioma predeterminado.

MUI está habilitada de forma predeterminada en el Centro de administración de SharePoint Online. Sin embargo, si MUI se debe usar en una colección de sitios, es necesario que el administrador de la colección de sitios la habilite. El administrador y los propietarios del sitio deben decidir por anticipado qué idioma predeterminado se usará en la colección de sitios y en los sitios porque, una vez que se especifica el idioma, no se puede modificar. Tras crear la colección de sitios, es importante comprobar si la configuración regional es precisa. Por ejemplo, al crear sitios en francés, la configuración regional se definirá siempre en Francia aunque se encuentre en Canadá. Por tanto, independientemente del idioma que elija, se recomienda comprobar que la configuración regional sea la adecuada para su ubicación.

También puede resultar útil comprobar que las colecciones de sitios creadas automáticamente tienen la configuración precisa. Estas son colecciones de sitios como My y ContentHub.

### 3.2.9 Planear un sitio web público

Como administrador de SharePoint Online, puede crear un sitio web de orientación pública que permita el acceso a usuarios ajenos a la organización para promocionar su compañía, proporcionar información de contacto y permitir a los clientes o asociados encontrar información sobre sus productos y servicios. Al crear el sitio, se le pedirá que proporcione un nombre de dominio, que es la dirección URL que la gente usará para obtener acceso al sitio. Puede elegir usar el nombre predeterminado, proporcionado por Microsoft, o un nombre personalizado que sea propiedad de su compañía.

**Seguridad**: Si elije usar un nombre de dominio personalizado, el sitio público usará el protocolo HTTP en lugar del protocolo HTTPS. Los datos enviados mediante el protocolo HTTP no se cifran, lo que puede permitir que otros usuarios de la red puedan ver la información enviada desde y hacia el sitio. Todos los demás sitios de SharePoint Online para Office 365 para empresas usan el protocolo HTTPS, incluso el sitio público cuando se configura mediante la dirección URL predeterminada.

Existen varias consideraciones y pasos para garantizar que el dominio funcionará con SharePoint Online:

- **Debe ser propietario del nombre de dominio.** La organización debe haber comprado el nombre de dominio y debe estar registrado con un registrador de dominios.

- **El nombre de dominio debe ser único en SharePoint Online.** Para evitar conflictos con servidores de correo electrónico internos, se recomienda evitar el uso de nombres de dominio de segundo nivel de SharePoint Online, como contoso.com. Esto cumple con las especificaciones descritas en la solicitud de comentarios (RFC) 1034, "Nombres de dominio: Conceptos e instalación". Por ejemplo, su servidor de correo electrónico podría usar el nombre de dominio contoso.com y el sitio público de SharePoint podría usar www.contoso.com.
  Para redirigir a los usuarios que intenten buscar el sitio web público escribiendo http://contoso.com, podría configurar un redireccionamiento con el registrador de dominios para redirigir el tráfico a http://www.contoso.com.

**Nota**: No todos los registradores de dominios ofrecen servicios de redireccionamiento.

- **Cambiar la intención de dominio en la página de administración de dominios de Office 365.** Al suscribirse a los servicios de Office 365, podrá especificar los nombres de dominio que desee usar para los servicios que compre. Para usar su propio nombre de dominio con SharePoint Online, debe especificar en Office 365 que desea usar el nombre de dominio con SharePoint Online en lugar de con otro servicio. Al configurar el sitio público en SharePoint Online, podrá elegir el nombre de dominio especificado en la página de administración de Office 365.

- **Agregar un registro CNAME para el nombre de dominio.** Se recomienda obtener la información de CNAME del sitio público en SharePoint Online y configurar un registro CNAME en el registrador de dominios antes de crear el sitio web. Esto debe realizarse antes de que el sitio esté visible para el público. Si registra CNAME por anticipado, permitirá que comience la propagación antes de que necesite que el sitio esté activo.

## 3.2.10 Planear perfiles de usuario

Antes de personalizar los sitios y el contenido dentro de una organización, debe planear cómo hará la organización para usar y administrar los perfiles de usuario. En SharePoint Online, la información acerca de los usuarios de una organización se almacena en perfiles de usuario. SharePoint Online recibe la información de perfil del servicio de directorio de Office 365 durante la sincronización unidireccional programada periódicamente. Los usuarios también pueden editar los perfiles de forma manual, generalmente a través de la página Mi perfil.

En los perfiles de usuario, se identifican conexiones entre usuarios como administradores comunes, grupos de trabajo, pertenencia a grupos y sitios. Los perfiles de usuario también contienen información acerca de intereses de usuarios y ayudan a los usuarios a ubicar expertos en una materia concreta mediante el uso de la característica Búsqueda de personas.

Los perfiles de usuario son más que simplemente grupos de propiedades personalizadas e importadas acerca de usuarios de una organización. Las propiedades también se usan para mostrar información acerca de las relaciones de cada usuario con otros usuarios de la organización. Estas relaciones pueden fomentar una colaboración más eficaz con compañeros y entre los grupos. Los subtipos de perfiles pueden usarse para crear un conjunto de propiedades diferente para un grupo de usuarios diferente. Por ejemplo, puede crear un subtipo que categorice un usuario como estudiante de prácticas o como empleado a tiempo completo.

## 3.2.11 Planear las propiedades de perfiles de usuario

Al planear perfiles de usuario, debe determinar la información que se necesita acerca de los usuarios. Esta información se almacenará en las propiedades de perfiles de usuario. La configuración de privacidad y directivas de una organización rige el tipo de información de perfil que puede ver un usuario. El propietario de la información establece la configuración de privacidad y la organización establece la configuración de directivas.

Al planear perfiles de usuario, debe tener en cuenta varios factores:

- ¿Cumplen las propiedades predeterminadas con sus necesidades o necesita crear otras nuevas? Debe determinar qué propiedades usará para los perfiles de usuario principales en función de aquellos que son relevantes en toda la organización. Las propiedades son importantes para buscar usuarios, crear audiencias que usará al destinar contenido y establecer relaciones entre compañeros y grupos de trabajo.

- ¿Qué áreas de la organización requieren subtipos de perfiles de usuario diferentes? Por ejemplo, ¿necesita crear subtipos de perfiles de usuario para empleados a tiempo completo, empleados a tiempo parcial y estudiantes de prácticas?

**Propiedades predeterminadas de perfiles de usuario**: SharePoint Online proporciona un conjunto de propiedades predeterminadas de perfiles de usuario. Debe revisar estas propiedades y las directivas que se aplican a ellas antes de decidir qué cambios realizar, qué propiedades conservar o quitar, y qué propiedades adicionales crear. Algunas de estas propiedades de perfiles de usuario pueden indizarse mediante Búsqueda de personas y algunas pueden replicarse en todas las colecciones de sitios.

**Propiedades adicionales de los perfiles**: Las propiedades de perfiles de usuario predeterminadas se pueden complementar con propiedades adicionales que realizan un seguimiento de información clave que no está disponible de otra manera. Estas propiedades pueden ser, por ejemplo, número enteros, cadenas, conjuntos de términos, etc. Por ejemplo, puede crear una propiedad de perfil que se denomine "afición favorita" y asociarla con un conjunto de términos denominado "aficiones" desde el Servicio de metadatos administrados. A continuación, los usuarios que actualizan sus perfiles pueden seleccionar uno de los términos del conjunto de términos "aficiones" como valor para su afición favorita.

Debe planear agregar propiedades en el nivel del servicio de perfiles de usuario o de la colección de sitios según las necesidades profesionales que haya identificado en la planeación anterior. Las necesidades profesionales clave con frecuencia se pueden tratar mediante la creación de nuevas propiedades que asocian a los usuarios con procesos de negocio importantes. A continuación, la búsqueda puede usar estas propiedades para buscar usuarios o las características de personalización pueden usarlas para definir contenido para los usuarios. Las propiedades no tienen que estar visibles en perfiles públicos o en Mis sitios, y pueden resultar útiles para la búsqueda o personalización sin que se muestren en perfiles públicos o en Mis sitios.

Para limitar el alcance de la planeación, concéntrese en agregar propiedades que habiliten necesidades profesionales o escenarios clave en cada colección de sitios. Si una propiedad relevante no trata escenarios específicos, espere hasta que se identifique una necesidad específica durante las operaciones normales en lugar de planear agregar la propiedad solo porque cree que podría necesitarla. Es posible que no tenga que agregar muchas propiedades nuevas. Sin embargo, vale la pena considerarlo en caso de que pueda revelar necesidades obvias.

**Pertenencias y compañeros**: Las relaciones entre diferentes usuarios de una organización se muestran en la página de perfil público de cada usuario. Las relaciones incluyen pertenencias a sitios (una vista global de todas las pertenencias de cada usuario) y compañeros. En SharePoint Online, los perfiles de usuario contienen información acerca de las pertenencias a sitios de los usuarios solo si pertenecen al grupo de pertenencias predeterminado de un sitio.

Los compañeros pueden incluir los socios inmediatos de cada usuario, como el administrador, compañeros y subordinados directos. En las organizaciones que tienen relaciones clave que combinan grupos de usuarios, es posible que los administradores u otros usuarios deseen agregar personas a las listas de compañeros para determinados grupos.

## 3.2.12 Planear directivas de perfil de usuario

Las directivas son conjuntos de reglas que los administradores asignan a los usuarios o grupos de usuarios. Estas reglas permiten a los administradores especificar la configuración de privacidad asociada con una propiedad de perfil de usuario en particular; de este modo, las directivas determinan qué información pueden ver los usuarios en los perfiles. También les permiten establecer si un usuario puede invalidar la configuración de privacidad predeterminada.

Para comenzar la planeación de directivas, evalúe la visibilidad actual de la información acerca de los usuarios en la organización. Parte de la información sobre usuarios individuales debe permanecer privada. Otros datos pueden y deben compartirse libremente con otros usuarios para fomentar la colaboración. Las directivas que son menos restrictivas permiten que más usuarios vean perfiles públicos más a menudo, lo que afecta con qué frecuencia debe actualizar los perfiles de usuario. En las organizaciones que tienen muchos usuarios, la actualización frecuente puede afectar a la capacidad de planeación y al rendimiento.

SharePoint Online ofrece un conjunto de directivas configurables para ayudar a los administradores a hacer que la información adecuada esté disponible para satisfacer las necesidades de la organización. Las organizaciones también pueden crear e implementar características de directiva personalizadas para satisfacer necesidades específicas. Debe revisar las necesidades de colaboración en toda la organización antes de desarrollar un plan para implementar la mejor combinación de directivas.

Las siguientes preguntas pueden ayudar a determinar qué directivas son adecuadas para la organización:

- ¿Qué propiedades deben ser obligatorias? Algunas propiedades, como el nombre de cuenta, el nombre preferido, el número de teléfono del trabajo, el departamento, el título y la dirección de correo electrónico del trabajo, son obligatorias de forma predeterminada y los usuarios no pueden invalidarlas ni modificarlas. En la mayoría de las organizaciones, estas propiedades son formas clave de habilitar la colaboración y desarrollar relaciones en toda la organización. SharePoint Online también usa muchas de ellas para habilitar otras características, como compañeros y audiencias.

- ¿Qué propiedades deben estar visibles para todos? De forma predeterminada, algunas de las propiedades están visibles para todos, pero la información confidencial puede configurarse para que tenga visibilidad limitada. Por ejemplo, una compañía que tiene muchos empleados en el campo puede decidir que es importante que todos vean la información de teléfono móvil. Otras organizaciones pueden elegir mantener privados todos los números de teléfono que no sean del trabajo.

- ¿Qué propiedades pueden modificar los usuarios? Algunas propiedades pueden estar disponibles sin requerir que los usuarios proporcionen información o permitir que se realice determinada acción. Por ejemplo, es posible que algunos usuarios no deseen que las listas de compañeros se rellenen automáticamente. Otros usuarios pueden desear modificar la configuración de visibilidad predeterminada de una propiedad.

Al planear la configuración de directivas de una propiedad, tenga en cuenta los siguientes factores:

| CONDICIÓN | DESHABILITAR LA PROPIEDAD | HACER QUE LA PROPIEDAD SEA OPCIONAL | HACER QUE LA PROPIEDAD SEA OBLIGATORIA |
|---|---|---|---|
| La propiedad se usa con características de usuario clave. | | | X |
| La propiedad está asociada con datos profesionales clave de aplicaciones. | | | X |
| La propiedad se usa cuando crea audiencias. | | | X |
| Los administradores de SharePoint Online esperan valores significativos y coherentes para la propiedad. | | | X |
| La propiedad no se usará casi nunca. | X | | |
| La propiedad distraerá la atención de propiedades más importantes.<br>**Nota:** puede cambiar la configuración de presentación de las propiedades para ocultarlas a los usuarios que ven perfiles públicos, en la página Editar detalles o en el elemento web Mis compañeros. | X | | |
| Decide proporcionar valores predeterminados para las propiedades, pero desea que los usuarios aún puedan quitar la información, o si desea permitir que cada usuario proporcione el valor relevante de la propiedad. | | X | |

Cuando planea la configuración de visibilidad predeterminada para las directivas de una organización, tenga en cuenta los siguientes factores:

| CONDICIÓN | ACCIÓN |
|---|---|
| Desea usar la propiedad en la búsqueda, de modo que se puedan encontrar los usuarios al buscar la propiedad. | Establezca la directiva de acceso predeterminada en Todos.<br>**Nota:** las propiedades que tienen acceso más restrictivo no se usarán en la búsqueda. |
| La propiedad es útil en los grupos de trabajo y otras divisiones de la organización, y no contiene información confidencial. | Haga que la propiedad esté visible para todos. |
| La propiedad es útil principalmente para la colaboración dentro de un grupo de trabajo inmediato o con un grupo específico de compañeros seleccionados individualmente. | Haga que la propiedad esté visible solo para compañeros. |
| La propiedad es de naturaleza privada o confidencial. | Haga que la propiedad esté visible solo para el administrador inmediato o, en algunos casos, solo para el usuario individual.<br>**Importante:** lo que se considera información privada puede variar entre las organizaciones e incluso según la región. Si su organización tiene sitios en varios países o regiones, debe familiarizarse con las leyes de privacidad y normativas en todos ellos. |

## 3.2.13 Planear audiencias y la identificación de contenido

Las audiencias son parte del servicio de perfil de usuario que les permiten a las organizaciones destinar contenido a los usuarios en función de su trabajo o tarea. Las audiencias pueden definirse con un elemento o una combinación de los siguientes elementos: pertenencia a una lista de distribución o grupo de seguridad de Windows, ubicación en la estructura jerárquica de la organización o propiedades de perfiles de usuario. El contenido también se puede destinar usando grupos de SharePoint para destinar contenido en elementos web.

También debe tener en cuenta que la información de audiencias se compila en un programa que no se controla a través de SharePoint Online. Esto significa que posiblemente la información no esté siempre actualizada.

**Planear audiencias clave**: Al planear audiencias durante la implementación inicial, el objetivo debe ser encontrar el conjunto de audiencias clave más pequeño posible según las necesidades de contenido de la organización, la arquitectura de información del sitio y las colecciones de sitios, y los usuarios asociados con cada colección de sitios. Para planear audiencias durante la configuración inicial del sitio, se recomienda seguir este proceso:

1. Registrar el objetivo central de cada sitio y colección de sitios.

2. Determinar el número más pequeño de audiencias que pueden permitirle destinar el contenido según sea necesario.

3. Registrar todos los grupos de SharePoint existentes y asignarlos a las necesidades de la audiencia.

4. Identificar otras audiencias que deben definirse.

5. Identificar otros grupos de SharePoint que deben definirse.

Al final del proceso de planeación de audiencias, debe tener una lista de audiencias que cumplan con las necesidades de los grupos de usuarios que están usando cada colección de sitios.

**Planear cómo identificar el contenido para audiencias**: A fin de usar audiencias para destinar contenido, el administrador de SharePoint Online y los administradores de los sitios deben decidir qué elementos de sitio se usarán en cada sitio. El administrador de SharePoint Online y los administradores de los sitios deben trabajar en conjunto para garantizar que se esté proporcionando una experiencia coherente para las audiencias en los sitios y las colecciones de sitios.

Una vez definidas, las audiencias pueden usarse para destinar contenido de varias maneras. Por ejemplo, en las aplicaciones cliente de Microsoft Office 2010, el administrador de SharePoint Online puede definir los vínculos que se muestran en las ubicaciones de SharePoint y establecer las audiencias para las que está visible cada vínculo. En los sitios web de Mi sitio, el administrador de SharePoint Online puede establecer audiencias para los vínculos de navegación de Mi sitio que aparecen en la barra de vínculos superior. En un entorno en el cual hay audiencias configuradas, los administradores de los sitios pueden usar elementos web para destinar contenido por audiencia.

También se pueden destinar vínculos de aplicaciones cliente de Office, vínculos de sitios de personalización (vínculos de navegación de Mi sitio), ubicaciones de host de Mi sitio de confianza y elementos web.

### 3.2.14 Planear etiquetas temáticas

En SharePoint Online, el etiquetado temático adquiere la forma de notas y etiquetas. Los usuarios pueden aplicar etiquetas a documentos y páginas que desean encontrar fácilmente o que consideran que pueden resultar interesantes para los demás. Las notas para otras personas pueden servir para estimular el diálogo informal y permiten que las personas se conecten fácilmente.

Las etiquetas se organizan en una "nube de etiquetas" que aparece en la pestaña Etiquetas y notas de la página Mi perfil de los usuarios. Las etiquetas que se usan con más frecuencia aparecen más grandes que el resto de las etiquetas. Las etiquetas se pueden examinar y filtrar de diferentes formas.

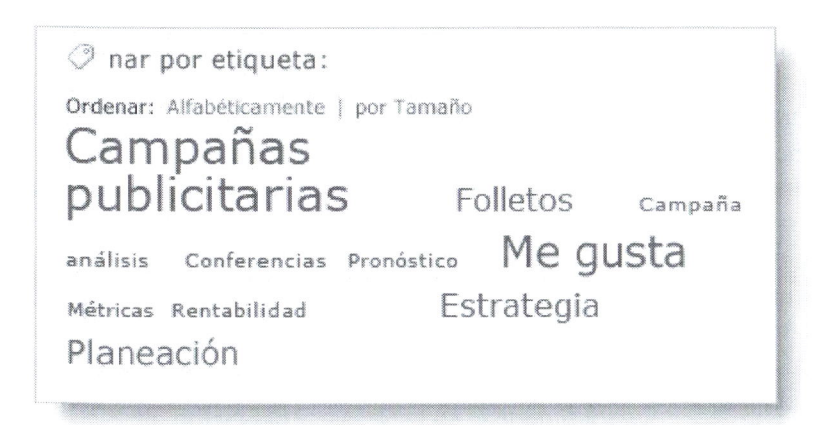

> nar por etiqueta:
>
> Ordenar: Alfabéticamente | por Tamaño
>
> **Campañas publicitarias**  Folletos  Campaña
>
> análisis  Conferencias  Pronóstico  Me gusta
>
> Métricas  Rentabilidad  Estrategia
>
> Planeación

Las etiquetas y notas también aparecen como actividades en la página Mi perfil de los usuarios y las actividades aparecen en las páginas de suministro de noticias de las otras personas.

## 3.2.15 Características que ayudan a proteger la información personal y confidencial

Las etiquetas temáticas de SharePoint Online incluyen las siguientes características que pueden ayudar a los usuarios a controlar la información que comparten, para que no compartan por accidente información personal o confidencial.

**Etiquetas privadas**. Un usuario que agrega una etiqueta a una página web puede indicar que la etiqueta sea privada. Las demás personas no podrán ver el hecho de que se agregó la etiqueta a la página web. Otras personas no ven la etiqueta en la nube de etiquetas del usuario a menos que el usuario que creó la etiqueta haya aplicado también la misma etiqueta a otra página web sin convertir la etiqueta en privada.

**Control de clasificaciones**. El control de clasificaciones solo muestra la clasificación agregada que recibió un elemento. No muestra qué permitir que los administradores establezcan directivas para proteger la privacidad.

Aunque una organización puede personalizar Mis sitios, de forma predeterminada se organizan en tres secciones distintas:

**Mi suministro de noticias** es la página predeterminada cuando un usuario obtiene acceso a su Mi sitio. En esta página se muestra un suministro de actividades recientes relacionadas con intereses y compañeros especificados de un usuario. Los usuarios pueden personalizar sus suministros de noticias al agregar o quitar compañeros en los que están interesados, al especificar intereses y al configurar el tipo de actividades que desean seguir, como cuando un compañero etiqueta información con un interés compartido.

**Mi contenido** es una página de elementos web en la que se muestra contenido que un usuario tiene almacenado en el sitio Mi sitio. De forma predeterminada, en la página Mi contenido se muestra un panel de navegación izquierdo con vínculos a las bibliotecas de documentos y bibliotecas de imágenes del usuario. La página de elementos web contiene los elementos web Documentos compartidos, Documentos personales y Entradas de blog recientes. Un usuario puede personalizar la página Mi contenido al agregar o quitar elementos web en zonas de la página.

**Mi perfil** muestra a otras personas de la organización la página de perfil del usuario, donde los usuarios pueden compartir su experiencia, imágenes de perfil, etc. Aunque las páginas Mi suministro de noticias y Mi contenido están disponibles solo para el usuario, la página Mi perfil es lo que el usuario y otras personas de la organización ven cuando obtienen acceso al sitio Mi sitio del usuario.

Para planear de manera eficaz Mis sitios, debe determinar los siguientes elementos:

- La información de perfil de usuario que desea que esté disponible para los usuarios, como se indicó anteriormente.

- Las directivas que se aplicarán para ver la información de perfil de usuario en el perfil público, como también se trató anteriormente.

- Los usuarios que desea que tengan un sitio Mi sitio y los permisos adecuados para esos usuarios.

- Las características de Mi sitio que desea habilitar.

En las siguientes secciones, se tratan los pasos que ayudan a planear Mis sitios.

## 3.2.19 Determinar usuarios y permisos de usuario

Además de planear qué usuarios de una organización tendrán un sitio Mi sitio, también debe planear qué características de Mi sitio estarán disponibles para cada usuario. Entre las preguntas que se deben tener en cuenta, se incluyen las siguientes:

- ¿Quién puede crear Mis sitios?

- ¿Quién puede crear etiquetas temáticas y notas?

- ¿Quién puede agregar compañeros?

Para administrar los permisos, se recomienda usar grupos de seguridad. En la siguiente tabla, se proporcionan pautas para configurar permisos para características sociales:

| PERMISO | PAUTA |
|---|---|
| Crear sitio personal | De forma predeterminada, todos los usuarios autenticados pueden crear un sitio web Mi sitio. Asegúrese de que desee que la configuración predeterminada se aplique a la organización. Como alternativa, puede usar uno o más grupos de seguridad para conceder el permiso Crear sitios personal a un subconjunto de usuarios en una organización. |

| | |
|---|---|
| Usar características sociales | De forma predeterminada, todos los usuarios autenticados pueden agregar clasificaciones y etiquetas temáticas a documentos, a otros elementos de SharePoint Online y a otros elementos, como páginas web externas y entradas de blog. Los usuarios también pueden dejar notas imprevistas en páginas de perfil de un sitio web Mi sitio o cualquier página de SharePoint Online. Como alternativa, puede usar uno o más grupos de seguridad para conceder el permiso Usar características sociales a un subconjunto de usuarios en una organización. |
| Usar características personales | De forma predeterminada, todos los usuarios autenticados pueden editar sus perfiles, agregar o editar compañeros, y agregar o editar pertenencias. Como alternativa, puede usar uno o más grupos de seguridad para conceder el permiso Usar características personales a un subconjunto de usuarios en una organización. |

## 3.2.20 Planear características de Mi sitio

Entre las características de Mi sitio que requieren consideración especial, se incluyen las siguientes:

- **Suministro de noticias.** De forma predeterminada, la característica de suministro de noticias está deshabilitada. Es necesario habilitar esta característica para que los usuarios puedan seguir las actividades de compañeros en la página de suministro de noticias de Mis sitios. Los usuarios solo pueden ver las actividades en el suministro de noticias para el que tienen permiso. Al planear Mis sitios, hay que tener en cuenta las consecuencias de privacidad de esta característica y proporcionar soluciones según las necesidades.
- **Herramienta Etiquetas y notas.** La herramienta Etiquetas y notas puede activarse o desactivarse en el Centro de administración de SharePoint Online mediante el permiso Usar características sociales. Esta configuración se aplica a todos los usuarios que tienen el permiso Usar características sociales. Los usuarios también pueden agregar etiquetas o

notas al contenido fuera de SharePoint Online mediante la herramienta de bookmarklet.

- **Explorador de la organización.** El explorador de la organización está habilitado de forma predeterminada. La información de la organización se importa desde el servicio de directorio de Office 365. Para ver el explorador de la organización, los usuarios finales deben tener Microsoft Silverlight instalado en las estaciones de trabajo. No se puede deshabilitar el explorador de la organización, pero se puede evitar que los usuarios lo vean si se elimina el nodo de la organización del Inicio rápido o si se quita el elemento web de la página.

Al planear Mis sitios, debe tener en cuenta las ventajas y desventajas de usar estas características.

## 3.2.21 Planear InfoPath Forms Services

InfoPath Forms Services en Microsoft SharePoint Online permite que los formularios se presenten en el explorador web. Está disponible como una característica Enterprise de SharePoint Online. Los administradores de SharePoint Online establecen la configuración de InfoPath Forms Services en la página principal del Centro de administración de SharePoint Online.

Todos los procesos de negocio implican la recopilación de datos de algún tipo y el éxito de cualquier proceso de negocio depende de la calidad e integridad de los datos. Al usar formularios de InfoPath en las soluciones de SharePoint, puede asegurarse de que solo se recopilen datos válidos de buena calidad. InfoPath 2010 logra esto al permitirle estandarizar, personalizar y optimizar el proceso de recopilación de datos sin escribir código.

A continuación, se enumeran algunas características clave que InfoPath proporciona para garantizar la integridad de los datos:

- **Validación de datos personalizados.** Garantiza que los usuarios no pueden enviar formularios que contengan datos no válidos.

- **Diseño personalizado.** Al usar varias vistas, puede simplificar la experiencia de relleno de formularios al dividir los formularios en varias páginas o al crear vistas independientes optimizadas para tareas o usuarios específicos. El formato condicional permite optimizar la experiencia de relleno de formularios. Por ejemplo, puede mostrar u ocultar campos del formulario en función de valores especificados por los usuarios.

- **Conexiones de datos.** A otros orígenes, como listas de SharePoint o servicios web, que permiten extraer datos contextuales de soporte en los formularios.

**Nota.** InfoPath Forms Services tiene acceso a orígenes de datos externos mediante el uso de una identidad de Windows delegada. En consecuencia, los orígenes de datos externos deben residir dentro de la misma colección de sitios o estar disponibles para usuarios anónimos. Si esto no es así, se producirá un error en la autenticación a los orígenes de datos externos.

No se requiere código para implementar las características anteriores. Sin embargo, puede escribir código administrado mediante Visual Studio Tools for Applications (VSTA) para agregar funciones más avanzadas a los formularios.

## 3.2.22 Implementar formularios

Las opciones de publicación para los formularios de la biblioteca de formularios dependen de si la plantilla de formulario contiene código administrado, de los permisos del diseñador de formularios y de la configuración de InfoPath Forms Services.

**Nota.** Debe usar Microsoft Office InfoPath 2010 para publicar formularios en SharePoint Online. No se pueden publicar plantillas de formulario en SharePoint Online desde InfoPath 2007 ni versiones anteriores.

**Publicar formularios de explorador sin código.** Cualquier diseñador de código con el nivel de permisos de diseño puede publicar los formularios de explorador web que no contienen código administrado directamente en SharePoint Online. Los diseñadores de formularios publican las plantillas de formulario mediante InfoPath Designer.

Los administradores de SharePoint Online pueden restringir la capacidad para publicar formularios de explorador en SharePoint Online si deshabilitan la publicación de plantillas de formulario de usuario habilitadas para el explorador en la página de opciones de configuración de InfoPath Forms Services en Administración de SharePoint Online. Esta opción solo se aplica a formularios de la biblioteca de formularios y permite que las organizaciones que desean un control más centralizado de las plantillas de formulario exijan la aprobación del administrador antes de publicar los formularios de explorador en SharePoint Online. Esta opción no impide que los usuarios publiquen formularios exclusivos de Filler en SharePoint Online. Estos formularios solo se pueden rellenar mediante InfoPath Filler.

**Publicar formularios de explorador con código.** Los diseñadores de código pueden agregar código administrado a sus formularios mediante Visual Studio Tools for Applications (VSTA). VSTA es un componente de instalación opcional disponible en el programa de instalación de InfoPath 2010.

Los administradores de la colección de sitios pueden publicar plantillas de formulario que tengan código en bibliotecas de formularios como soluciones de espacio aislado, si el Servicio de código en espacio aislado de Microsoft SharePoint Foundation se está ejecutando en la colección de sitios. Esto permite a un diseñador de formularios que sea administrador de la colección de sitios publicar formularios sin requerir aprobación del administrador de SharePoint Online. Las soluciones de espacio aislado se ejecutarán en un entorno que tenga acceso a un subconjunto del modelo de objetos del servidor.

Las plantillas de formulario que contienen código que requiera plena confianza para ejecutarse no se pueden publicar en SharePoint Online.

## 3.2.23 Rellenar formularios

Después de que se ha publicado una plantilla de formulario, los usuarios pueden comenzar a rellenar los formularios que se basen en esa plantilla de formulario.

Hay dos entornos principales de relleno de formularios, el explorador web e InfoPath Filler. En InfoPath Filler, se pueden rellenar todos los formularios, pero solo los formularios habilitados para el explorador se pueden rellenar en un explorador web.

Los administradores de SharePoint Online pueden deshabilitar la representación de formularios en el explorador web si establecen la configuración en la página de configuración de InfoPath Forms Services. Esto se aplica solo a las plantillas de formulario de usuario que se hayan publicado en bibliotecas de formularios y no a plantillas de formulario aprobadas por el administrador ni a plantillas publicadas en listas. Si la representación de formularios de explorador web está deshabilitada, los formularios se abrirán en InfoPath Filler si InfoPath está instalado en el equipo del usuario.

Los formularios de lista de SharePoint se pueden rellenar sin conexión a través de SharePoint Workspace. Los formularios de la biblioteca de formularios se pueden rellenar sin conexión a través de InfoPath Filler.

Los formularios de explorador de InfoPath también se pueden hospedar en páginas web mediante el elemento web Formulario de InfoPath.

## 3.2.24 Planear el uso de Servicios de conectividad empresarial

Hay ocasiones en las que sus bases de datos de SharePoint no contienen todos los datos que necesita o con los que desea trabajar.

Puede ser que esa información importante para su negocio esté almacenada en aplicaciones externas. Los Servicios de conectividad empresarial se crearon para que sea más fácil integrar esos sistemas externos en los flujos de datos de SharePoint como listas externas. Para los usuarios de SharePoint, los datos de los sistemas externos aparecen en una página web y se pueden leer y modificar igual que con cualquier otra lista.

Puede usar los Servicios de conectividad empresarial para incorporar datos a su sitio de SharePoint Online desde el origen siguiente:

- Servicios web de Microsoft Windows Communication Foundation (también denominado WCF)

**Nota**. Para obtener datos de sistemas externos pueden ser necesarios pasos intermedios en forma de servicio web WCF con código personalizado. Pero algunas compañías publican WCF para un uso más amplio.

Veamos los pasos con detalle.

## 3.2.25 Creación de una aplicación de destino con el Servicio de almacenamiento seguro

Primero hay que crear una aplicación de destino, ya que la implementación de BCS en SharePoint Online usa tecnología de almacenamiento seguro. Puede considerar este paso como la creación de un medio por el cual puede crear un mapa entre un grupo de cuentas que SharePoint reconoce y en las que confía y una cuenta que los servicios WCF reconocen y en la que confían.

La finalidad principal para la creación de una conexión de almacenamiento seguro es que las credenciales usadas para obtener acceso al sistema externo serán diferentes a las usadas para obtener acceso a SharePoint Online. El almacenamiento seguro crea un puente entre los dos sistemas (SPO y el sistema externo) almacenando el nombre de usuario y la contraseña correctos para el sistema externo, y permitiendo que los miembros de un grupo designado en SharePoint Online usen las credenciales almacenadas. Esto permitirá que un grupo determinado de usuarios de SharePoint Online puedan tener acceso a los datos del sistema externo.

El almacenamiento seguro también resuelve posibles problemas de doble salto con autenticación porque, tras iniciar sesión, SharePoint Online buscará la información por usted en el sistema de datos externo. El almacenamiento seguro puede eliminar la necesidad de formas más complicadas de autenticación.

**Nota**. Un doble salto se produce cuando el usuario transmite credenciales a un equipo y se autentica con ellas, pero luego necesita obtener información de otro equipo en el que, para poder tener acceso a los datos, las credenciales deben transmitirse y validarse por segunda vez. SharePoint Online puede resolver este problema de seguridad usando el almacenamiento seguro para pasar credenciales de acceso a un sistema de datos externos.

## 3.2.26 Creación de un tipo de contenido externo y una lista externa

Puede usar SharePoint Designer para crear tanto el tipo de contenido externo como la lista externa que use para mostrar datos externos. El tipo de contenido externo se podría considerar como una conexión a los datos externos que se identifican con el tipo de contenido que desea mostrar. Por ejemplo, la conexión a un servicio WCF requiere un tipo de contenido externo de WCF. Al configurar este tipo de contenido externo, podrá definir la clase de acciones que los usuarios podrán hacer en relación a los datos. Por ejemplo: ¿pueden leer y cambiar los datos, o solo leerlos?

Después de configurar el tipo de contenido externo, también puede usar SharePoint Designer 2010 para crear una lista en la que aparezcan los datos externos. O bien puede crear la lista externa dentro un sitio de grupo de SharePoint Online. Esta lista exhibe los datos en su sitio web a los usuarios del sitio, que pueden elegir crear gráficos u hojas de cálculo en Microsoft Office Word o Excel usando la lista. Esto también significa que los datos externos que necesita se pueden mostrar a aquellos que necesiten usarlos a través de SharePoint Online. Por ejemplo, si el tipo de contenido externo de WCF incluye datos sobre pedidos de clientes, los Servicios de conectividad empresarial le permiten mostrar esos datos en formato de lista en un sitio seguro. Los usuarios del sitio podrán actualizar la lista de pedidos de compra en el sitio de SharePoint Online directamente desde el explorador.

## 3.2.27 Permisos de tipo de contenido externo

Cuando configure permisos para el nuevo tipo de contenido externo en el Centro de administración de SharePoint Online, recuerde que es necesario conceder el permiso "Establecer permisos" a una cuenta o a un grupo como mínimo. Sin la capacidad de establecer permisos para usuarios o grupos, la conexión de los Servicios de conectividad empresarial resulta "difícil de administrar". Esto se debe a que no se le ha asignado a nadie acceso de forma predeterminada y, después de que especifique manualmente un usuario o un grupo, la interfaz aplica una asignación previa del permiso "Establecer permisos" como fallo seguro.

Normalmente, cuando primero se configuran permisos específicos para tipos de contenido externo, el administrador de SharePoint Online o los grupos especificados para administrar Servicios de conectividad empresarial reciben el permiso "Establecer permisos", o incluso todos los permisos disponibles. Los permisos disponibles son:

- Edición
- Ejecutar
- Se puede seleccionar en clientes
- Establecer permisos

De los anteriores, "Edición" debería reservarse y concederse solo a aquellos usuarios elegidos específicamente para administrar Servicios de conectividad empresarial, o que dispongan de acceso a nivel de administrador de SharePoint Online. No olvide que "Establecer permisos" permite que la persona con ese permiso pueda conceder permisos de edición a otros usuarios. Téngalo en cuenta para su seguridad a la hora de planear qué personas tendrán acceso a su configuración de Servicios de conectividad empresarial.

## 3.2.28 Planear el uso del Servicio de almacenamiento seguro

¿Cuál es la finalidad del Servicio de almacenamiento seguro? Este servicio de SharePoint facilita el acceso a datos de aplicaciones empresariales externas. Para entender por qué el Servicio de almacenamiento seguro ofrece este beneficio, es importante comprender que el nombre de usuario y la contraseña usados para obtener acceso a almacenes de datos externos pueden no ser los mismos que el nombre de usuario y la contraseña usados para obtener acceso a SharePoint Online. Cuando un usuario obtiene acceso a una página de SharePoint Online que contiene información de un sistema de datos externos, SharePoint debe realizar una solicitud independiente para recuperar información del sistema de datos externos. Esta solicitud debe hacerse con credenciales reconocidas por el sistema de datos externos para que la solicitud de contenido tenga éxito. Solo entonces SharePoint puede mostrar en la página la información del sistema de datos externos. Esta es la causa de que el Servicio de almacenamiento seguro almacene las credenciales del sistema de datos externos.

El Servicio de almacenamiento seguro está diseñado para crear un mapa en segundo plano entre un grupo de usuarios de SharePoint y un usuario único reconocido por el sistema de datos externos. Si el Servicio de almacenamiento seguro está configurado correctamente, ocurre lo siguiente:

- Un usuario se autentica a través de Internet Information Services (la tecnología de servidor web que sustenta las tecnologías de SharePoint) en SharePoint Online con credenciales válidas.

- En SharePoint Online, el Servicio de almacenamiento seguro usa las credenciales asignadas y reconocidas por la aplicación empresarial externa para representar todos los datos externos necesarios en el sitio y que así pueda verlos el usuario autenticado.

Otra ventaja del Servicio de almacenamiento seguro es que elimina las peticiones de autenticación para los usuarios. Cuando los usuarios van a páginas de SharePoint Online que tengan acceso a sistemas de datos externos, el Servicio de almacenamiento seguro está activo en segundo plano, comprobando los permisos de usuarios y proporcionando credenciales asignadas a los datos externos cuando sea posible. Esto permite a los usuarios obtener acceso a los datos que necesiten sin que se les pida que especifiquen los nombres de usuario y las contraseñas de la aplicación externa.

El Servicio de almacenamiento seguro se usa conjuntamente con los Servicios de conectividad empresarial en SharePoint Online.

## 3.2.29 Planear el uso de metadatos administrados

Al usar colecciones jerárquicas de términos administrados centralmente (denominados conjuntos de términos) como atributos para elementos de sitios de SharePoint, puede mejorar la coherencia de los metadatos en el contenido y permitir a los usuarios descubrir el contenido de los sitios más fácilmente. Los conjuntos de términos se crean y administran a través de una característica denominada Herramienta de administración de almacén de términos, a la cual se puede tener acceso desde el Centro de administración de SharePoint Online, así como desde la página Configuración del sitio.

La Herramienta de administración de almacén de términos es la herramienta que los taxonomistas, administradores u otros individuos que administran taxonomías pueden usar para crear, importar y administrar conjuntos de términos y los términos que contienen. La Herramienta de administración de almacén de términos muestra todos los conjuntos de términos globales y los conjuntos de términos locales disponibles para la colección de sitios desde la que se obtiene acceso a la herramienta.

## 3.3 PLANEAR SITIOS Y ADMINISTRAR USUARIOS

El administrador de SharePoint Online puede realizar las siguientes tareas:

- Crear, eliminar y administrar colecciones de sitios.
- Asignar y supervisar el almacenamiento de la colección de sitios.
- Conceder acceso a los administradores de la colección de sitios.
- Establecer el sitio de SharePoint predeterminado.
- Planear sitios multilingües.
- Administrar perfiles de usuario.
- Planear y administrar características, como metadatos administrados.

### 3.3.1 Administrar sitios y colecciones de sitios

Una colección de sitios es un grupo de sitios de SharePoint que tienen el mismo propietario y comparten la configuración de administración, como los permisos. Las colecciones de sitios son jerárquicas y siempre incluyen un sitio de nivel superior y todos los sitios que se encuentran por debajo de este.

El sitio de grupo, y todos los sitios que cree bajo él, está disponible únicamente para los usuarios a los que invite y a los que conceda permisos. Con un sitio de grupo, su organización, equipo o grupo puede conectarse entre sí y colaborar en documentos y otros archivos, publicar anuncios, programar reuniones, mantener tareas, realizar el seguimiento de asuntos o elementos de acción, almacenar información en listas, etc. También puede crear diversos subsitios a partir de las plantillas de sitio disponibles en el sitio de grupo.

Como administrador de la colección de sitios, dispone del nivel de permisos Control total en la colección de sitios. Esto significa que puede agregar o eliminar sitios, así como cambiar la configuración de cualquier sitio de una colección. Asimismo, puede ver, agregar, eliminar o cambiar todo el contenido de los sitios.

## 3.3.2 Responsabilidades habituales del administrador de la colección de sitios

Entre las responsabilidades de un administrador de la colección de sitios de un sitio de SharePoint Online, se incluyen las siguientes:

1. Servir de punto de contacto entre los usuarios y el administrador de SharePoint Online.

2. Decidir quién puede tener acceso a contenido importante almacenado en sitios de SharePoint Online (es decir, es el responsable de configurar permisos de nivel de la colección de sitios).
3. Decidir qué características se pondrán a disposición de los usuarios que usarán los sitios de la colección de sitios.

4. Proporcionar soporte técnico a los usuarios de la colección de sitios.

5. Elegir un administrador de reserva para la colección de sitios.

6. Crear nuevos sitios.

7. Crear y personalizar el sitio web público.

8. Ayudar a administrar ciertas características, como:

- Activar o desactivar las características disponibles de la colección de sitios.

- Crear o personalizar tipos de contenido de sitios.

- Establecer la configuración regional.

### 3.3.3 Responsabilidades habituales del propietario del sitio

Entre las responsabilidades del propietario de un sitio, se incluyen las siguientes:
- Crear y administrar sitios.
- Administrar las características y la configuración del sitio, como su apariencia.
- Guardar un sitio como plantilla.
- Administrar columnas y tipos de contenido de sitios.
- Eliminar un sitio.
- Ajustar la configuración regional y el idioma.

En función del tamaño de su organización y del volumen de contenido que planea tener en sus sitios, puede que desee crear subsitios para organizar el contenido. Los sitios de una colección se organizan en una jerarquía. Cuando crea sitios bajo el sitio de nivel superior, genera esta jerarquía. Puede crear subsitios bajo su sitio de grupo, así como crear subsitios adicionales bajo estos sitios.

**Nota**. El administrador de SharePoint Online crea el sitio de nivel superior de la colección de sitios y asigna otro administrador de la colección de sitios. Los propietarios del sitio pueden crear subsitios.

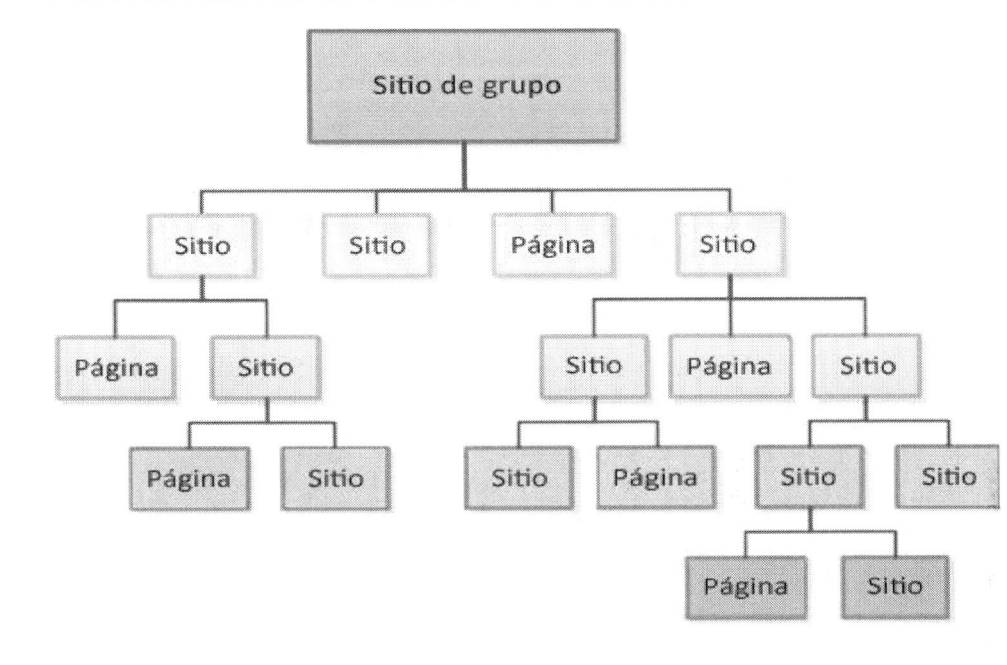

```
                    Sitio de grupo
        ┌──────┬────────┼────────┐
      Sitio   Sitio   Página   Sitio
      ┌─┴─┐           ┌──────┬──┴──┐
  Página Sitio       Sitio Página Sitio
         ┌─┴──┐      ┌─┴──┐       ┌─┴──┐
      Página Sitio Sitio Página Sitio Sitio
                                 ┌─┴──┐
                              Página Sitio
```

Existen varias maneras posibles de organizar los subsitios. Por ejemplo, podría elegir crear subsitios:

- Por grupo o departamento
- Por objetivo funcional
- Por categoría de contenido
- Por proyecto
- Por cliente
- Por nivel de permisos o confidencialidad (por ejemplo, si hay información que se debe restringir, es posible que desee aislarla en un sitio concreto)

Antes de comenzar a crear sitios, dedique algo de tiempo a pensar cuántos sitios puede necesitar y con qué lógica desea organizarlos. Puede que le resulte útil crear un diagrama de su jerarquía de sitios para ayudarle a organizar la planeación. Puede esbozar rápidamente un diagrama en una hoja de papel o en un bloc de notas, pero es posible que prefiera crear un diagrama más formal mediante una de las formas de jerarquía disponibles como elementos gráficos SmartArt en Microsoft Word o Microsoft PowerPoint. De este modo, obtendrá un diagrama que podrá guardar y consultar, así como modificar con el tiempo.

Piense también en el objetivo de cada sitio. Esto le ayudará a determinar qué plantillas de sitio desea usar para crear nuevos sitios. Al crear un nuevo sitio, puede seleccionar una plantilla de la amplia gama de plantillas que SharePoint Online pone a su disposición. Al seleccionar una plantilla de sitio diseñada para un objetivo concreto, puede proporcionar una eficaz ventaja a los usuarios en su trabajo. Por ejemplo, si desea crear un sitio de referencia que puedan usar los miembros del grupo para compartir o actualizar información del proyecto rápidamente, es posible que desee empezar por seleccionar la plantilla Sitio Wiki, ya que esta plantilla está diseñada para este tipo de comunicación.

Nota. El administrador de SharePoint Online administra los sitios web de Mi sitio. Mis sitios son concentradores en los que los usuarios pueden conectar en red con compañeros y realizar un seguimiento de información. Al usar Mi sitio, los usuarios pueden ver un suministro de noticias de las actividades de sus compañeros, mantenerse al tanto del contenido que han etiquetado y compartir actualizaciones de estado entre sí. Como administrador de una colección de sitios, no puede controlar Mis sitios. En lugar de eso, cada usuario es administrador de su propio sitio Mi sitio.

## 3.3.4 Lista de plantillas de sitios

La siguiente lista incluye las plantillas de sitio admitidas y una descripción de cada una. Use esta lista para decidir qué tipos de sitios son más adecuados para su organización.

- **Base de datos web de activos**. Base de datos para realizar un seguimiento de los activos, incluidos los detalles y los propietarios.

- **Área de reuniones básica.** Sitio para planear, organizar y capturar los resultados de una reunión. Proporciona listas para la administración de la agenda, los asistentes a la reunión y los documentos.

- **Área de reuniones en blanco.** Sitio de reuniones en blanco para que lo personalice en función de sus necesidades.

- **Sitio en blanco.** Sitio en blanco para que lo personalice en función de sus necesidades.

- **Blog.** Sitio para que una persona o un grupo expongan ideas, observaciones y conocimientos sobre los que los visitantes del sitio pueden hacer comentarios.

- **Base de datos web de contribuciones de beneficencia.** Base de datos para realizar un seguimiento de la información sobre las campañas de recaudación de fondos, incluidas las donaciones de contribuidores, los eventos relacionados con las campañas y las tareas pendientes.

- **Base de datos web de contactos.** Base de datos de contactos para administrar la información de las personas con las que trabaja su grupo, por ejemplo clientes y socios.

- **Área de toma de decisiones.** Sitios para reuniones en las que se efectúa el seguimiento del estado o se toman decisiones. Proporciona listas para la creación de tareas, el almacenamiento de documentos y el registro de decisiones.

- **Centro de documentación.** Sitio para centralizar los documentos de la empresa.

- **Área de trabajo de documento.** Sitio para que varios compañeros puedan trabajar en un documento. Proporciona una biblioteca de documentos para almacenar el documento y los archivos auxiliares, una lista de tareas para la asignación de elementos pendientes y una lista de vínculos para los recursos relacionados con el documento.

- **Sitio exprés.** Sitio para que los grupos creen, organicen o compartan información rápidamente. Proporciona una biblioteca de documentos y una lista para administrar anuncios.

- **Sitio de grupo de trabajo.** Esta plantilla proporciona una solución de groupware que permite a los equipos crear, organizar y compartir información rápida y fácilmente. Incluye Calendario de grupo, Circular, Memo de llamada telefónica, Biblioteca de documentos y las otras listas básicas.

- **Base de datos web de problemas.** Base de datos de problemas para administrar un conjunto de problemas. Puede asignar elementos, establecer sus prioridades y seguir su progreso desde el principio hasta el final.

- **Sitio de Microsoft Project.** Sitio que admite la colaboración de grupos en proyectos.

- **Área de reuniones de varias páginas.** Sitio para planear, organizar y capturar los resultados de una reunión. Proporciona listas para la administración de la agenda y los asistentes a la reunión, así como dos páginas en blanco que puede personalizar según sus necesidades.

- **Sitio de personalización.** Un sitio para proporcionar vistas, datos y navegación personalizados para una colección de sitios en Mi sitio.

- **Sitio de difusión de PowerPoint.** Un sitio que permite a los moderadores difundir una presentación con diapositivas de Microsoft PowerPoint 2010 para destinatarios remotos que lo vean en un explorador web..

- **Sitio de publicación con flujo de trabajo.** Disponible únicamente como subsitio de Portal de publicación o Wiki empresarial. Un sitio para publicar páginas web según una programación mediante flujos de trabajo de aprobación. Incluye una biblioteca de documentos y una biblioteca de imágenes para almacenar los activos de publicación web. De forma predeterminada, bajo este sitio solo se pueden crear sitios de publicación.

- **Área de reuniones sociales.** Sitio para planear reuniones sociales. Proporciona listas para efectuar el seguimiento de asistentes, dar instrucciones y almacenar fotos del acontecimiento.

- **Sitio de grupo.** Sitio para que los grupos organicen, creen y compartan información con rapidez. Proporciona una biblioteca de documentos y listas para la administración de anuncios, elementos de calendario, tareas y discusiones.

- **Repositorio de procesos de Visio.** Un sitio para que los grupos puedan ver, compartir y almacenar los diagramas de procesos de Visio rápidamente. Proporciona una biblioteca de documentos en diferentes versiones para almacenar diagramas de procesos, así como listas para administrar anuncios, tareas y discusiones de revisión.

## 3.3.5 Gobierno

El gobierno es un conjunto de directivas, roles, responsabilidades y procesos que guían, dirigen y controlan el modo en que las divisiones comerciales y los equipos técnicos de una organización cooperan para lograr los objetivos empresariales. En lo que respecta a una colección de sitios de SharePoint Online, un plan de gobierno puede servir de guía para ayudar a planear los roles, responsabilidades y directivas necesarios para la colección de sitios. Esto puede incluir, sin limitación, las siguientes consideraciones:

- Arquitectura de la información, lo que incluye páginas web, documentos, listas y datos

- Actividades de mantenimiento, incluida la administración de cuentas de usuarios

- Directivas de marca y personalización

- Cursos

Es importante preparar un plan de gobierno para su organización. Al participar en el desarrollo de un plan de gobierno, puede ayudar a identificar la propiedad de los grupos comerciales y técnicos, definiendo quién es responsable de cada área del sistema.

## 3.3.6 Administrar usuarios

El administrador global agrega nuevos usuarios a Office 365 para empresas mediante el Centro de administración de Microsoft Online Services, que es el portal para administrar usuarios y configurar servicios. Cuando agrega un nuevo usuario, el administrador global especifica si el usuario puede tener acceso al Centro de administración, define la ubicación geográfica del usuario, selecciona el tipo de licencia de usuario y crea un nombre de usuario y una contraseña para el usuario.

## 3.3.7 Usuarios del sitio de grupo

Tras agregar un nuevo usuario a Office 365 para empresas, podrá agregar ese usuario a su sitio de grupo y ajustar los permisos de dicho usuario. Los niveles de permisos y la pertenencia a grupos se especifican en Configuración del sitio.

## 3.3.8 Niveles de permisos y pertenencia a grupos

Los niveles de permisos son colecciones de permisos que permiten a los usuarios realizar una serie de tareas relacionadas. Por ejemplo, el nivel de permisos de lectura incluye los permisos Ver elementos, Abrir elementos, Ver páginas y Ver versiones (entre otros), todos ellos necesarios para ver páginas, documentos y elementos en un sitio de SharePoint. Los permisos pueden incluirse en varios niveles de permisos.

Se recomienda que no asigne permisos directamente a usuarios individuales, pues de hacerlo resultaría muy complicado realizar un seguimiento y administrar quién tiene acceso a los sitios. En su lugar, asigne permisos a grupos y, a continuación, asigne usuarios individuales a los grupos correspondientes. Un grupo es un conjunto de usuarios definido en el nivel de la colección de sitios para administrar fácilmente los permisos. A todos los grupos se les asigna un nivel de permisos predeterminado. Por ejemplo, los grupos predeterminados de SharePoint incluyen los siguientes niveles de permisos:

| GRUPO | NIVEL DE PERMISOS |
|---|---|
| Propietarios | Control total |
| Visitantes | Lectura |
| Integrantes | Colaborar |

Cualquier usuario con el permiso Control total puede crear grupos personalizados.

Nota   Al asignar niveles de permisos a grupos de SharePoint en el nivel de la colección de sitios, de forma predeterminada, todos los sitios y el contenido de los mismos heredan esos niveles de permisos. Es posible especificar si se va a interrumpir la herencia de permisos.

Dado que los permisos de un usuario determinan a qué puede tener acceso en un sitio, debe considerar detenidamente a qué grupo asignarlo. Por ejemplo, un usuario responsable de la creación y personalización de sitios debe ser miembro del grupo Diseñador como mínimo. Por otro lado, un usuario que únicamente necesite leer contenido y, quizás, agregar comentarios en un blog, puede que solamente necesite ser miembro del grupo Colaborador.

Para contribuir al futuro mantenimiento de los permisos, considere el uso de una herramienta como esta hoja de cálculo de seguridad del sitio y del contenido o el desarrollo de algún otro método para documentar el diseño y la seguridad del sitio, incluidos todos los sitios, listas o elementos seguros de forma exclusiva importantes.

## 3.3.9 Administrador de reserva

El administrador de la colección de sitios puede designar al administrador de la colección de sitios de reserva. Como administrador de la colección de sitios, puede agregar otro administrador de la colección de sitios o cambiarlo, a través de la página Configuración del sitio.

## 3.3.10 Servicios de federación de Active Directory (ADFS) 2.0

Servicios de federación de Active Directory (ADFS) 2.0 es la solución de Microsoft para crear soluciones de administración de identidades federadas que amplíen la implementación existente de Active Directory (AD) de una organización. ADFS usa tecnologías de inicio de sesión único (SSO) para autenticar un usuario en varias aplicaciones web relacionadas durante el período de una sola sesión en línea. Para ello, ADFS comparte de forma segura la identidad digital y los derechos de autorización (o "notificaciones") a través de límites empresariales y de seguridad.

ADFS permite que se migren perfiles de usuario y se sincronicen con SharePoint Online. Una vez importados estos perfiles, los usuarios tendrán acceso a los servicios de SharePoint Online con sus credenciales de Windows Live ID.

## 3.3.11 Plan para usar las características de los sitios y las colecciones de sitios

Como administrador de la colección de sitios para SharePoint Online, es posible que necesite administrar características en los niveles de sitio y de colección de sitios. Entre estas tareas, se pueden incluir la activación o la desactivación de características, en función de su plan de gobierno.

Entre las características de la colección de sitios que puede necesitar activar o desactivar, se incluyen las siguientes:

**Servicio de Id. de documento**. Asigna identificadores a documentos de la colección de sitios, que se pueden usar para recuperar elementos sin importar su ubicación actual.

**Conjuntos de documentos**. Proporciona los tipos de contenido que se requieren para crear y usar los conjuntos de documentos. Cree un conjunto de documentos cuando desee administrar múltiples documentos como un único producto de trabajo.

**Administración de registros locales**. Habilita la definición y declaración de registros locales.

**Retención basada en biblioteca y carpeta**. Permite que los administradores de la lista invaliden las programaciones de retención de tipos de contenido por programaciones de bibliotecas y carpetas.

**Office Web Apps**. Permite escenarios de edición y visualización mediante Office Web Apps.

**Abrir los documentos en aplicaciones cliente de forma predeterminada**. Configura vínculos a documentos para que se abran de forma predeterminada en aplicaciones cliente, en lugar de en aplicaciones web.

**Flujo de trabajo de aprobación de publicación**. Distribuye una página para su aprobación. Los aprobadores pueden aprobar o rechazar la página, reasignar la tarea de aprobación o solicitar cambios en la página. Este flujo de trabajo se puede editar en SharePoint Designer.

**Infraestructura de publicación de SharePoint Server**. Proporciona bibliotecas centralizadas, tipos de contenido, páginas maestras y diseños de página, además de permitir la programación de páginas y otras funcionalidades de publicación para una colección de sitios.

**Flujo de trabajo con tres estados**. Utilice este flujo de trabajo para realizar un seguimiento de los elementos de una lista.

**Flujos de trabajo.** Conjunto agregado de características de flujo de trabajo incluidas proporcionadas por SharePoint.

Entre las características de los sitios que puede necesitar activar o desactivar, se incluyen las siguientes:

**Organizador de contenido.** Crea reglas basadas en metadatos que mueven el contenido enviado a este sitio a la biblioteca o carpeta correcta.

**Listas de grupos de trabajo.** Proporciona calendarios con más funciones para la programación de equipos y recursos.

**Suspensión y exhibición de documentos electrónicos.** Esta característica se usa para realizar un seguimiento de acciones externas como litigios, investigaciones o auditorías que requieren que suspenda la disposición de documentos.

**Filtrado y navegación por metadatos.** Proporciona a cada lista del sitio una página de configuración para configurar dicha lista para que use jerarquías de vista de árbol de metadatos y controles de filtro a fin de mejorar la navegación y el filtrado de los elementos contenidos.

**Flujo de trabajo de la propuesta de proyecto.** Proporciona un flujo de trabajo de revisión para administrar las propuestas de proyectos.

**Componente integrado enriquecido para blogs.** Se usa para insertar un álbum de fotos o un vídeo desde un sitio web para compartir fotos o vídeos en una entrada de blog.

**Publicación de SharePoint Server.** Crea una biblioteca de páginas web así como bibliotecas de soporte para crear y publicar páginas basadas en diseños de páginas.

**Listas de colaboración en grupo.** Proporciona la capacidad de colaboración en grupo para un sitio, mediante la disponibilidad de listas estándar, como listas de problemas y bibliotecas de documentos.

**Página principal de la página wiki.** Esta característica del sitio creará una página wiki y la establecerá como página principal del sitio.

## 3.4 PLANEAR EL CONTENIDO DE LOS SITIOS

Es aconsejable que los propietarios de sitios planeen el contenido que incluirán en los sitios. El objetivo de esta planeación del contenido es establecer:

- Qué tipos de contenido desea crear

- Qué clases de metadatos (columnas de sitio) desea asociar con los tipos de contenido

- Qué clases de conjuntos de términos desea crear y qué columnas de metadatos administrados desea asociar con los tipos de contenido

- Qué tipos de directivas de administración de información desea configurar para los tipos de contenido

- Qué tipos de listas o bibliotecas desea crear en los sitios para organizar el contenido

Es conveniente que la organización realice este tipo de planeación de forma centralizada (especialmente los tipos de contenido). En muchos casos, deberá coordinarla en estrecha colaboración con el administrador de la colección de sitios y con el administrador del servicio de SharePoint Online, ya que las decisiones que surjan de la planeación de contenido pueden requerir que estos individuos configuren características específicas en Administración de SharePoint Online, o bien en el nivel de la colección de sitios.

### 3.4.1 Tipos de contenido

Los tipos de contenido permiten a los usuarios del sitio crear rápidamente tipos de contenido especializados mediante el comando **Nuevo elemento** o **Nuevo documento** en una lista o una biblioteca. Los tipos de contenido son útiles ya que proporcionan a los propietarios de sitios una forma de garantizar que el contenido sea coherente en todos los sitios. Los tipos de contenido también permiten que una sola lista o biblioteca contenga varios tipos de elementos o tipos de documentos. Los propietarios de sitios pueden configurar previamente detalles específicos sobre el contenido al configurar los tipos de contenido para un sitio, una lista o una biblioteca.

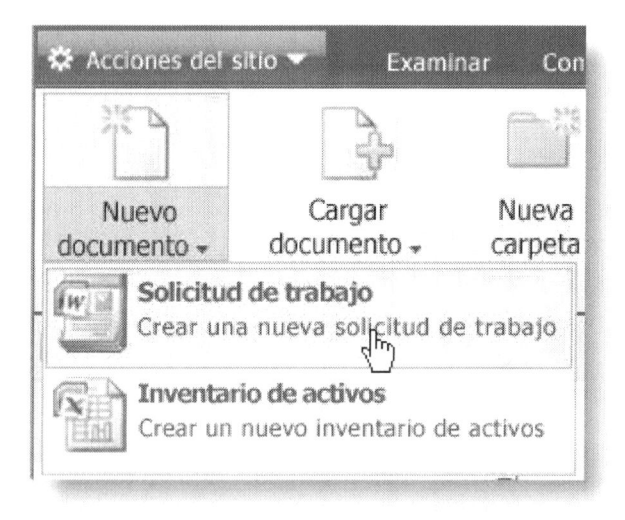

Los propietarios de sitios pueden definir tipos de contenido para elementos de lista, documentos o carpetas. En SharePoint Online para Office 365 para empresas, los propietarios de sitios pueden especificar la configuración siguiente para un tipo de contenido:

- Las columnas (metadatos) que desea asignar a los elementos de este tipo (incluidas columnas de metadatos administrados).

- Los formularios personalizados Nuevo, Editar y Mostrar para utilizarlos con este tipo de contenido.

- Los flujos de trabajo disponibles para los elementos de este tipo de contenido.

- Las soluciones o características personalizadas asociadas con los elementos de este tipo de contenido.

- Las directivas de administración de la información que están asociadas a los elementos de este tipo de contenido.

- El Panel de información del documento, que se muestra en los programas compatibles de Microsoft Office para los elementos de este tipo de contenido.
- La plantilla de documento para nuevos elementos de este tipo (únicamente para los tipos de contenido de documento).

Quizás encuentre útil definir tipos de contenido para partes de su contenido si éste cumple alguno de los criterios siguientes:

| SI ESTO ES VERDADERO: | LOS TIPOS DE CONTENIDO PUEDEN SER ÚTILES DE LAS SIGUIENTES MANERAS: |
|---|---|
| Tiene tipos de documentos específicos con un formato o propósito estandarizado y desea que sean coherentes en toda la organización. | Configure tipos de contenido de sitio para estos tipos de documentos en el sitio de nivel superior de la colección de sitios para que estén disponibles para usar en todos los subsitios. De esta forma, todos los usuarios de la organización crearán estos documentos de forma coherente. |
| Tiene plantillas específicas que los usuarios deben emplear para tipos de documentos específicos. | Agregue estas plantillas de documento a los tipos de contenido relevantes para que todos los documentos nuevos creados a partir del tipo de contenido usen la plantilla. |
| Existe un conjunto estándar de información de cuyos tipos de documentos o elementos | Agregue columnas al tipo de contenido para realizar un seguimiento de esta información. Si algún dato es particularmente vital, puede designar estas |

| | |
|---|---|
| concretos desea realizar el seguimiento. | columnas como obligatorias. También puede proporcionar valores predeterminados para columnas específicas cuando configure el tipo de contenido. |
| Hay un proceso de negocio definido para la forma en que se administran o revisan siempre tipos de documentos específicos. | Considere configurar flujos de trabajo para tipos de contenido específicos. Puede usar flujos de trabajo para administrar procesos de negocio, como la revisión o aprobación de documentos. |

Después de especificar el contenido para el que quizá desee definir tipos de contenido, debe pensar dónde desea definirlos. Si define tipos de contenido de sitio en el sitio de nivel superior de la colección de sitios, estarán fácilmente disponibles para su reutilización en listas y bibliotecas en todos los subsitios del sitio de nivel superior. Los propietarios de sitios individuales también pueden definir tipos de contenido de sitio para sus sitios, aunque estos tipos de contenido estarán disponibles para usarse en listas y bibliotecas únicamente en dicho sitio y en los sitios que se encuentren debajo de él. Además, puede compartir tipos de contenido con todas las colecciones de sitios de SharePoint Online si designa un sitio específico como concentrador para la publicación de tipos de contenido. La publicación de tipos de contenido ayuda a las organizaciones a administrar el contenido y los metadatos de forma coherente en todos los sitios, ya que los tipos de contenido se pueden crear y actualizar de forma centralizada, y las actualizaciones se pueden publicar en varias colecciones de sitios suscritas.

Cuando planee tipos de contenido, puede resultarle útil crear una hoja de cálculo o una tabla que capturen la información que desea incluir cuando defina los tipos de contenido. Por ejemplo, podría empezar creando algo básico como la tabla siguiente y después adaptarla para incluir la información adicional que pueda resultarle útil seguir, como los sitios o grupos que usarán los tipos de contenido:

| NUEVO TIPO DE CONTENID | TIPO DE CONTENIDO | COLUMNAS | PLANTILLA DE DOCUMENT | FLUJOS DE TRABAJ | DIRECTIVAS DE ADMINISTRACIÓN DE |
|---|---|---|---|---|---|

| O | PRIMARIO | | O | O | INFORMACIÓN |
|---|---|---|---|---|---|
| Especifique el nombre del tipo de contenido que desee crear. | Especifique el tipo de contenido primario a partir del que se creará. | Indique la columna nueva o existente que desea agregar al tipo de contenido. | Especifique si habrá una plantilla de documento asociada con el tipo de contenido. | Especifique si habrá flujos de trabajo asociados con el tipo de contenido. | Especifique qué directivas de administración de información podrían aplicarse a este tipo de contenido. |

## 3.4.2 Tipos de listas o bibliotecas de documentos desea crear

Además de pensar acerca de los tipos de contenido, puede pensar en las otras clases de información que se almacenarán en los sitios, o en las clases de tareas que los usuarios de la organización desearían administrar con los sitios. Esto le ayudará a planear las diferentes clases de listas o bibliotecas que puede ser conveniente agregar a los sitios para empezar.

No es necesario que desarrolle todas las listas o bibliotecas que podría llegar a necesitar inmediatamente. Los propietarios de los sitios agregarán y eliminarán nuevas listas y bibliotecas con el paso del tiempo, a medida que cambien las necesidades de la empresa. Pero planear cómo personalizar el contenido de los sitios puede ayudarle a asegurarse de que los sitios sean inmediatamente útiles para los usuarios.

SharePoint Online incluye listas y bibliotecas útiles para una amplia gama de propósitos empresariales, desde la administración y el almacenamiento de documentos hasta la administración y el seguimiento de proyectos o la comunicación. Puede usar cualquiera de estos elementos o todos ellos en un mismo sitio, o bien puede agrupar tipos específicos de listas y bibliotecas en distintos sitios con propósitos funcionales especializados, como la administración de documentos o de proyectos.

| SI DESEA USAR SITIOS CON ESTE PROPÓSITO: | LE CONVIENE CREAR UNO DE ESTOS ELEMENTOS: |
|---|---|
| Almacenar, administrar y colaborar en documentos | Biblioteca de activos |

| o archivos | Biblioteca de conexiones de datos<br>Biblioteca de documentos<br>Biblioteca de formularios<br>Biblioteca de informes<br>Biblioteca de diapositivas<br>Biblioteca de páginas Wiki<br>Biblioteca de imágenes |
|---|---|
| Comunicar información | Lista de anuncios<br>Lista de contactos<br>Panel de discusión<br>Lista de vínculos |
| Realizar el seguimiento de proyectos, información, problemas u opiniones | Lista de vínculos<br>Calendario<br>Lista de seguimiento de problemas<br>Lista de tareas de proyecto<br>Encuesta<br>Lista de estado |
| Definir listas especializadas (por ejemplo, si desea recrear listas que actualmente mantiene en Excel y compartirlas de forma centralizada) | Lista personalizada<br>Lista personalizada en vista<br>Hoja de datos<br>Importar hoja de cálculo |

## 3.4.3 Acceso de los usuarios al contenido

Dedique algún tiempo a planear cómo encontrarán los usuarios del sitio el contenido y cómo lo usarán en los sitios de SharePoint Online. Este tipo de planeación le ayudará a tomar decisiones acerca de cómo configurar tanto la navegación como la búsqueda en el sitio de grupo y en sus subsitios.

## 3.4.4 Sitios a incluir en la navegación global

Para planear la navegación, quizás le resulte útil crear un diagrama de los sitios de la jerarquía. Si ya creó un diagrama durante la planeación de los sitios, puede comenzar con él y modificarlo. Incluya todos los subsitios del sitio de grupo. Es posible que también desee incluir las listas o bibliotecas importantes que haya en el sitio de grupo y en sus subsitios. De esta forma, podrá identificar fácilmente los destinos importantes que los usuarios de los sitios pueden desear encontrar si comienzan en la página principal de su sitio de nivel superior.

En los sitios de SharePoint, la barra de vínculos superior proporciona lo que se conoce como navegación global. Esta barra de vínculos superior aparece en la parte superior de todas las páginas del sitio, debajo del título del sitio.

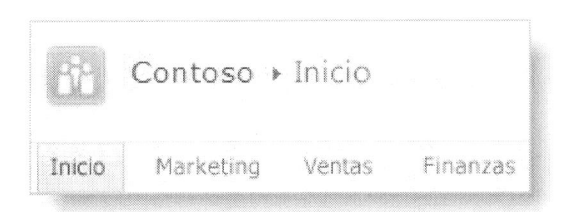

De forma predeterminada, cada sitio usa su propia barra de vínculos superior exclusiva pero, si lo desea, puede permitir que los sitios hereden la barra de vínculos superior del sitio primario para que la experiencia de navegación sea coherente en todos los sitios. Puede configurar qué sitios aparecerán en la barra de vínculos superior. También puede personalizar la barra de vínculos superior e incluir vínculos a cualquier otra dirección URL que desee, en caso de que desee integrar vínculos a recursos externos en la navegación del sitio. Si desea agregar, quitar o reorganizar los vínculos de una barra de vínculos superior, use la página Barra de vínculos superior en Configuración del sitio.

Piense de qué forma encontrarán los usuarios el contenido de la página principal del sitio de nivel superior. Si tiene muchos subsitios en la colección de sitios, es posible que no pueda exponerlos todos en la barra de vínculos superior, ya que podría resultar excesivo para los usuarios del sitio. Pero los sitios o el contenido importantes tampoco deben ser imposibles de encontrar. Use el diagrama de jerarquía del sitio para identificar los sitios clave que desea exponer en la navegación global.

## 3.4.5 Navegación de los usuarios dentro de los sitios

Además de la barra de vínculos superior, los sitios también muestran elementos de navegación en el lado izquierdo de la página. Estos elementos de navegación incluyen el Inicio rápido y la vista de árbol.

Normalmente, el Inicio rápido muestra vínculos específicos al sitio actual y puede usarse para resaltar el contenido más importante.

```
Discusiones
  Discusión de grupo

Bibliotecas
  Páginas del sitio
  Documentos
  compartidos

Listas
  Calendario
  Tareas

  Papelera de reciclaje
  Todo el contenido
del sitio
```

Al igual que con la barra de vínculos superior, puede personalizar Inicio rápido para agregar vínculos a las listas y bibliotecas del sitio o para quitarlos. También puede agrupar vínculos bajo encabezados personalizados. Si elige que todos los subsitios hereden la navegación global, será importante que los propietarios de sitios personalicen la navegación en Inicio rápido, ya que será la forma principal en que los usuarios podrán encontrar contenido en un sitio cuando lleguen a él. Si decide que los subsitios no hereden la navegación global del sitio de nivel superior, los usuarios podrán usar la barra de vínculos superior e Inicio rápido en un subsitio para encontrar contenido en él.

La navegación de vista de árbol muestra contenido del sitio, como listas, bibliotecas y sitios que se encuentran debajo del sitio actual, de forma jerárquica. Es común que la navegación de vista de árbol aparezca al lado izquierdo de cada página en un sitio. De forma predeterminada, la navegación de vista de árbol está desactivada.

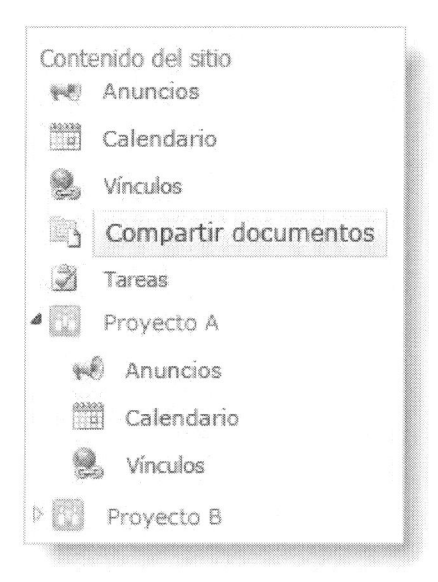

Si desea mostrar el contenido del sitio de forma jerárquica, puede mostrar la vista de árbol para los usuarios del sitio. Para habilitar la vista de árbol de un sitio, use la página Vista en árbol en Configuración del sitio.

### 3.4.6 Navegación de los usuarios dentro de las listas o bibliotecas

Si usa las características de metadatos administrados disponibles en SharePoint Online para crear conjuntos de términos que los colaboradores del sitio puedan usar para etiquetar contenido con términos administrados, tendrá opciones adicionales para mejorar la detectabilidad del contenido en los sitios. Puede configurar la navegación por metadatos para que sea más fácil para los usuarios encontrar contenido en listas y bibliotecas grandes. La navegación por metadatos permite a los usuarios filtrar y buscar contenido en listas y bibliotecas de forma dinámica usando un control de árbol de jerarquía de navegación para aplicar diferentes filtros basados en metadatos a la vista. Los filtros clave se pueden usar en combinación con la jerarquía de navegación para refinar la lista de elementos que se muestran.

## 3.4.7 Plannificación de una búsqueda

Es más probable que los usuarios deseen usar SharePoint Online si encuentran fácilmente la información que necesitan.

El servicio de búsqueda está programado para rastrear el contenido de SharePoint Online cada cinco minutos. Después de que se agrega un elemento a un sitio de SharePoint Online, transcurrirá un período de tiempo antes de que se indice y se devuelva en los resultados de las búsquedas. Esta cantidad de tiempo variará según las actividades del usuario actual. Las tareas como la migración del sitio, la actualización y el mantenimiento aumentan la carga de la canalización de indizado. Los nuevos elementos de contenido generalmente se muestran en los resultados de las búsquedas en el plazo de una hora.

## 3.4.8 Mejorar los resultados de las búsquedas

Existe una variedad de actividades que puede realizar como propietario del sitio para mejorar la experiencia de búsqueda del usuario. Algunas de las características de administración de contenido tratadas en este artículo, como los tipos de contenido y los metadatos administrados, pueden ayudar a que el contenido sea más detectable en las búsquedas. También puede realizar configuraciones específicas relacionadas con las búsquedas para mejorarlas, como configurar ámbitos de búsqueda y establecer palabras clave y opciones más probables. Además, puede elegir quitar sitios o listas y bibliotecas específicos de los resultados de las búsquedas para que el contenido de estas ubicaciones no se muestre en los resultados. Esto puede resultar útil cuando desea quitar contenido confidencial u obsoleto de los resultados de las búsquedas.

**Ámbitos de búsqueda**. Un ámbito de búsqueda define un subconjunto de información en el índice de búsqueda. Por ejemplo, si tiene una colección con muchos sitios, podría configurar un ámbito de búsqueda en el cuadro de búsqueda de los sitios que permita a los usuarios concentrar la búsqueda en una ubicación o un conjunto de contenido en particular.

Normalmente, los ámbitos de búsqueda abarcan temas específicos y orígenes de contenido que son importantes y habituales para los usuarios de la organización. Por ejemplo, puede crear un ámbito de búsqueda para todos los elementos relacionados con un proyecto específico o con un grupo específico de la organización, como Finanzas o Marketing. Además, puede crear un ámbito de búsqueda que incluya otros ámbitos.

**Palabras clave y opciones más probables**. Otra forma en la que puede ayudar a los usuarios a encontrar contenido es mediante palabras clave y opciones más probables. Se puede resaltar la información de interés en los resultados de las búsquedas para los usuarios del sitio usando palabras clave y opciones más probables. Cuando un usuario escribe en el cuadro de búsqueda el término de una palabra clave preconfigurada, las opciones más probables se marcan con una estrella amarilla ⭐ y se muestran de forma destacada al principio de la página de resultados de búsqueda principal. Las palabras clave se pueden usar en consultas desde el cuadro de búsqueda.

Las palabras clave y las opciones más probables se almacenan en sus propias tablas de base de datos y entran en vigencia de inmediato. Al definir los términos de búsqueda de uso común como palabras clave, puede proporcionar un glosario estándar de nombres, procesos y conceptos que forman parte del "dominio público" compartido por los miembros de una organización.

Por ejemplo, supongamos que desea guiar a los empleados recién contratados a un sitio que contiene información sobre cómo obtener aprendizaje sobre herramientas y procesos. Podría definir la palabra clave "aprendizaje" o los nombres de las herramientas internas con la dirección URL del sitio que contiene la información. Cada vez que los nuevos empleados busquen el nombre de la herramienta o "aprendizaje", el sitio web correcto aparecerá como opción más probable al principio de los resultados de la búsqueda.

### 3.4.9 Controlar qué contenido se puede buscar

Si hay sitios, listas o bibliotecas específicos con contenido que desea excluir de los resultados de las búsquedas, puede hacerlo quitando estas ubicaciones de la búsqueda.

Es aconsejable incorporar preguntas específicas acerca de los escenarios de uso del contenido en el proceso de planeación del contenido, ya que pueden ayudar a determinar cómo deberían configurarse los sitios, las listas o las bibliotecas, y qué características concretas podrían necesitar utilizar los usuarios del sitio junto con el contenido.

CAPÍTULO 3. PLANIFICACIÓN DE SHAREPOINT ONLINE   179

También es aconsejable revisar los requisitos de software para Office 365 para empresas para poder anticipar si determinados usuarios de la organización encontrarán problemas al trabajar con el contenido de SharePoint Online según la configuración de sus equipos locales. Por ejemplo, los usuarios deben tener Microsoft Office 2007 Service Pack 2 (SP2) o Microsoft Office 2010 instalado en el equipo para abrir o crear documentos en un sitio de SharePoint Online.

| PREGUNTAS PARA EXPLORAR: | CONSIDERACIONES PARA LA CONFIGURACIÓN DE CONTENIDO: |
| --- | --- |
| ¿Necesita realizar un seguimiento de versiones de clases específicas de documentos o elementos de lista? | Considere habilitar el control de versiones en estas listas o bibliotecas. Considere exigir que los documentos o elementos se desprotejan antes de modificarse. |
| ¿Los usuarios del sitio necesitarán la capacidad de trabajar o colaborar simultáneamente en clases de documentos específicas? | Considere habilitar la co-autoría para las bibliotecas relevantes con el fin de facilitar la colaboración. |
| ¿Es necesario aprobar determinados tipos de contenido antes de que puedan ser accesibles para todos? | Considere habilitar la aprobación de contenido para bibliotecas, o bien usar flujos de trabajo para administrar la aprobación. |
| ¿Ciertas clases de documentos están sujetas a procesos de negocio o flujos de trabajo humanos específicos? | Considere crear o configurar flujos de trabajo para los tipos de contenido que se aplican a dichos documentos o para las bibliotecas en las que residirán dichos documentos. |
| ¿Usará listas para controlar o administrar procesos? | Considere crear o configurar flujos de trabajo basados en listas para procesos como el seguimiento y la administración de problemas. |
| ¿Los sitios tendrán contenido confidencial que deba restringirse al acceso general? | Considere crear sitios o bibliotecas específicos configurados con permisos únicos para almacenar contenido confidencial. Considere el permiso de nivel de elemento si hay una necesidad mínima para restringir el acceso al contenido. Considere usar identificación de audiencias para mostrar distinto contenido a diferentes usuarios. Considere si deben excluirse listas o bibliotecas específicas de la indización de búsqueda. |
| ¿Los usuarios necesitarán recibir actualizaciones acerca de los cambios en el contenido? | Considere habilitar RSS para listas y bibliotecas clave. |
| ¿Los usuarios publicarán bases de datos de Microsoft Access en los sitios? | Es posible que deba asegurarse de que Servicios de Access está debidamente habilitado y configurado para el sitio. |
| ¿Los usuarios publicarán libros de Microsoft Excel en los sitios? | Es posible que deba asegurarse de que Servicios de Excel está debidamente habilitado y configurado para el sitio. |
| ¿Los usuarios publicarán diagramas de Microsoft Visio como dibujos web? | Es posible que deba asegurarse de que Servicios de Visio está debidamente habilitado y configurado para el sitio. |
| ¿Los usuarios crearán soluciones basadas en formularios? | Es posible que deba asegurarse de que InfoPath Forms Services está debidamente habilitado y configurado para el sitio. |

## 3.4.10 Administrar el contenido durante su ciclo de vida

A medida que planea el contenido para los sitios, piense en el ciclo de vida de dicho contenido. Es decir:

- ¿Cómo o por qué es más probable que se cree este contenido? Por ejemplo, ¿se creará para ser compatible con entregas formales, o se creará en el curso del trabajo y la colaboración cotidianos?

- ¿Cuánto tiempo necesitarán acceso a él los usuarios?

- ¿Cuánto crecerá o cambiará mientras está en uso?

- ¿Cuándo dejará de ser activamente necesario?

- ¿Qué debe ocurrir cuando ya no sea activamente necesario?

- ¿Hay razones empresariales o reglamentarias por las que tipos de contenido específicos podrían tener que retenerse después de su período de uso activo?

Sus respuestas a estas preguntas le ayudarán a planear y supervisar el almacenamiento y, además, a planear elementos que podría necesitar para implementar la administración de registros locales, como directivas de caducidad.

## 3.5 PLANEAR PERSONALIZACIONES Y SOLUCIONES

Este contenido le interesa si es diseñador de sitios, profesional de TI empresarial, desarrollador de software o responsable de la creación de soluciones y diseños personalizados en SharePoint Online para Microsoft Office 365 para empresas. En este artículo, se describen algunas de las consideraciones esenciales y la planeación relacionadas con la personalización de sitios o la creación e implementación de soluciones.

## 3.5.1 Niveles de personalización

Hay básicamente tres niveles de personalización que se pueden aplicar a un sitio de SharePoint:

- **Personalización con el explorador.** Puede usar opciones basadas en el explorador para realizar varios tipos de personalizaciones de sitios, como cambiar el título, el logotipo y los vínculos de navegación, aplicar un nuevo tema del sitio, cambiar el contenido de una página o modificar la apariencia de las vistas de listas y bibliotecas. Las personalizaciones basadas en el explorador son las más sencillas y requieren un conocimiento técnico mínimo.

- **Personalizaciones mediante herramientas y aplicaciones admitidas.** Para realizar personalizaciones más amplias que no estén disponibles en el explorador, puede usar herramientas admitidas de SharePoint, como Microsoft SharePoint Designer 2010 y Microsoft InfoPath 2010. Con estas herramientas, puede crear vistas y formularios personalizados, crear eficaces soluciones habilitadas para flujos de trabajo y diseñar la apariencia de su sitio. También puede usar aplicaciones admitidas de Office, como Access 2010, Excel 2010 y Visio 2010 para crear páginas muy dinámicas con una gran cantidad de datos en su sitio.

- **Personalizaciones mediante herramientas y aplicaciones de desarrollador.** Para crear e implementar soluciones de código personalizadas, puede usar Microsoft Visual Studio 2010. Mediante Visual Studio 2010, puede crear e implementar aplicaciones personalizadas que se ejecuten en un entorno de solución de espacio aislado de SharePoint, una forma rápida y segura de ampliar las características y funciones de SharePoint. Esta opción es la más flexible, si bien también puede resultar la más costosa y la que más tiempo y recursos consuma.

En última instancia, las necesidades empresariales de su organización dictarán las personalizaciones que realice. Antes de dar por hecho que necesita desarrollar soluciones de código, debería explorar la funcionalidad que SharePoint Online ofrece y sus herramientas admitidas. Es posible que pueda satisfacer la mayor parte de sus necesidades usando las características existentes de SharePoint Online o con sencillas personalizaciones.

## 3.5.2 Acerca de las aplicaciones y herramientas admitidas

**SharePoint Designer 2010**. Aplicación que se usa para personalizar sitios y soluciones para SharePoint Online. Use SharePoint Designer para conectarse a orígenes de datos, crear vistas y formularios con una gran cantidad de datos, crear flujos de trabajo personalizados, y diseñar y personalizar con la marca de la empresa sitios de SharePoint. SharePoint Designer 2010 es una aplicación gratuita que se descarga e instala la primera vez que se abre desde un sitio de SharePoint.

**InfoPath 2010**. Aplicación que se usa para diseñar y crear formularios de lista, formularios de flujo de trabajo y formularios de biblioteca de formularios de SharePoint. Use InfoPath Designer para personalizar la apariencia y funcionalidad de los formularios enviados por los usuarios, de forma que se dirijan a usuarios, proyectos u objetivos empresariales concretos. InfoPath 2010 está disponible en versiones seleccionadas de SharePoint Online.

**Servicios y aplicaciones de Office 2010**. El conjunto de aplicaciones de Office 2010, como Excel 2010, Access 2010 y Visio 2010, junto con sus respectivos servicios web, se puede usar para crear soluciones eficaces que se ejecuten en SharePoint Online. Es posible crear las soluciones mediante la aplicación cliente, elementos web admitidos de SharePoint y características de servicios web, como las visualizaciones de datos activos.

**Visual Studio 2010.** Aplicación que se usa para crear aplicaciones y soluciones personalizadas que se pueden ejecutar en SharePoint Online. Visual Studio ofrece un entorno de desarrollo integrado para escribir aplicaciones de interfaz de usuario y de consola, servicios web, aplicaciones web y sitios web.

### 3.5.3 ¿Qué desea personalizar o qué soluciones desea crear?

Si analiza qué desea personalizar o qué tipos de soluciones desea desarrollar, podrá determinar el método de personalización o de desarrollo más adecuado para su organización. Hay varias formas distintas de lograr el mismo resultado en un sitio de SharePoint. Por ejemplo, si su objetivo es crear una lista muy personalizada, podrá hacerlo definiendo una gran cantidad de opciones de configuración en la lista y sus vistas. Incluso es posible que pueda realizar todas las personalizaciones mediante la configuración de la lista en SharePoint.

Si desea agregar interactividad y funciones versátiles a la lista, use SharePoint Designer, InfoPath Designer o quizás una aplicación admitida de Office 2010, como Access, Excel y Visio.

Es recomendable empezar con personalizaciones basadas en el explorador antes de usar herramientas y aplicaciones admitidas para lograr personalizaciones similares.

### 3.5.4 Apariencia o el diseño del sitio

| EN PRIMER LUGAR, PRUEBE OPCIONES BASADAS EN EL EXPLORADOR: | A CONTINUACIÓN, PRUEBE HERRAMIENTAS SIN CÓDIGO: | A CONTINUACIÓN, CONSIDERE LA POSIBILIDAD DE USAR SOLUCIONES DE CÓDIGO PERSONALIZADO: |
|---|---|---|
| Use la página Configuración del sitio para: Cambiar el título, la | Use SharePoint Designer para: Personalizar el diseño de las páginas de contenido | Use Visual Studio para: Crear páginas de sitio personalizadas Crear mejoras de cinta |

| | | |
|---|---|---|
| descripción y el logotipo del sitio Personalizar la herencia y los vínculos de navegación del sitio Cambiar el tema del sitio o aplicar uno personalizado (incluidos temas generados con Office) Aplicar archivos CSS personalizados al sitio Cambiar las páginas principales y maestras de publicación | Crear diseños de página personalizados Modificar estilos y hojas de estilos en cascada Personalizar HTML, JavaScript, ASP y otros scripts admitidos Personalizar las páginas principales y maestras de publicación del sitio Use InfoPath Designer para: Personalizar formularios de lista, formularios de flujo de trabajo y formularios de biblioteca de formularios Aplicar nuevo diseño, colores y temas a las formas | personalizadas Crear controles de la cinta de opciones o cuadros de diálogo personalizados Crear interfaces de aplicación de Silverlight Implementar soluciones de diseño personalizadas como características |

## 3.5.5 Personalizar la apariencia de la información en los sitios

| EN PRIMER LUGAR, PRUEBE OPCIONES BASADAS EN EL EXPLORADOR: | A CONTINUACIÓN, PRUEBE HERRAMIENTAS SIN CÓDIGO: | A CONTINUACIÓN, CONSIDERE LA POSIBILIDAD DE USAR SOLUCIONES DE CÓDIGO PERSONALIZADO: |
|---|---|---|
| Personalice páginas individuales en el sitio para: Crear y editar elementos de lista Crear y editar documentos en una biblioteca de documentos Agregar y editar texto, imágenes, vídeo y otros objetos Agregar y personalizar elementos web Agregar y personalizar nuevas listas y bibliotecas Crear vistas y formularios personalizados para listas y bibliotecas Crear y editar contenido y páginas de publicación Habilitar o deshabilitar características | Use SharePoint Designer para: Crear vistas personalizadas Crear formularios personalizados Agregar texto, imágenes, scripts y elementos web a páginas Crear y personalizar páginas de elementos web y sitios Use Microsoft InfoPath 2010 para: Agregar texto, imágenes y vínculos a formularios de lista y flujo de trabajo Agregar funcionalidad y conexiones de datos personalizados a formularios de lista y flujo de trabajo Use aplicaciones admitidas de Microsoft Office para: Publicar libros con datos, gráficos y visualizaciones mediante Excel 2010 y Servicios de Excel | Use Visual Studio para: Crear páginas de sitio personalizadas Crear elementos web personalizados Use el modelo de objetos cliente para mostrar información en controles de Silverlight |

|   |   | Publicar visualizaciones de datos con Visio 2010 y Servicios de Visio Crear sitios web de bases de datos personalizados con Access 2010 |   |

## 3.5.6 Mostrar contenido de distintos orígenes de datos

| EN PRIMER LUGAR, PRUEBE OPCIONES BASADAS EN EL EXPLORADOR: | A CONTINUACIÓN, PRUEBE HERRAMIENTAS SIN CÓDIGO: | A CONTINUACIÓN, CONSIDERE LA POSIBILIDAD DE USAR SOLUCIONES DE CÓDIGO PERSONALIZADO: |
|---|---|---|
| Agregar elementos web para recuperar contenido de orígenes de datos o sitios externos<br>Personalizar vistas de lista de diversos orígenes de datos<br>Personalizar formularios de lista de diversos orígenes de datos | Use SharePoint Designer para mostrar datos de listas y bibliotecas con:<br><br>Vistas personalizadas<br>Formularios personalizados<br>Acciones personalizadas<br>Navegación personalizada<br>Use InfoPath 2010 para mostrar datos de bibliotecas de formularios y listas con:<br>Formularios de lista personalizados<br>Formularios de biblioteca de formularios personalizados<br>Aplicaciones basadas en formularios personalizadas | Use Visual Studio para:<br><br>Crear definiciones de lista personalizadas<br>Crear páginas de sitio personalizadas<br>Crear elementos web personalizados<br>Usar el modelo de objetos cliente para mostrar información en controles de Silverlight<br>Crear controles de la cinta de opciones o cuadros de diálogo personalizados |

## 3.5.7 Personalizar flujos de trabajo para procesos de negocio

| EN PRIMER LUGAR, PRUEBE OPCIONES BASADAS EN EL EXPLORADOR: | A CONTINUACIÓN, PRUEBE HERRAMIENTAS SIN CÓDIGO: | A CONTINUACIÓN, CONSIDERE LA POSIBILIDAD DE USAR SOLUCIONES DE CÓDIGO PERSONALIZADO: |
|---|---|---|
| Usar los flujos de trabajo predefinidos disponibles para administrar procesos de negocio comunes, como la revisión y aprobación de documentos<br>Cambiar los atributos de flujo de trabajo, como los aprobadores, la fecha de vencimiento y la lista de tareas asociada | Usar SharePoint Designer para crear flujos de trabajo declarativos personalizados<br>Usar InfoPath 2010 para personalizar formularios de flujo de trabajo<br>Usar Visio 2010 Premium para diseñar flujos de trabajo y exportarlos a SharePoint Designer<br>Visualizar flujos de trabajo en ejecución en el explorador | Usar Visual Studio para crear soluciones de flujo de trabajo de espacio aislado<br>Use Visual Studio para crear acciones de flujo de trabajo desarrolladas personalizadas |

|  | mediante Servicios de Visio Administrar todas las tareas de flujos de trabajo en Outlook 2010 |  |
|---|---|---|

## 3.5.8 Poner soluciones a disposición de los usuarios

Después de terminar de desarrollar una solución, es posible que necesite un método para implementar esa solución en uno o varios sitios o colecciones de sitios en SharePoint Online. A continuación, se describe cómo poner personalizaciones globales a disposición de los usuarios de toda la empresa.

Si únicamente desea crear una solución personalizada y ponerla a disposición de otros usuarios como plantilla, puede guardar listas, vistas, flujos de trabajo y sitios como plantillas, que se encontrarán disponibles en SharePoint para otros usuarios. Es posible realizar estos pasos directamente en el explorador o mediante herramientas admitidas, como SharePoint Designer 2010.

Para aplicar un sitio o una solución con un alto grado de personalización en varios sitios o colecciones, puede usar un eficaz proceso de desarrollo e implementación, como el disponible en Microsoft Visual Studio 2010.

## 3.6 CREAR Y PERSONALIZAR EL SITIO WEB PÚBLICO

Este contenido le interesa si es responsable de crear y personalizar el sitio web público para una colección de sitios de Microsoft SharePoint Online para Office 365 para empresas o si está interesado en comprender el ámbito de las personalizaciones posibles para el sitio web público.

### 3.6.1 Características del sitio web público

Además de proporcionar una intranet segura para su organización, SharePoint Online proporciona un sitio web público en el que los clientes y otros usuarios pueden encontrar a su negocio por Internet.

Este sitio público, denominado sitio web, puede ser la presencia en Internet de su organización. Los visitantes lo encontrarán cuando escriban la dirección URL de su organización en el explorador.

Determinar el contenido del sitio web es una parte importante del proceso de planeación de la presencia en Internet. En función de las personalizaciones que realice, el sitio puede proporcionar a los visitantes información acerca de la organización y los servicios que proporciona, información de contacto, vídeos y fotos, un mapa que indique la ubicación de su oficina, etc.

Debido a que es un sitio de SharePoint, el contenido y los elementos de página del sitio web, incluidas las imágenes, las plantillas, los documentos y las páginas, se almacenan en bibliotecas. De forma predeterminada, el sitio contiene bibliotecas denominadas Páginas web, Imágenes, Documentos y Plantillas.

De forma predeterminada, el sitio web también contiene un conjunto de páginas web comunes, por ejemplo, Inicio, Acerca de nosotros, Póngase en contacto con nosotros y Mapa del sitio. Puede modificar las páginas predeterminadas del sitio web o crear unas nuevas de acuerdo con sus planes.

## 3.6.2 Crear el sitio web público y personalización

Para crear su sitio web público, debe crear una colección de sitios y designarla como sitio de cara al público. Un inquilino solo puede contener una colección de sitios web públicos.

Antes de comenzar a personalizar su sitio web, resulta útil tener en cuenta algunas cuestiones básicas:

- ¿Qué objetivos empresariales desea lograr con su sitio web?

1. ¿Desea simplemente tener un lugar al que los usuarios puedan acudir para obtener más información acerca de su organización?

2. ¿Desea aceptar pagos mediante PayPal? (PayPal es un servicio de pagos en línea que proporciona a los usuarios un medio seguro de enviar dinero sin salir del sitio. Puede agregar un gadget que permita que el sitio acepte pagos mediante PayPal.

- ¿Qué tipo de navegación, tema, estilo y combinación de colores se ajusta mejor a la marca corporativa de su organización?

- ¿Desea agregar mapas, presentaciones con diapositivas o vídeos?

- ¿Trabajará con archivos de imagen grandes? Consulte con el administrador de Microsoft Online Services si tiene problemas de límite de almacenamiento.

Algunas cuestiones de planeación podrían no resultar obvias hasta que comience a trabajar con el sitio. Debido a que el Diseñador de sitios ayuda a simplificar el proceso de diseño, resulta fácil explorar las diferentes ideas. Encontrará más información acerca de las personalizaciones disponibles y el proceso de diseño en la sección siguiente.

### 3.6.3 Personalizar el sitio web y sus páginas

Para diseñar el sitio web, se usan las herramientas y fichas de la cinta. Aunque no tenga experiencia en diseño, los diseños racionalizados del sitio web y sus herramientas fáciles de usar le permitirán diseñar rápidamente un sitio web de aspecto profesional. Personalice el tema, los gráficos, las fuentes y la combinación de colores del sitio, o agregue mapas, presentaciones con diapositivas y vídeos para crear una presencia en Internet que refleje la marca corporativa de la organización. Gracias a características como la posibilidad de agregar una presentación con diapositivas, un mapa o un vídeo a la página, podrá encontrar la funcionalidad adecuada para interactuar con los visitantes del sitio.

## 3.6.4 Entorno de diseño

Las herramientas y las fichas de la cinta en las páginas del sitio web ayudan a simplificar el proceso de diseño y personalización de las páginas. La cinta contiene tres fichas principales, que están siempre visibles, y una ficha contextual que aparece cuando se edita una imagen. Cada ficha tiene opciones relativas a un conjunto de tareas:

- La ficha **Inicio** contiene opciones para realizar tareas básicas como agregar, editar o eliminar páginas, ver las propiedades de las páginas, mostrar la vista previa de una página, guardar una página, aplicar estilos y tamaños de fuente, viñetas y numeración, alineación de párrafos, etc.

- La ficha **Insertar** contiene opciones que permiten insertar elementos de página como imágenes, hipervínculos, tablas, líneas y gadgets.

- La ficha **Diseño** contiene opciones que permiten trabajar con elementos de diseño en el nivel de sitio o de página como, por ejemplo, modificar el texto del encabezado, el tema o las imágenes, cambiar la combinación de colores del sitio, modificar la navegación del sitio, crear un pie de página, agregar una hoja de estilos en cascada (CSS), etc.

- La ficha **Herramientas de imagen** aparece al hacer clic en una imagen. Contiene opciones para cambiar la imagen, modificar el borde, cambiar la alineación, etc.

**Nota**. Los permisos determinan el nivel de acceso que obtiene al sitio web, incluido el Diseñador de sitios. Si tiene asignado un nivel de permisos Control total o Diseñador, tiene acceso completo para usar el Diseñador de sitios y el sitio web. Si tiene el nivel de permisos Lectura, no obtendrá ningún acceso al sitio web, incluido el Diseñador de sitios.

## 3.6.5 Tipos de personalizaciones

Algunas personalizaciones se aplican a todo el sitio web mientras que otras se aplican a una sola página. Por ejemplo, cuando se selecciona un tema para el sitio o se personaliza el encabezado, el pie de página y la navegación, los cambios se aplican a cada una de las páginas del sitio web. Por el contrario, cuando se agrega una página, se cambia el diseño o el título de una página, o se agrega una imagen, estos cambios se realizan en el nivel de página del sitio de uso público.

### 3.6.6 Personalizaciones de sitio

Las personalizaciones de sitios son cambios globales que afectan a todas las páginas. Las personalizaciones siguientes se aplican a todo el sitio web:

- Seleccionar un tema y estilo para todo el sitio web para darle una apariencia uniforme.

- Diseñar la navegación del sitio para que los visitantes del mismo puedan obtener fácilmente la información que necesitan de su sitio web.

- Diseñar páginas de sitio usando las combinaciones de colores y las fuentes disponibles.

- Agregar un texto de encabezado y un pie de página a todas las páginas.

### 3.6.7 Personalizaciones de página

Cada una de las páginas contiene diferentes zonas con contenido de marcador de posición. El contenido de las zonas se puede editar; para ello, haga clic dentro de la zona, elimine el contenido del marcador de posición y, a continuación, escriba su propio texto. Puede agregar texto, imágenes, hipervínculos, tablas o gadgets dentro de una zona. Al editar una página, verá varias zonas en función del diseño de la página. Las personalizaciones siguientes se aplican a una sola página:

- Agregar y aplicar formato a texto en páginas web, como viñetas y listas, fuentes, alineación, etc.

- Agregar elementos de página como imágenes, tablas e hipervínculos.

- Agregar gadgets, que son unidades modulares de información que muestran contenido de una amplia variedad de orígenes, por ejemplo, mapas, presentaciones con diapositivas o vídeos.

## 3.6.8 Gadgets

Un gadget es una aplicación independiente que se puede agregar a un sitio web para darle una apariencia más dinámica. Como ejemplos de gadgets se encuentran los vídeos, blogs, mapas, tableros de cotización o presentaciones con diapositivas.

Hay disponible una amplia gama de gadgets en el Diseñador de sitios. La mayoría de los gadgets son sencillos de usar y no requieren experiencia en programación, excepto el gadget HTML, que representa código HTML personalizado. Los gadgets proporcionan servicios adicionales para los visitantes del sitio. Por ejemplo, si desea que los visitantes conozcan las últimas cotizaciones en bolsa de su compañía, puede insertar en la página web el gadget Lista de cotizaciones apuntando al símbolo de su compañía.

En la tabla siguiente, se enumeran los gadgets disponibles en el Diseñador de sitios.

Note La disponibilidad de los siguientes gadgets en el Diseñador de sitios dependerá de la configuración regional de su cuenta de SharePoint Online.

| GADGET | DESCRIPCIÓN |
| --- | --- |
| Mapa e instrucciones | Agrega un mapa e instrucciones de Bing Maps para una dirección. SUGERENCIA  Use el gadget Mapa e instrucciones para proporcionar instrucciones para llegar a su oficina a los visitantes del sitio. |
| HTML | Agrega código HTML personalizado, incluidos hipervínculos a imágenes, una página web, un documento o una dirección de correo electrónico. |

| | |
|---|---|
| Vídeo | SUGERENCIA Use el gadget HTML para agregar vínculos a sitios web de socios usando imágenes adecuadas. |
| | Incrusta un vídeo de Bing Video, YouTube o cualquier otro proveedor de servicios de hospedaje de vídeo en su página web. |
| | NOTA Debe conocer el código HTML o la dirección URL del vídeo para incrustarlo en una página web. |
| Presentación con diapositivas | Crea un álbum de presentación con diapositivas en su página web. Puede agregar hasta 50 imágenes a cada presentación con diapositivas. Puede especificar la duración de cada imagen que aparece en la presentación, o bien dejar que los visitantes se desplacen por las imágenes a su propio ritmo. |
| | SUGERENCIA Use el gadget Presentación con diapositivas para destacar visualmente sus productos. |
| PayPal | Agrega un botón de PayPal al sitio. Si vende productos o servicios en su sitio web, puede usar botones de PayPal para configurar una solución de procesamiento de pago en línea. |
| Póngase en contacto con nosotros | Agrega un formulario Póngase en contacto con nosotros a una página web para permitir que los visitantes del sitio se pongan en contacto con su empresa por correo electrónico. Puede recibir el correo electrónico en una o varias direcciones a la vez. |
| Lista de cotizaciones | Agrega un gadget Lista de cotizaciones para mostrar la información bursátil más reciente de un valor determinado como servicio a los visitantes del sitio web. |
| El clima | Agrega un gadget El clima para proporcionar un breve parte meteorológico sobre una ubicación específica. |
| Fecha de modificación | Agrega un gadget Fecha de modificación para mostrar la fecha y la hora en que se actualizó por última vez la página web. |
| | SUGERENCIA Si el sitio web necesita actualizaciones frecuentes de contenido, como promociones de tiempo limitado o descuentos en productos o servicios, el gadget Fecha de modificación puede ser útil para que los visitantes del sitio vean la frecuencia con que se actualiza la página. |
| Información del sitio | Agrega un gadget Información del sitio para mostrar el título del sitio, el eslogan del sitio o el texto del pie de página dentro de la página web. |
| | NOTA Cuando actualiza el título de un sitio, el eslogan del sitio o el texto del pie de página en el Diseñador de sitios, el texto al que se hace referencia en el gadget Información del sitio se actualiza automáticamente. |

## 3.7 ENTRENAR Y OFRECER APOYO A LOS USUARIOS

Este contenido es adudao para administrador de una colección de sitios, propietario de un sitio o alguien de otro modo responsable de ayudar a los empleados de una organización a mejorar su productividad con SharePoint Online para Office 365 para empresas. Este artículo le guiará por algunas de las consideraciones clave relacionadas con el aprendizaje de los usuarios sobre el uso de sitios de SharePoint y le dirigirá a algunos de los recursos básicos que puede usar para ayudar a entrenar y ofrecer asistencia a los usuarios del sitio.

Un proceso de aprendizaje no necesita ser elaborado para ser eficaz. Contar con un plan para proporcionar a los usuarios información sobre

SharePoint puede ayudarle a asegurarse de que los usuarios de la organización empiecen a aprovechar rápidamente la funcionalidad de su nuevo sitio o colección de sitios. Cuando los usuarios pueden usar su sitio de SharePoint y entienden los procedimientos recomendados que desea que sigan, puede ayudar a garantizar que su implementación de SharePoint sea eficaz y fácil de administrar.

### 3.7.1 Identificar las necesidades de aprendizaje de los usuarios

El primer paso para desarrollar un plan de aprendizaje para los usuarios es dedicar cierto tiempo a pensar en quiénes son sus usuarios, cómo usarán SharePoint Online y qué tareas deben realizar. Para comenzar este proceso, puede resultarle útil plantearse la siguiente serie de preguntas sobre sus usuarios:

- Quién
- Qué
- Cuándo
- Dónde
- Cómo

Las tablas siguientes enumeran algunas preguntas sugeridas que puede usar para comenzar a analizar las necesidades de aprendizaje de los usuarios de SharePoint de su organización. Las listas de preguntas (y las consideraciones que siguen) no son exhaustivas y es posible que descubra más preguntas útiles a medida que aplica este proceso.

## Quién

| PREGUNTAS CON "QUIÉN" QUE PUEDE PLANTEARSE ACERCA DE LOS ADMINISTRADORES DE COLECCIONES DE SITIOS, PROPIETARIOS DE SITIOS Y USUARIOS DE SITIOS | CONSIDERACIONES PARA PLANEAR EL APRENDIZAJE |
|---|---|
| ¿Quiénes usarán el sitio? ¿Qué roles ocupan en la organización? ¿Tendrán distintos niveles de permisos para el sitio? ¿Es la primera vez que los usuarios usan SharePoint? ¿Los administradores de las colecciones de sitios serán usuarios distintos de los propietarios de sitios? (Puede convenirle entrenar a los administradores de colecciones de sitios antes que a los propietarios de sitios). | El aprendizaje es más eficaz cuando está dirigido a un público específico. Si hay distintos grupos dentro de la organización que usarán el sitio para diferentes tipos de tareas, o si tendrán permisos para realizar diferentes tipos de tareas, considere ofrecer aprendizaje por separado a cada grupo, para poder cubrir sus necesidades específicas. Si los usuarios de la organización ya tienen experiencia con sitios de SharePoint, puede convenirle dirigirles a recursos que destacan las novedades o las diferencias (por ejemplo, a estos usuarios podría resultarles útil el contenido sobre la nueva interfaz de usuario de cinta de SharePoint). Si los usuarios de la organización no han trabajado nunca con sitios de SharePoint, le conviene planear entrenarlos en tareas básicas relacionadas con trabajar con sitios de SharePoint. |

## Qué

| PREGUNTAS CON "QUÉ" QUE PODRÍA PLANTEARSE SOBRE LOS USUARIOS DEL SITIO | CONSIDERACIONES PARA PLANEAR EL APRENDIZAJE |
|---|---|
| ¿Qué tipos de tareas o trabajo realizarán los usuarios en el sitio y qué características deberán usar para llevarlas a cabo? ¿Los usuarios buscarán y verán información o agregarán, editarán y eliminarán contenido? ¿Las tareas variarán según el rol en la organización o el nivel de permisos? | Cuando identifique los tipos de tareas que los usuarios realizarán en el sitio, puede determinar qué características de SharePoint es posible que necesiten aprender a usar. Si distintos grupos de usuarios realizarán conjuntos de tareas muy diferentes, puede considerar ofrecerles aprendizaje específico para cada grupo. |

## Cuándo

| PREGUNTAS CON "CUÁNDO" QUE PODRÍA PLANTEARSE SOBRE LOS USUARIOS DEL SITIO | CONSIDERACIONES PARA PLANEAR EL APRENDIZAJE |
|---|---|
| ¿Cuándo utilizarán los usuarios el sitio? | Es posible que sea necesario entrenar a ciertos usuarios antes que a otros si usarán el sitio antes que los demás. Estos usuarios también pueden ser candidatos para actuar como expertos en SharePoint internos que pueden ayudar a entrenar y proporcionar apoyo a sus compañeros. También puede |

|  | convenirle entrenar a los administradores de colecciones de sitios antes que a los propietarios de sitios. Los administradores de colecciones de sitios pueden servir de ayuda para decidir qué características estarán disponibles para los usuarios.<br>Si la organización va a personalizar gradualmente el sitio o a agregar nuevas soluciones, es posible que deba planear proporcionar aprendizaje sobre áreas específicas en fases. |
|---|---|

## Dónde

| PREGUNTAS CON "DÓNDE" QUE PODRÍA PLANTEARSE SOBRE LOS USUARIOS DEL SITIO | CONSIDERACIONES PARA PLANEAR EL APRENDIZAJE |
|---|---|
| ¿Dónde estarán los usuarios cuando tengan acceso al sitio?<br>¿Dónde acostumbran los usuarios a realizar su trabajo (por ejemplo, en aplicaciones de escritorio o en aplicaciones web)? | Si los usuarios del sitio trabajarán de forma remota o mientras estén de viaje, es posible que deba configurar el sitio para que admita el acceso móvil y explicar a los usuarios el procedimiento para obtener acceso a él de esta forma.<br>Si sabe que los usuarios están acostumbrados a emplear herramientas específicas, es posible que pueda anticipar qué áreas del trabajo con los sitios de SharePoint podrían parecerles nuevas.<br>Si los usuarios están muy acostumbrados a trabajar con programas de escritorio de Microsoft Office, es posible que deba destacar varias de las formas en las que pueden realizar tareas de SharePoint desde estos programas. |

## Cómo

| PREGUNTAS CON "CÓMO" QUE PODRÍA PLANTEARSE SOBRE LOS USUARIOS DEL SITIO | CONSIDERACIONES PARA PLANEAR EL APRENDIZAJE |
|---|---|
| ¿Cómo administrarán documentos, colaborarán o realizarán un seguimiento de los proyectos los usuarios?<br>¿Con qué frecuencia tendrán acceso al sitio los usuarios?<br>¿Cómo podrían las directivas del sector o de la organización afectar a los usuarios? | Estas preguntas podrían ayudarle a detectar problemas específicos para su empresa o sector que podría agregar al aprendizaje.<br>Por ejemplo, ¿hay procesos de negocio que los usuarios deben seguir cuando usan sitios de SharePoint?<br>¿Hay reglas o directivas específicas de la organización o del plan de la organización para administrar SharePoint que desea que los usuarios conozcan?<br>Por ejemplo, si desea que los usuarios eviten cargar fotos de las vacaciones familiares a un sitio de grupo, le conviene incorporar ciertos procedimientos recomendados básicos en el plan de aprendizaje de SharePoint. Dichas consideraciones de gobierno pueden aplicarse a todas las colecciones de sitios de la organización. |

A medida que avanza por estas preguntas, debería comenzar a hacerse idea de los tipos de información que podrían necesitar los usuarios, así como la información adicional que podría tener que integrar en el aprendizaje.

## Porqué

A medida que avanza por las preguntas "quién, qué, cuándo, dónde y cómo" para determinar las necesidades de aprendizaje de los usuarios, hay una pregunta adicional que le conviene considerar y es "por qué".

Si los usuarios de la organización no han usado nunca sitios de SharePoint, el aprendizaje no debería limitarse a presentarles los procedimientos para realizar tareas en SharePoint. Si los usuarios van a emplear SharePoint para realizar trabajo que están acostumbrados a hacer de otra forma o con otras herramientas, es posible que deba demostrarles las ventajas del cambio a SharePoint Online. En otras palabras, si el cambio de la organización a SharePoint supondrá un cambio importante para los procesos que los usuarios siguen, la incorporación de "administración de cambios" en el aprendizaje ayudará a facilitar la transición y a garantizar el éxito de la implementación de SharePoint.

### 3.7.2 Comenzar con las ventajas

Póngase en el lugar de los usuarios finales o propietarios de sitios. El público al que proporciona aprendizaje podría preguntarse:

- ¿Por qué debería preocuparme por esto?

- ¿Por qué debo cambiar la forma en que hago mi trabajo?

- ¿En qué me beneficia?

La mayoría de las personas ven el software como una herramienta que usan para hacer el "trabajo real". Es posible que no les entusiasme aprender a usar software porque sí. En cambio, es posible que se sientan ansiosos por aprender cómo pueden hacer su trabajo de forma más fácil o eficiente.

Cuando comunique a los usuarios de la organización el cambio a SharePoint, intente comenzar con las ventajas potenciales. Explíqueles cómo será el trabajo con el nuevo sistema y qué tipos de ventajas o mejoras pueden esperar en comparación con las herramientas o los procesos anteriores.

### 3.7.3 Usar escenarios de trabajo para que los usuarios se relacionen con la tecnología

Para que la implementación de SharePoint sea eficaz, considere estructurar el aprendizaje en torno a escenarios de trabajo familiares. Use las tareas o los procesos de negocio con los que está familiarizado el público como una forma de orientarlo hacia información específica sobre características.

Por ejemplo, si los usuarios emplean bibliotecas de documentos para administrar informes de viajes que solían guardan en un servidor de archivos o administrar por correo electrónico, podría introducir el tema de bibliotecas de documentos diciendo: "Ahora hablaremos sobre un nuevo proceso para administrar los informes de viajes". Esto podría ser más atractivo para la mayoría de los usuarios que decir "Ahora veremos cómo cargar documentos en una biblioteca de documentos".

### 3.7.4 Recopilar recursos e información

Después de determinar qué tipos de tareas realizarán los usuarios, puede establecer los tipos de contenido específico de características que los usuarios podrían necesitar.

**Incluir información y procedimientos recomendados específicos para la organización**

Si desarrolla presentaciones con diapositivas, documentos u otro material de aprendizaje formal, considere integrar información acerca de las reglas, los procesos o los procedimientos recomendados que la organización ha implementado sobre el uso de los sitios de SharePoint.

El conjunto de directivas, roles, responsabilidades y procesos que establezca para determinar cómo los usuarios de su grupo emplean SharePoint suele denominarse modelo de gobierno.

Normalmente, un modelo de gobierno trata temas como:

- Creación de sitios
- Administración de permisos
- Arquitectura de la información
- Ciclo de vida y retirada del sitio
- Límites de almacenamiento
- Clasificación de información
- Personalización
- Protección de datos
- Navegación
- Búsqueda
- Roles y responsabilidades para apoyar el sitio

Es posible que ya haya respondido a algunas de estas preguntas, como cuánto espacio de almacenamiento tiene para el sitio y de qué forma se puede personalizar la apariencia del sitio. Es posible que otras preguntas no sean relevantes, según la complejidad de los sitios y la cantidad de usuarios. Pero incluso si no tiene que tomar decisiones sobre estos temas, es aconsejable saber qué decisiones se han tomado para poder informar al respecto a los usuarios y propietarios del sitio, y aplicar las directivas de forma apropiada.

Al incorporar el modelo de gobierno directamente al aprendizaje, puede ayudar a asegurar que los usuarios conozcan y cumplan dichas instrucciones o procedimientos.

## 3.7.5 Entrenar primero a los instructores

Si bien usted (o un grupo pequeño de personas de la organización) puede ser oficialmente responsable de proporcionar aprendizaje y apoyo para el uso de SharePoint, no es necesario que lo haga solo. Es aconsejable que cree una red de personas dentro de la organización que se comprometa a desarrollar su experiencia de SharePoint y proporcionar entrenamiento y asistencia a sus compañeros. Cultivando una red de expertos en SharePoint internos puede ayudar a promover el uso de SharePoint y proporcionar apoyo a los usuarios.

¿Cómo se identifica a estas personas? Los candidatos adecuados podrían ser personas que probablemente ejecuten o sean propietarios de sitios. O bien, podrían ser responsables de administrar ciertos procesos que se van a pasar a SharePoint. Estos individuos probablemente se conviertan en sus principales recursos para la implementación y el mantenimiento del modelo de gobierno.

Planee entrenar primero a los instructores. También puede convenirle entrenar a los administradores de colecciones de sitios antes que a los propietarios de sitios. Los administradores de colecciones de sitios pueden servir de ayuda para decidir qué características estarán disponibles para los usuarios. Informe a los instructores acerca de los planes de la organización en relación con SharePoint y ayúdeles a entender el modelo de gobierno. Por último, ayúdeles a obtener experiencia en el uso de SharePoint. Una vez que los expertos en SharePoint internos estén preparados, puede incorporarlos a su estrategia de aprendizaje. Estos expertos pueden ayudar a ofrecer aprendizaje en el nivel de grupo o departamento y pueden servir como recursos para compañeros que necesitan entrenamiento individual para las tareas.

## 3.7.6 Difundir el aprendizaje: Entrenar a los usuarios y seguir participando

La forma en que elija ofrecer aprendizaje a los usuarios de la organización dependerá en gran medida del tamaño y la cultura de la organización y de otros factores, como el tiempo y los recursos disponibles.

Los formatos de aprendizaje pueden asumir muchas formas:

- Aprendizaje formal en un aula con prácticas
- Presentaciones
- Demostraciones en grupos pequeños
- Lectura y aprendizaje en línea autodirigidos
- Aprendizaje en el trabajo

El enfoque más flexible y eficaz para el aprendizaje y apoyo de los usuarios podría ser ofrecer una combinación de estos métodos:

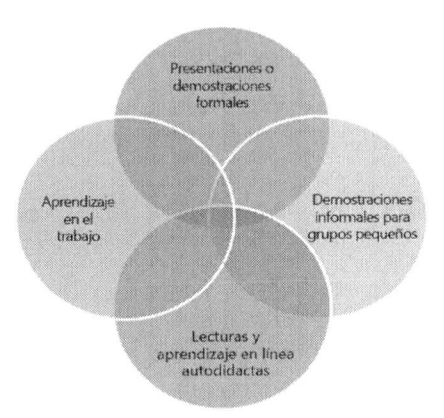

Considere iniciar sus iniciativas de aprendizaje organizando una reunión formal con todos los usuarios (si es posible), donde pueda demostrar los sitios de SharePoint y destacar las áreas o soluciones clave. Use esta reunión como una oportunidad para generar entusiasmo resaltando algunas de las ventajas que podrían experimentar los usuarios. En esta reunión, explique a los usuarios qué tipos de oportunidades de aprendizaje de seguimiento o materiales tendrán a su disposición en los próximos días, semanas o meses.

Siga la reunión inicial con demostraciones en grupos pequeños entre equipos o grupos de usuarios específicos (agrupe a los usuarios que tienen necesidades de aprendizaje similares, según su función o nivel de permisos). Pida a sus expertos en SharePoint internos que lideren las demostraciones o asistan a ellas.

Cree un mecanismo de apoyo cotidiano. Quizá los expertos en SharePoint internos puedan estar a disposición para responder a preguntas en horarios designados durante la jornada laboral o simplemente para proporcionar una instrucción informal. Considere crear una lista de discusión de SharePoint para que los usuarios puedan publicar sus preguntas y obtener respuestas.

Por último, aliente a los usuarios a usar los recursos en línea de Office.com para ver artículos de procedimientos o información detallada sobre características. Muchos de estos recursos se pueden imprimir fácilmente para su consulta rápida. Si cree que los usuarios estarían interesados en el aprendizaje autodirigido, muchos de los cursos sobre Microsoft SharePoint Server 2010 también se aplican a SharePoint Online.

# 3.8 PLANEAR LA SUPERVISIÓN Y EL MANTENIMIENTO DE SITIOS Y COLECCIONES DE SITIOS

En este apartado, se describen las tareas de supervisión y mantenimiento que pueden realizar los administradores de colecciones de sitios y los propietarios de sitios. El mantenimiento periódico puede ayudar a mejorar la experiencia del usuario en los sitios y a garantizar que las colecciones de sitios se ejecuten con la máxima eficiencia. Este contenido es de interés para el administrador de una colección de sitios o propietario de un sitio de SharePoint Online para Microsoft Office 365 para empresas. Se muesra información acerca de cómo supervisar el almacenamiento, mantener permisos, planear listas y bibliotecas, y optimizar la búsqueda.

## 3.8.1 Supervisar el almacenamiento de colecciones de sitios

Cuando se registra para usar SharePoint Online, se asigna espacio de almacenamiento a la organización y a todos los usuarios con licencia. Este espacio de almacenamiento se consumirá cuando cree colecciones de sitios, sitios y subsitios, y cuando los usuarios carguen documentos o creen contenido en dichos sitios. Si comienza a acercarse al límite del espacio de almacenamiento asignado, tiene tres opciones:

1. Mover contenido a otra ubicación para liberar espacio.

2. Eliminar contenido o sitios para liberar espacio.

3. Comprar más espacio de Microsoft o de su socio de Office 365.

Es importante controlar cuánto espacio se usa. En caso de que un sitio supere su cuota, el administrador de SharePoint Online puede asignar más almacenamiento a un sitio individual del grupo compartido de almacenamiento asignado. Si no hay más almacenamiento compartido disponible en este grupo, la organización deberá comprar más a través del portal de Office 365.

## 3.8.2 Administrar permisos de usuario

Cuando el administrador de Microsoft Online Services se suscribe a SharePoint Online mediante el portal Office 365, da comienzo el proceso de migración de usuarios y grupos de la compañía a SharePoint Online. Una vez migrados los usuarios y grupos, el administrador designa un administrador de colección de sitios principal, que es un usuario con permisos administrativos, para administrar la colección de sitios.

Después, el nuevo administrador podrá comenzar a administrar los permisos de usuario en cualquier momento.

Se recomienda que los administradores de sitios creen una estrategia de permisos compatible con los objetivos de los sitios y la colección de sitios. A continuación, los administradores de sitios deben implementar y aplicar dicha estrategia de forma coherente. Si no se desarrolla una estrategia de permisos, es posible que la administración de permisos se convierta en una actividad que requiera demasiado tiempo y que puede provocar frustración e inhibir el crecimiento y el uso adecuado de los sitios. Es aconsejable documentar la estrategia de permisos de la organización y alentar a los usuarios del sitio a leerla y entenderla. Con la orientación adecuada y un proceso bien definido, los usuarios entenderán mejor los permisos y tendrán acceso a la información que necesitan. Además, para contribuir al futuro mantenimiento de los permisos, considere el uso de una herramienta como esta hoja de cálculo de seguridad del sitio y del contenido o el desarrollo de algún otro método para documentar el diseño y la seguridad del sitio, incluidos todos los sitios, listas o elementos seguros de forma exclusiva importantes.

Una vez definida una estrategia de permisos, el administrador de la colección de sitios puede asignar los usuarios a diferentes grupos de permisos en cualquier sitio de la colección. Se recomienda asignar permisos a grupos en lugar de directamente a los usuarios individuales, porque puede que resulte difícil realizar un seguimiento de los permisos individuales y administrarlos. La administración de permisos en el nivel del grupo es más fácil para los administradores de la colección de sitios, dado que el mantenimiento de la estructura de seguridad implica menos sobrecarga. Además, el administrador de la colección de sitios puede, y debe, especificar administradores adicionales de la colección de sitios como administradores de reserva en caso de que el administrador principal no esté disponible para administrar la colección de sitios.

Para modificar los permisos de usuario o administrador, o para configurar grupos, haga clic **en Acciones del sitio** y, a continuación, en **Configuración del sitio**. Use las opciones de **Usuarios y permisos**.

## 3.8.3 Planear listas y bibliotecas con muchos elementos

Cuando una lista o biblioteca tiene una gran cantidad de elementos, se debe planear, organizar y considerar cuidadosamente cómo se obtiene acceso a los datos. Mediante la planeación y el uso de características de bibliotecas y listas clave, como límites de recursos, puede asegurarse de que los usuarios encuentren rápidamente la información sin afectar negativamente al rendimiento del resto del sitio. Las decisiones que se toman al configurar un sitio de SharePoint pueden tener un profundo impacto en el rendimiento del sitio, sobre todo si este contiene listas y bibliotecas con muchos elementos.

Es muy importante comprender los requisitos y procedimientos recomendados para configurar listas y bibliotecas. Se recomienda que todos los propietarios de sitios y administradores de la colección de sitios se familiaricen con estos requisitos.

## 3.8.4 Configuración de auditoría de la colección de sitios y directivas de administración de información

### Auditoría de eventos

Los administradores de la colección de sitios pueden emplear la auditoría para controlar los eventos en el nivel de archivo. La auditoría puede ayudarle a realizar un seguimiento de qué usuarios han realizado determinadas acciones en los sitios, tipos de contenido, listas, bibliotecas, elementos de lista y archivos de biblioteca de colecciones de sitios. La capacidad de realizar un seguimiento de información sobre acciones específicas del contenido es fundamental para muchos requisitos empresariales, como el cumplimiento de normas y la administración de registros. Como administrador de la colección de sitios, puede recuperar el historial de las acciones realizadas por un usuario concreto y también puede recuperar el historial de las acciones realizadas durante un intervalo de fechas en particular. Por ejemplo, puede determinar qué usuarios editaron un documento específico y cuándo lo hicieron.

Dado que estos registros de auditoría se recopilan mediante el uso de la colección de sitios y se almacenan en las bases de datos, puede elegir recortar automáticamente el registro de auditoría o conservarlo durante un número específico de días. El administrador de la colección de sitios puede elegir realizar auditorías de acciones que incluyan lo siguiente:

- Documentos y elementos

1. Editar elementos.
2. Proteger o desproteger elementos.
3. Mover o copiar elementos a otra ubicación del sitio.
4. Eliminar o restablecer elementos.

- Listas, bibliotecas y sitios

1. Editar tipos de contenido y columnas.
2. Buscar en el contenido del sitio.
3. Editar usuarios y permisos.

## 3.8.5 Directivas de administración de información

Se pueden definir directivas de administración de información en las que se establezcan reglas específicas de cómo se realiza el seguimiento y se conserva el contenido. Una directiva de administración de información es un conjunto de reglas para un tipo de contenido específico. Cada regla de una directiva es una característica de directiva. Por ejemplo, una característica de directiva de administración de información puede especificar cuánto tiempo se debe retener un tipo de contenido. Otra característica de directiva puede especificar a qué acciones de ese contenido deben realizarse auditorías. Si crea directivas de información en el nivel de la colección de sitios, se denominan directivas de colección de sitios y están disponibles para su uso en todos los tipos de contenido de una colección de sitios, lo que ayuda a aplicar una administración de contenido coherente entre los sitios.

Se debe tener en cuenta que los propietarios de listas o los administradores de listas tienen la opción de elegir no administrar la retención mediante tipos de contenido como parte de su configuración de las directivas de administración de la información. Si toman esta medida, invalidarán las directivas que haya creado el administrador de la colección de sitios.

## 3.8.6 Planear características de búsqueda para ayudar a los usuarios a encontrar contenido

Es más probable que los usuarios deseen usar SharePoint Online si pueden encontrar fácilmente la información que necesitan.

### Cómo pasará a estar disponible el contenido en la búsqueda

El servicio de búsqueda está programado para rastrear el contenido de SharePoint Online cada cinco minutos. Después de que se agrega un elemento a un sitio de SharePoint Online, transcurrirá un período de tiempo antes de que se indice y se devuelva en los resultados de las búsquedas. Esta cantidad de tiempo variará según las actividades del usuario actual. Las tareas como la migración del sitio, la actualización y el mantenimiento aumentan la carga de la canalización de indizado. Los nuevos elementos de contenido generalmente se muestran en los resultados de las búsquedas en el plazo de una hora.

### Mejorar los resultados de las búsquedas

Existe una variedad de actividades que puede realizar como propietario del sitio para mejorar la experiencia de búsqueda del usuario. Algunas de las características de administración de contenido tratadas en este artículo, como los tipos de contenido y los metadatos administrados, pueden ayudar a que el contenido sea más detectable en las búsquedas. También puede realizar configuraciones específicas relacionadas con las búsquedas para mejorarlas, como configurar ámbitos de búsqueda y establecer palabras clave y opciones más probables. Además, puede elegir quitar sitios o listas y bibliotecas específicos de los resultados de las búsquedas para que el contenido de estas ubicaciones no se muestre en los resultados. Esto puede resultar útil cuando desea quitar contenido confidencial u obsoleto de los resultados de las búsquedas.

**Ámbitos de búsqueda.** Un ámbito de búsqueda define un subconjunto de información en el índice de búsqueda. Por ejemplo, si tiene una colección con muchos sitios, podría configurar un ámbito de búsqueda en el cuadro de búsqueda de los sitios que permita a los usuarios concentrar la búsqueda en una ubicación o un conjunto de contenido en particular.

Normalmente, los ámbitos de búsqueda abarcan temas y orígenes de contenido específicos que son importantes y habituales para los usuarios de la organización. Por ejemplo, puede crear un ámbito de búsqueda para todos los elementos relacionados con un proyecto específico o con un grupo específico de la organización, como Finanzas o Marketing. Además, puede crear un ámbito de búsqueda que incluya otros ámbitos.

**Palabras clave y opciones más probables.** Otra forma en la que puede ayudar a los usuarios a encontrar contenido es mediante palabras clave y opciones más probables. Se puede resaltar la información de interés en los resultados de las búsquedas para los usuarios del sitio usando palabras clave y opciones más probables. Cuando un usuario escribe en el cuadro de búsqueda el término de una palabra clave preconfigurada, las opciones más probables se marcan con una estrella amarilla ☆ y se muestran de forma destacada al principio de la página de resultados de búsqueda principal. Las palabras clave se pueden usar en consultas desde el cuadro de búsqueda.

Las palabras clave y las opciones más probables se almacenan en sus propias tablas de base de datos y entran en vigencia de inmediato. Al definir los términos de búsqueda de uso común como palabras clave, puede proporcionar un glosario estándar de nombres, procesos y conceptos que forman parte del "dominio público" compartido por los miembros de una organización.

Por ejemplo, supongamos que desea guiar a los empleados recién contratados a un sitio que contiene información sobre cómo obtener aprendizaje sobre herramientas y procesos. Podría definir la palabra clave "aprendizaje" o los nombres de las herramientas internas con la dirección URL del sitio que contiene la información. Cada vez que los nuevos empleados busquen el nombre de la herramienta o "aprendizaje", el sitio web correcto aparecerá como opción más probable al principio de los resultados de la búsqueda.

### Controlar qué contenido se puede buscar

Si hay sitios, listas o bibliotecas específicos con contenido que desea excluir de los resultados de las búsquedas, puede hacerlo quitando estas ubicaciones de la búsqueda.

### Planear nuevas versiones y el mantenimiento programado

Periódicamente, hay disponibles nuevas versiones de SharePoint. Las organizaciones tienen un plazo de hasta 12 meses después del lanzamiento de un producto para pasar a la nueva versión; el equipo del centro de datos de SharePoint Online realiza la actualización del sistema. Se notificará a los usuarios finales acerca de la nueva versión y se les proporcionará información relevante. Es posible que deba actualizar el software cliente, incluidos los exploradores web y Microsoft Office.

Los períodos de mantenimiento programado son el tiempo durante el cual los administradores implementan cambios que pueden afectar a los servicios orientados al cliente en el entorno de producción. Los cambios ocurren durante estos períodos aproximadamente dos fines de semana alternantes al mes, por lo general los sábados de 16:00–20:00 hora del Pacífico (UTC-8). Debe tener en cuenta estos períodos, ya que es posible que deba adaptar las prácticas de su empresa en función de ellos.

## Planear la captura de conocimientos de procesos

A medida que los usuarios del sitio trabajen con sitios y con el contenido de los sitios, sus destrezas y conocimientos aumentarán. No obstante, ese conocimiento creciente puede quedar aislado en cada usuario por separado. Con el uso de blogs y wikis para capturar y compartir dicho conocimiento a medida que evoluciona, puede ayudar a transferir el aprendizaje a toda la organización.

Por ejemplo, un sitio puede usar un wiki para recopilar información sobre un proyecto de la compañía, o sobre cómo trabajar con un sistema de administración de las relaciones con el cliente especializado.

Capítulo 4

# LYNC ONLINE

## 4.1 PREPARACIÓN DE LYNC ONLINE

Microsoft Lync Online permite mantenerse en contacto con clientes, empleados y con cualquier persona que la actividad cotidina requiera, utilizando características como mensajería instantánea, conferencias de audio y vídeo y conferencias en línea.

La preparación de una organización para Lync Online exige llevar a cabo tareas clave como optimizar la red para la funcionalidad de conferencia de Lync, configurar la la conectividad, así como garantizar que el cliente Lync 2010 esté instalado en los equipos de los usuarios de Lync Online.

Puede optimizar su entorno de red para usarlo con la conferencia de Lync mediante las siguientes configuraciones:

- Habilitación de los puertos de firewall necesarios para obtener acceso a los servidores de conferencia de Lync.

- Deshabilitación de la autenticación para el tráfico de audio y vídeo de Lync Online al emplear un proxy HTTP de autenticación.

- Configuración de la red para permitir el tráfico de protocolo UDP para un rendimiento de audio y vídeo superior.
- Ajuste de enrutadores internos y optimización de rutas de red internas para audio y vídeo (opcional).
- Filtrado de tráfico (si así lo requiere el SLA del proveedor de servicios)

Como servicio hospedado, la conferencia de Lync Online puede operar en una gran diversidad de topologías de red. Es necesario evaluar a fondo el ancho de banda de la red antes de usarla con Lync Online y la característica de conferencia, ya que estos servicios pueden exigir un incremento del ancho de banda.

El administrador de Office 365 para empresas, puede habilitar la federación de dominios en Microsoft Lync Online para que los usuarios de su empresa puedan conectarse con usuarios de otras compañías que hayan implementado Microsoft Office Communications Server 2007, Office Communications Server 2007 R2 o Microsoft Lync Server 2010.

Una vez que haya habilitado la federación de dominios, los usuarios podrán intercambiar mensajes instantáneos (MI) de punto a punto, iniciar llamadas de audio y vídeo de punto a punto y ver información presencial. Asimismo, puede habilitar la conectividad pública de MI a fin de que los usuarios puedan agregar contactos desde Microsoft Messenger y comunicarse con ellos mediante Lync 2010.

Para *configurar la federación con dominios externos* se tendrá en cuenta lo siguiente:

1. En el panel de control de Lync Online, haga clic en *Comunicaciones externas*.
2. En *Otras organizaciones que usen Lync*, revise la configuración actual de *Modo de federación de dominios*.
3. Para cambiar la configuración actual, haga clic en *Editar*, elija una de las siguientes opciones y, a continuación, haga clic en *Aceptar*:

1. Activar comunicaciones externas con todos los dominios excepto los bloqueados
2. Desactivar comunicaciones externas con todos los dominios excepto los permitidos
3. Desactivar la federación de dominios
4. Para agregar un dominio permitido o bloqueado, haga clic en *Agregar dominio*, escriba el nombre del dominio y, a continuación, haga clic en *Aceptar*.
5. Para quitar un dominio de la lista, active la casilla situada junto al nombre del dominio, haga clic en *Quitar dominio* y, a continuación, en *Sí*.

La configuración Conectividad de mensajería instantánea pública controla la mensajería instantánea (MI) y la comunicación de audio y vídeo con contactos que usan el proveedor de servicios de MI pública Windows Live. Esta configuración está deshabilitada de forma predeterminada.

Para *configurar Conectividad de mensajería instantánea pública* se tendrá en cuenta lo siguiente:

1. Si desea habilitar *Conectividad de mensajería instantánea pública*, asegúrese de haber configurado la federación de dominios. Al deshabilitar la federación, se deshabilita también la conectividad de MI pública.
2. En el panel de control de Lync Online, haga clic en *Comunicaciones externas*.
3. En *Proveedores de servicios de MI pública*, anote el valor actual de *Modo de conectividad de MI pública*.
4. Haga clic en *Habilitar* o *Deshabilitar* según corresponda y, a continuación, haga clic en *Sí*.

## 4.2 INICIAR SESIÓN Y COMENZAR

Si ya está conectado a la red de la organización, abra Lync para iniciar sesión.

1. Haga clic en **Inicio**, elija **Todos los programas**, **Microsoft Lync** y, a continuación, haga clic en **Microsoft Lync Online**. Si al abrir la ventana principal de Lync aparecen su nombre y su estado de presencia, significa que ha iniciado sesión.

2. Haga clic en el menú de disponibilidad y, a continuación, haga clic en su estado de presencia o en **Restablecer estado** para permitir que Lync lo establezca de forma automática basándose en su actividad y en el calendario de Microsoft® Outlook®.

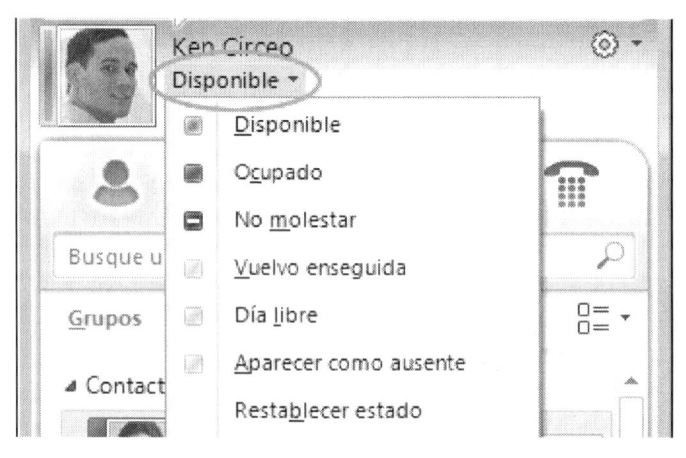

En la siguiente tabla se describe cada uno de los indicadores de estado de presencia.

| ESTADO DE PRESENCIA | DESCRIPCIÓN |
| --- | --- |
| Disponible | Está en línea y disponible para establecer contacto. |
| Ocupado | Está en una llamada de Lync o, según el calendario de Outlook, está en reunión y no desea que se le interrumpa. |

| | |
|---|---|
| ⬤No molestar | No desea que le molesten y solamente verá las alertas de conversación si las envían sus contactos del **Grupo de trabajo**. |
| Vuelvo enseguida | Se aleja del equipo durante unos momentos. |
| Aparecer como ausente | El equipo ha estado inactivo durante un período de tiempo (de forma predeterminada, 15 minutos). |
| Día libre | No trabaja y no está disponible para los demás usuarios. |
| Desconectado | No ha iniciado sesión. Si ha bloqueado a otros usuarios para que no vean su estado de presencia, aparecerá para ellos como desconectado. |
| Desconocido | Su presencia no es conocida. Si hay otras personas que no usan Lync como su programa de mensajería instantánea (MI), es posible que su estado de presencia aparezca como desconocido para ellos. |

## 4.3 PERSONALIZAR LA INFORMACIÓN DE CONTACTO

Puede personalizar su ubicación, números de teléfono e información de presencia. Por ejemplo, puede agregar el número de teléfono móvil y ponerlo a disposición únicamente de los contactos cercanos.

1. Para establecer una ubicación y que los demás usuarios sepan dónde se encuentra, en el menú de ubicaciones, haga clic en **Mostrar mi ubicación a los demás**.

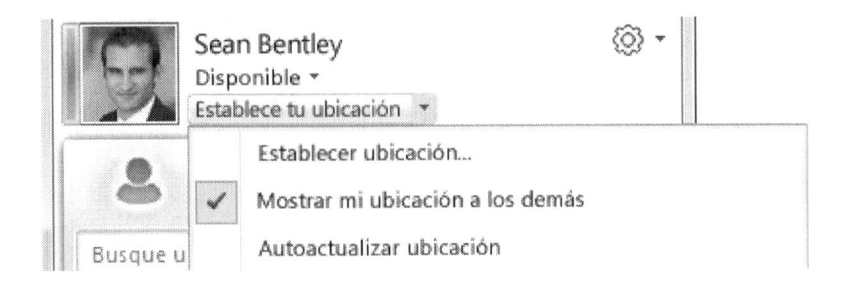

2. Para agregar un número de teléfono a la tarjeta de contacto, haga clic en el botón **Opciones** y, a continuación, haga clic en **Teléfonos**.

3. Haga clic en el botón del número de teléfono que desea agregar (por ejemplo, **Teléfono del trabajo** o **Teléfono móvil**).

4. En el cuadro de diálogo **Modificar número de teléfono**, escriba el número y, a continuación, haga clic en **Aceptar**.

5. Active la casilla **Incluir en mi tarjeta de contacto** y, a continuación, haga clic en **Aceptar**.

6. Para cambiar las relaciones de privacidad de las personas cuyos números de teléfono personales desea ver, haga clic con el botón secundario en el nombre del contacto en la lista de contacto, elija **Cambiar relación de privacidad** y, a continuación, haga clic en **Amigos y familiares**.

## 4.3.1 Cambiar la configuración de la foto y ocultar las fotos de los contactos

1. En la ventana principal de Lync, haga clic en el botón **Opciones**.

2. En el cuadro de diálogo **Lync: opciones**, haga clic en **Personal**.

3. En **Foto para mostrar**, desactive la casilla **Mostrar fotos de contactos** para ocultar las fotos de otros usuarios y, a continuación, haga clic en **Aceptar**.

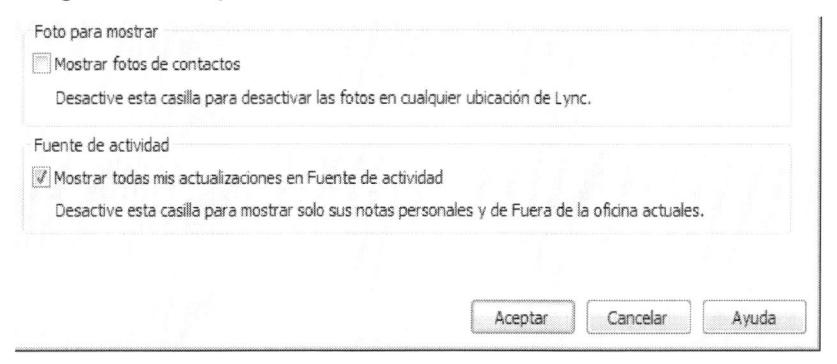

Para ocultar o cambiar su foto:

1. En la ventana principal de Lync, haga clic en el botón **Opciones**.

2. En el cuadro de diálogo **Lync: opciones**, haga clic en **Mi foto**.

3. Realice alguno de estos procedimientos:

    • Para ocultar la foto, haga clic en **No mostrar mi foto**.

    • Para cambiar la foto, haga clic en **Mostrar una foto de una dirección web**, escriba la dirección de un sitio de fotos (como Windows Live® Skydrive® o Facebook), incluyendo el nombre del archivo y, a continuación, haga clic en el botón **Conectarse a la foto**.

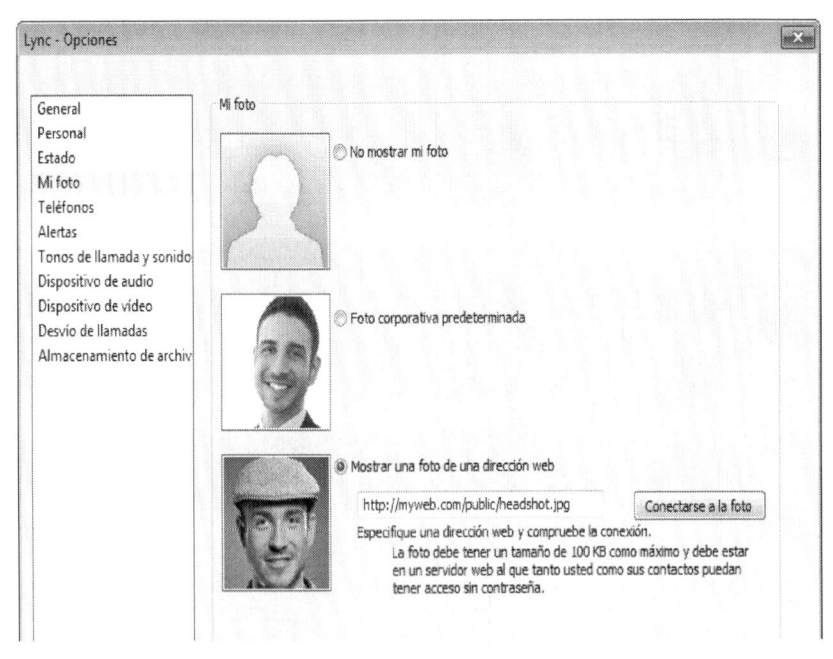

NOTA   El archivo debe tener un tamaño máximo de 30 KB.

## 4.4 CREAR LA LISTA DE CONTACTOS

Agregue a la lista de contactos a aquellas personas con las que se comunica habitualmente o de las que simplemente desea realizar un seguimiento.

1. En la ventana principal de Lync, escriba en el campo de búsqueda el nombre o la dirección de correo electrónico de la persona.
2. En los resultados de búsqueda, haga clic con el botón secundario en la persona.
3. (Opcional) Si desea ponerse en contacto con frecuencia con la persona, haga clic en **Anclar en contactos frecuentes**.
4. Agréguela a un grupo haciendo clic en **Agregar a la lista de contactos** y en el nombre de grupo, o bien, si todavía no ha creado grupos, haga clic en **Agregar a un nuevo grupo** y asigne un nombre al grupo. Puede agregar más contactos a este grupo más tarde.

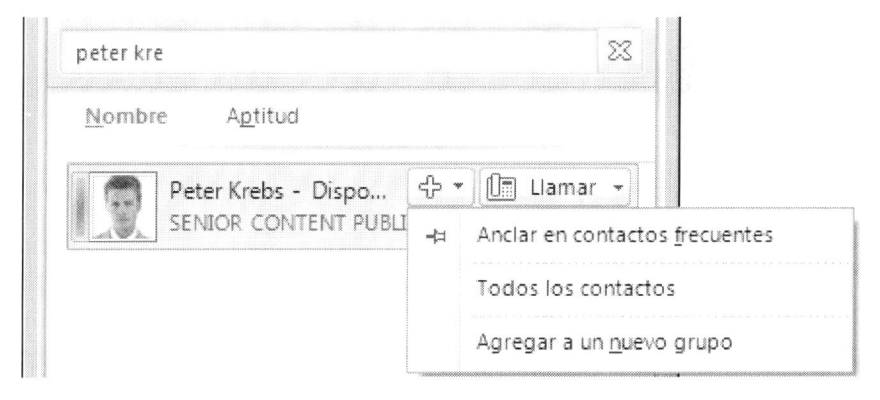

## 4.5 CONTACTO MEDIANTE MENSAJERÍA INSTANTÁNEA

Existen muchas formas de iniciar una conversación instantánea con personas o grupos de la lista de contactos. En la lista de contactos o en los resultados de búsqueda, realice uno de los siguientes procedimientos:

1. Haga doble clic en el contacto.
2. Seleccione la foto de una persona. Cuando se abra la tarjeta de contacto, haga clic en el botón **MI**.
3. Seleccione un grupo de la lista de contactos y, cuando aparezca la tarjeta de contacto del grupo, haga clic en el botón **Mensajería instantánea** para enviar un mensaje a todo el grupo.

Para invitar a más personas a una conversación instantánea:

1. En la ventana principal de Lync, arrastre un nombre de contacto desde la lista de contactos y colóquelo en la ventana de conversación. Para agregar contactos externos a la organización (a los que no puede enviar mensajes instantáneos) a la conversación a través de correo electrónico, en la ventana de conversación, haga clic en el menú **Opciones de las personas** y, a continuación haga clic en **Invitar por correo electrónico**.

- Para unirse, simplemente haga clic en un vínculo del mensaje correo electrónico (los usuarios externos pueden unirse a la conversación, independientemente de si tienen instalado Lync).

## 4.6 TRABAJAR CON INTELIGENCIA: CARACTERÍSTICAS DE PRESENCIA

**Permitir que los demás usuarios sepan cuáles son sus actividades**

El software de comunicaciones Microsoft® Lync™ Online configura de forma automática el estado de presencia en función de su actividad o del calendario de Microsoft® Outlook®. Sin embargo, puede establecer una ubicación o agregar una nota para que las demás personas obtengan más detalles.

**Cambiar el estado de presencia**

- Abra Lync Online y, en la ventana principal de Lync, haga clic en el menú de disponibilidad situado debajo de su nombre. A continuación, seleccione otro estado, por ejemplo **Vuelvo enseguida**.

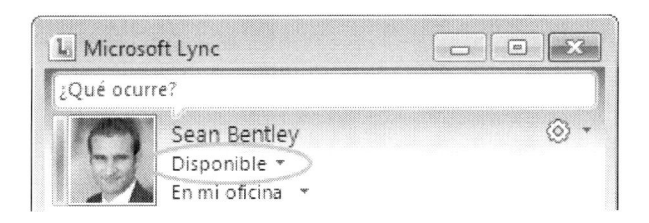

En la siguiente tabla se describe el estado de presencia que otras personas pueden ver y su significado.

| ESTADO DE PRESENCIA | DESCRIPCIÓN |
|---|---|

| | |
|---|---|
| ▇Disponible | Está conectado y disponible para los demás usuarios. |
| ▇Ocupado | Está en una llamada de Lync o, según el calendario de Outlook, está en una reunión y no se le debe interrumpir. |
| ▬No molestar | No desea que se le molesten y solamente verá las notificaciones de conversaciones si proceden de una persona del **Grupo de trabajo**. |
| ▇Vuelvo enseguida | Se aleja del equipo durante unos momentos. |
| ▇Aparecer como ausente | El equipo ha estado inactivo durante un período de tiempo (de forma predeterminada, 15 minutos). |
| ▇Día libre | No trabaja y no está disponible para los demás usuarios. |
| ▇Desconectado | No ha iniciado sesión. Si ha bloqueado a otros usuarios para que no vean su estado de presencia, aparecerá para ellos como desconectado. |
| ▢Desconocido | No se conoce su estado de presencia. Si hay otras personas que no usan Lync como su programa de mensajería instantánea (MI), es posible que su estado de presencia aparezca como desconocido para ellos. |

**Permitir que los demás usuarios sepan qué ocurre hoy**

- En la ventana principal de Lync, haga clic en el cuadro de notas situado encima de su nombre y, a continuación, escriba una nota, como "Trabajando desde casa" o "Trabajando para cumplir con la fecha de entrega. En vez de hacer una visita, envíe un mensaje instantáneo."

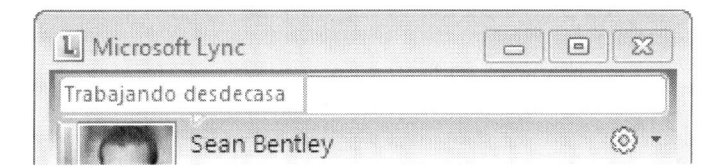

## Establecer la ubicación

- En la ventana principal de Lync Online, en el estado de presencia, se muestra una ubicación relacionada con la red a la que está conectado. Puede proporcionar más detalles sobre dicha ubicación, cambiándole el nombre a "Trabajo" o "Casa". A continuación, siempre que trabaje desde esa ubicación, los contactos que usted elija sabrán dónde se encuentra.

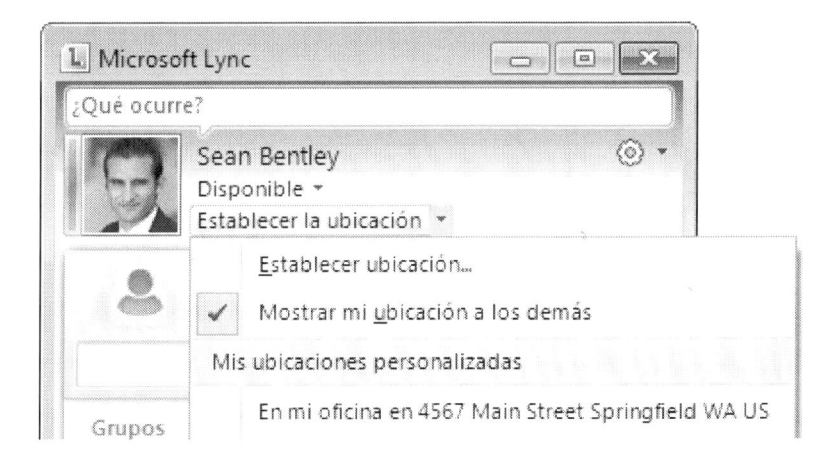

## Ponerse en contacto con las personas importantes

Cree la lista de contactos de tal forma que simplifique las comunicaciones y le permita ver la información de contactos y presencia de las personas más importantes. La forma más fácil de buscar personas, estén o no en la lista de contactos, es buscarlas en el cuadro de búsqueda. Además de usar el nombre y el número de teléfono, también puede usar un término que es posible que dicha persona haya puesto en su perfil. Si el botón Aptitud aparece debajo del cuadro de búsqueda, intente buscar una aptitud o una área de conocimientos, un puesto, etc.

Para ayudarle a organizar la lista de contactos, Lync Online rellena de forma automática la lista Contactos frecuentes, en función de los 10 contactos con los que tiene conversaciones más a menudo. También puede anclar los contactos más importantes en la parte superior de este grupo de contactos para acceder a ellos de manera más rápida. Lync Online rellena previamente la lista anclada con los miembros de su equipo.

### Buscar personas

- En la ventana principal de Lync, en la lista de contactos, escriba el nombre de una persona en el cuadro de búsqueda. Los resultados aparecerán debajo del cuadro.

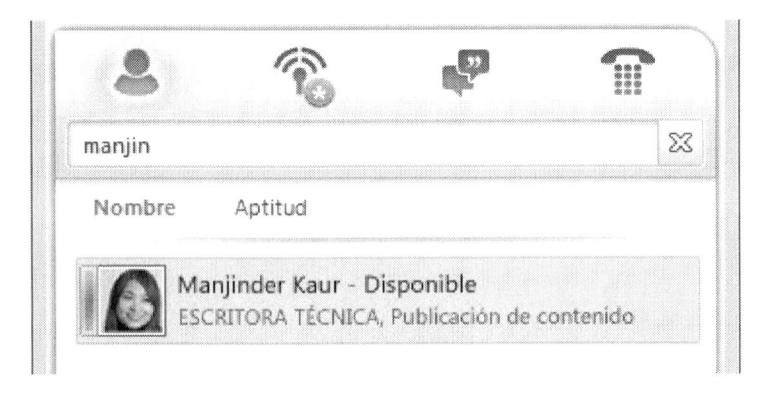

### Anclar contactos frecuentes

- En la lista de contactos o en los resultados de la búsqueda, haga clic con el botón secundario en la persona y, a continuación, haga clic en **Anclar en contactos frecuentes**.

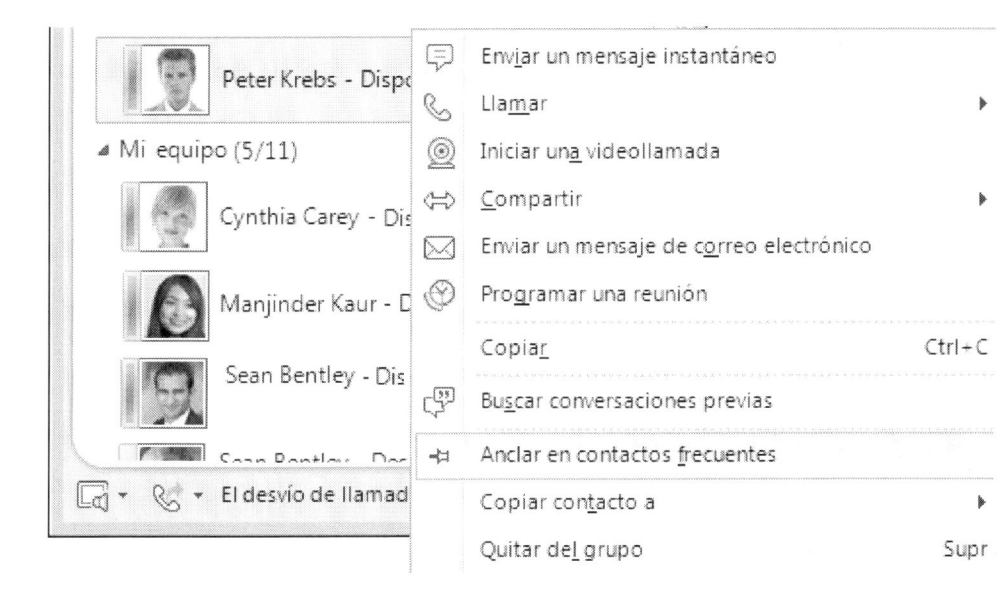

## Crear grupos para las personas con las que mantiene el contacto con regularidad

¿Tiene que enviar un mensaje rápido a todos los miembros de un grupo? Puede configurar un grupo para cada equipo con el que trabaja para ver quién está disponible en cualquier momento o ponerse en contacto con todos los miembros del equipo.

## Crear un grupo

- En la ventana principal de Lync, en la lista de contactos, haga clic con el botón secundario en cualquier nombre de grupo (por ejemplo, **Contactos frecuentes**), haga clic en **Crear nuevo grupo** y, a continuación, escriba un nombre para el grupo.

## Agregar personas a un grupo

- En la lista de contactos, siga uno de estos procedimientos:

    1. Arrastre los contactos a un grupo.
    2. Busque un contacto y, en los resultados de la búsqueda, haga clic con el botón secundario en la persona, elija **Agregar a la lista de contactos** y, a continuación, haga clic en el nombre del nuevo grupo.

## Enviar un mensaje instantáneo a un grupo o contacto

- En la lista de contactos, elija el contacto o grupo y espere a que la tarjeta de contacto se abra.

- En la tarjeta de contacto, haga clic en el botón **MI**.

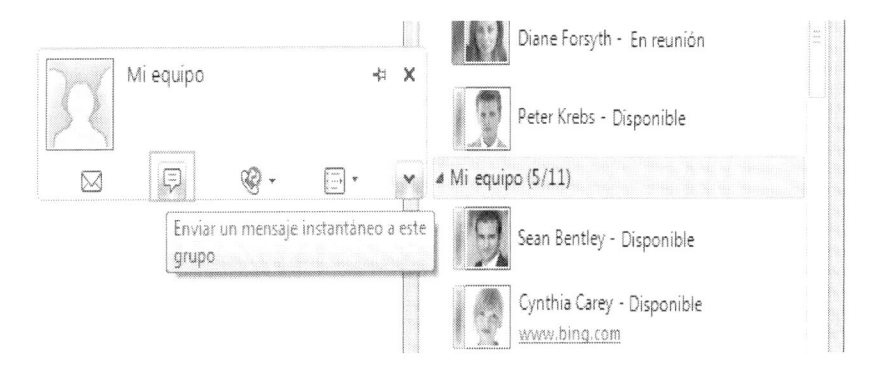

## Invitar a otras personas a una conversación de mensajería instantánea

- Haga clic en el menú **Opciones de las personas** de la ventana de conversación y, a continuación, haga clic en **Invitar por nombre o número de teléfono**.

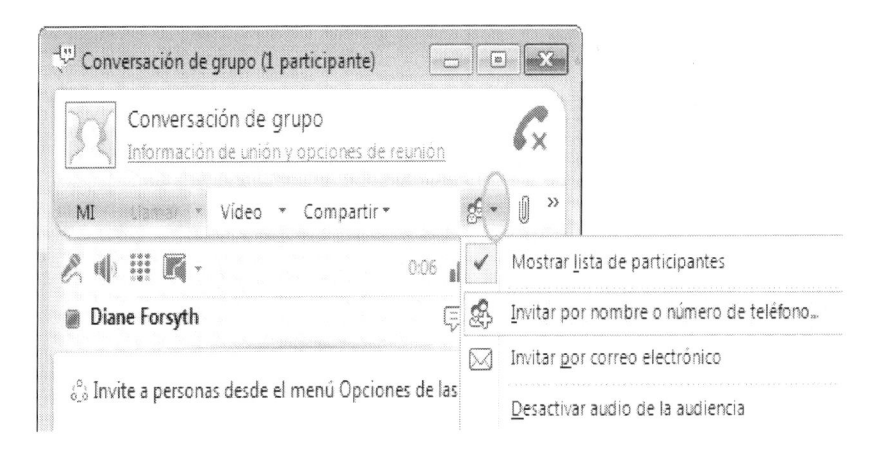

Para agregar contactos o grupos de la lista de contactos a la ventana de conversación, también puede arrastrarlos.

Sugerencia   Si desea agregar contactos que no forman parte de la organización, también lo puede hacer. Solamente tiene que hacer clic en Invitar por correo electrónico y esa persona se podrá unir a la conversación cuando haga clic en un vínculo del correo electrónico (con independencia de si Lync está instalado no).

### Encontrar a un compañero de trabajo ocupado

Lync Online le muestra no solo el estado de una persona (como Disponible, Ocupado o Ausente), sino también le permite determinar su ubicación y elegir la mejor forma de comunicación. Por ejemplo, puede "etiquetar" un contacto. De esta forma, Lync Online mostrará una notificación tan pronto como el estado del contacto cambie a Disponible para que sepa cuándo puede enviarle un mensaje instantáneo o hacerle una visita.

### Etiquetar un contacto

- En la ventana principal de Lync, haga clic con el botón secundario en un contacto y, a continuación, haga clic en **Etiqueta para alertas de cambio de estado**.

## 4.7 TRABAJE CON INTELIGENCIA: PROGRAMAR Y ÚNASE A UNA REUNIÓN EN LÍNEA

Puede programar una reunión en línea de Microsoft Lync Online mediante el complemento para reunión en línea para Microsoft® Lync™ 2010. También puede usar Lync Online para iniciar una reunión no programada a fin de discutir un tema urgente.

Importante   En la versión actual de Lync Online, las características que permiten la integración y la conexión del audio del equipo con la audioconferencia del teléfono no están aún habilitadas. Para que los participantes de la reunión se puedan escuchar, deben usar un teléfono para conectarse y el número de teléfono proporcionado por el proveedor de servicios de audioconferencia (ACP). O bien, todos deben acceder al audio de la reunión con su equipo (mediante voz sobre IP o VoIP). Puede que el audio por VoIP no esté disponible en su organización.

## 4.7.1 Programar una reunión en línea o una llamada de conferencia

Para crear una invitación a la reunión en línea, siga estos pasos:

1. En el **calendario** de Microsoft® Outlook®, en la pestaña **Inicio**, en el grupo **Nuevo**, haga clic en **Nueva reunión en línea** (Microsoft® Outlook® 2010) o **Reunión en línea** (Microsoft® Office Outlook® 2007).

2. En la convocatoria de reunión, en el cuadro Para, escriba las direcciones de correo electrónico de las personas a las que desea invitar a la reunión. Separe las direcciones con un punto y coma.

3. En la convocatoria de reunión, en el cuadro Asunto, escriba un tema para la reunión.

4. (Opcional) En el cuerpo de la convocatoria de reunión, encima del vínculo Unirse a la reunión en línea, escriba los detalles adicionales sobre la reunión. No modifique el texto existente de la convocatoria de reunión. Si lo hace, es posible que impida que las personas se unan a la reunión.

5. (Opcional) En la convocatoria de reunión, en la pestaña Reunión, en el grupo Mostrar, haga clic en Asistente para programación. Use el

Asistente para programación para garantizar que todos estén disponibles el tiempo que desee.

6. En la convocatoria de reunión, en el grupo Reunión en línea, haga clic en Opciones de reunión y, a continuación, acepte o cambie las opciones predeterminadas según sea necesario.

## 4.7.2 Establecer las opciones de acceso a la reunión y moderadores

Es mejor usar las opciones predeterminadas de las reuniones en línea para las reuniones pequeñas o las sesiones de colaboración o de uso compartido con las personas de la organización. Si programa una reunión en línea con personas que no pertenecen a la organización o si la reunión es de un tamaño inusualmente grande, use el cuadro de diálogo Opciones de reunión en línea para ayudarle a determinar lo siguiente:

- ¿Quién debe aguardar en la sala de espera antes de que se le admita a la reunión? (Esta opción está disponible solo para las reuniones que usan audio por VoIP).
- ¿Quién debe tener privilegios de moderador durante la reunión?

Para establecer las opciones de acceso y moderadores, siga este procedimiento:

1. En la convocatoria de reunión que ha creado, en la pestaña Reunión, en el grupo Reunión en línea, haga clic en Opciones de reunión.

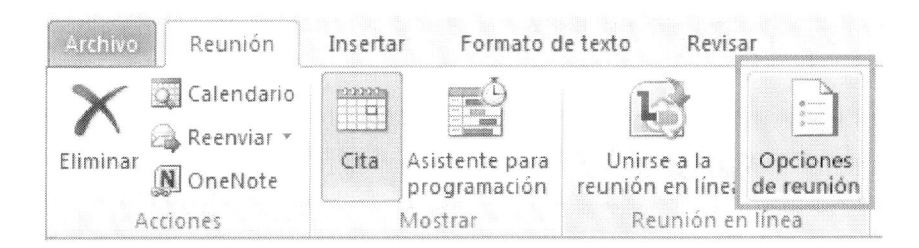

2. En el cuadro de diálogo Opciones de reunión, active la casilla Personalizar el acceso y los moderadores de esta reunión.

3. En Acceso y Moderadores, elija las opciones adecuadas para el tamaño y el tipo de reunión que está programando. Para obtener instrucciones, consulte las capturas de pantalla y las tablas presentadas al final de este procedimiento.

4. Haga clic en Audio y teléfono para ver la información de audioconferencia de la reunión. Si no aparece la opción Audio y teléfono, sus reuniones utilizarán solo audio VoIP. Para obtener más información, póngase en contacto con el equipo de soporte técnico.

Gracias a las opciones de acceso, puede controlar los participantes que deben aguardar en la sala de espera antes de que el moderador les admita.

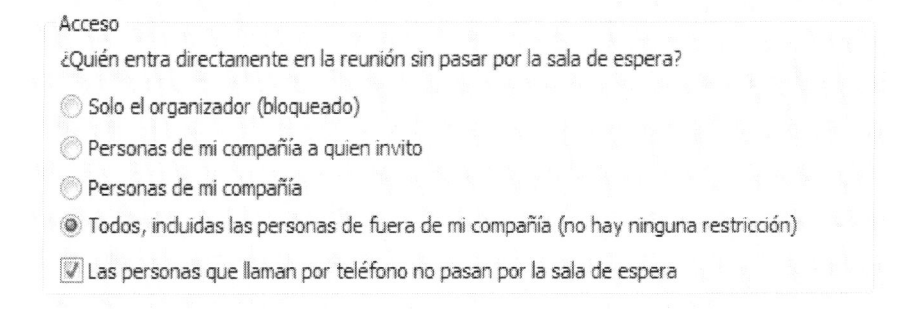

Acceso
¿Quién entra directamente en la reunión sin pasar por la sala de espera?

○ Solo el organizador (bloqueado)
○ Personas de mi compañía a quien invito
○ Personas de mi compañía
◉ Todos, incluidas las personas de fuera de mi compañía (no hay ninguna restricción)

☑ Las personas que llaman por teléfono no pasan por la sala de espera

En la siguiente tabla se describe detalladamente cada una de estas opciones.

| OPCIÓN DE ACCESO | ¿QUIÉN AGUARDA EN LA SALA DE ESPERA? | ¿CUÁNDO HAY QUE ELEGIR ESTA OPCIÓN? |
|---|---|---|
| Solo el organizador (bloqueado) | Todos | No desea que las demás personas vean sus documentos o las diapositivas de Microsoft® PowerPoint® antes de la reunión |
| Personas de mi compañía a quienes invito | Personas que no tienen cuenta en su red y personas a las que no ha invitado | Tiene una conversación sobre un tema confidencial |
| Personas de mi compañía | Personas que no tienen una cuenta en su red | Todos los participantes tienen una cuenta en la red de la organización. |
| Todos, incluidas las personas de fuera de mi compañía (no hay ninguna restricción) | Nadie | Invita a participantes de fuera |

Las opciones del moderador controlan qué participantes reciben de forma automática privilegios de moderador Los moderadores pueden compartir o cargar contenido de reunión, solicitar permiso para modificar el contenido compartido por los otros usuarios, establecer las opciones de la reunión, desactivar o activar el audio de los demás y admitir a los usuarios que aguardan en la sala de espera. El organizador de la reunión es automáticamente moderador. cuando programa una reunión.

Moderadores
Los moderadores pueden compartir el contenido y admitir a personas. ¿Quién es un moderador?
○ Solo el organizador
◉ Personas de mi compañía
○ Todos, incluidas las personas de fuera de mi compañía (no hay ninguna restricción)
○ Las personas que yo elija   Administrar moderadores

En la siguiente tabla se describe detalladamente cada una de estas opciones.

| OPCIONES DEL | ¿QUIÉN ES EL | ¿CUÁNDO HAY QUE ELEGIR ESTA |

| MODERADOR | MODERADOR? | OPCIÓN? |
|---|---|---|
| Solo el organizador | Solo la persona que programa las reuniones | Para las presentaciones en que los participantes no tienen que interactuar con el contenido de la reunión. Observe que puede designar más moderadores durante la reunión. |
| Personas de mi compañía | Todas las personas invitadas que tienen una cuenta en su red | Para las sesiones de trabajo en grupo, donde los participantes trabajan en la organización y pueden compartir y modificar el contenido de la reunión |
| Todos, incluidas las personas de fuera de mi compañía (no hay ninguna restricción) | Todas las personas invitadas | Para las sesiones de trabajo en grupo con personas que no tienen una cuenta en su red |
| Las personas que yo elija | Usted y los participantes que elija | Para las presentaciones con más de un moderador |

## 4.7.3 Iniciar una reunión no programada con el comando Reunirse ahora

Para iniciar una reunión no programada mediante el comando Reunirse ahora, siga estos pasos:

1. En la ventana principal de Lync, haga clic en la flecha Mostrar menú y, a continuación, haga clic en Reunirse ahora.

2. En la ventana de conversación del grupo, haga clic en el menú Opciones de las personas 🗇 y, a continuación, siga uno de estos procedimientos:

- Para invitar a personas de la lista de contactos, haga clic en **Invitar por nombre o número de teléfono**, seleccione uno o más contactos y, a continuación, haga clic en **Aceptar**.
- Para invitar a las personas por correo electrónico, haga clic en **Invitar por correo electrónico**, copie la información de la reunión y, a continuación, rellene la convocatoria de reunión.

### 4.7.4 Unirse a una reunión en línea o a una llamada de conferencia programada

Para unirse a una reunión o a una llamada de conferencia programada, siga estos pasos.

1. En el calendario de Outlook, abra la reunión a la que desea unirse.
2. En la convocatoria de reunión, haga clic en Unirse a la reunión en línea.

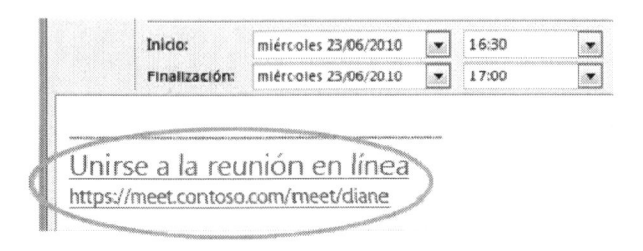

### 4.7.5 Unirse a una reunión no programada

Es posible que reciba una invitación a una reunión no programada o de tipo Reunirse ahora o a una reunión que ya esté en curso:

- En la notificación que aparece en el área de notificaciones, en el extremo derecho de la barra de tareas, haga clic en Unirse.

## 4.7.6 Conectarse al audio de una reunión

Puede configurar Lync para que se conecte siempre de la misma forma al audio de la reunión o para que le solicite elegir una opción.

Elegir una opción de conexión de audio la primera vez que use Lync Online

La primera vez que se una a una llamada de conferencia o reunión de Lync, aparece el cuadro de diálogo Unirse al audio de la reunión.

Tenga en cuenta que es posible que las opciones varíen en función de la configuración de la organización.

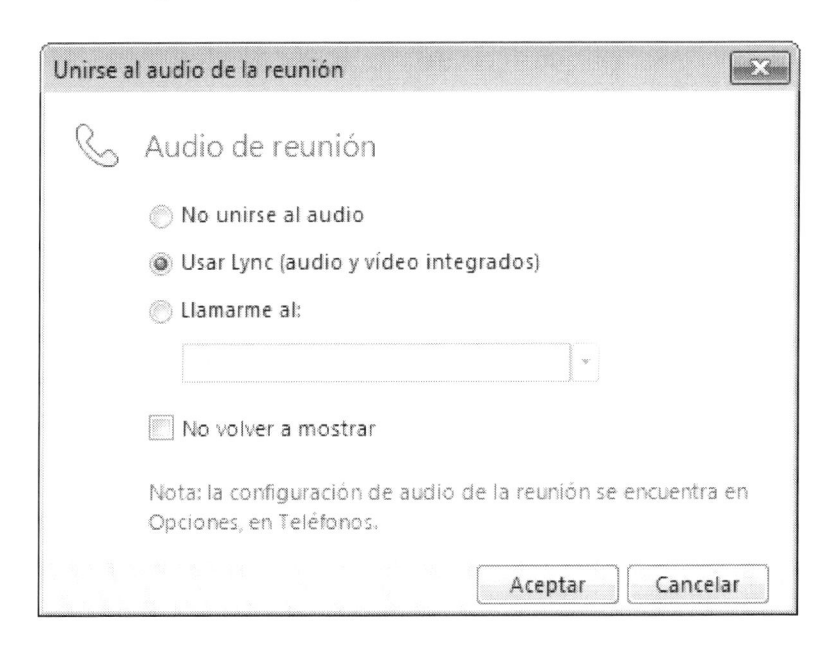

Para conectarse al audio de la reunión, siga estos pasos:

1. En el cuadro de diálogo Unirse al audio de la reunión, seleccione la opción que desee. Para obtener detalles, consulte la tabla presentada al final de este procedimiento.
2. (Opcional) Seleccione No mostrar de nuevo para usar la opción de conexión de audio en todas las reuniones.
3. Haga clic en Aceptar para unirse a la reunión.

| OPCIÓN UNIRSE AL AUDIO DE LA REUNIÓN | ¿CUÁNDO HAY QUE ELEGIR ESTA OPCIÓN? |
|---|---|
| No unirse al audio | Se conectará con la reunión usando el número de teléfono proporcionado por un ACP. |
| Usar Lync (vídeo y audio integrados) | Usará el vídeo y audio del equipo integrados en Lync. |
| Llamarme al: | Esta característica no es compatible. |

## 4.7.7 Cambiar la opción de audio predeterminada

1. En la ventana principal de Lync, haga clic en el botón Opciones ⚙.
2. En el cuadro de diálogo Lync: opciones, haga clic en Teléfonos y, en Unirse a llamadas de conferencia, en el cuadro Unirse a audio de reunión de, siga uno de estos procedimientos:

- Para usar el audio integrado del equipo durante las reuniones, haga clic en **Lync**.
- Para que el proveedor de servicios de audioconferencia le llame, elija un número de teléfono de la lista.

Nota   Esta opción no está disponible en la versión actual de Lync Online.

- Para usar un teléfono para conectarse a las reuniones, elija No unirse al audio.

```
Unirse a llamadas de conferencia
Unirse a audio de reunión de:  [ Lync                          ▼ ]
☐ Preguntarme antes de unirme para confirmar o seleccionar otro origen de audio
```

3. (Opcional) En Unirse a llamadas de conferencia, active la casilla Preguntarme antes de unirme para confirmar o seleccionar otro origen de audio. Elija esta opción si las preferencias del audio cambian con frecuencia.

### 4.7.8 Invitar a personas que no tienen Lync instalado

Las personas de su organización o de fuera de ella pueden unirse a una reunión de Lync desde un equipo que no tiene Lync instalado.

Cuando la persona a quien invita abra la convocatoria de reunión y haga clic en el vínculo Unirse a la reunión en línea, podrá ver una o más de las siguientes opciones, en función de la configuración de su organización (o de la organización de la persona a quien invita):

| OPCIÓN UNIRSE | CLIENTE DE REUNIÓN ALTERNATIVO |
| --- | --- |
| **Unirse a la reunión mediante el explorador web** | Microsoft® Lync™ Web App<br>IMPORTANTE Lync Web App requiere la versión más reciente del complemento de explorador Microsoft Silverlight. Si Silverlight no está instalado, debe disponer de privilegios de administrador para instalarlo. |
| Descargar e instalar Lync Attendee | Lync 2010 Attendee |
| **Usar Communicator** | Microsoft® Office Communicator 2007 R2 o Microsoft® Office Communicator 2007 |

## 4.8 TRABAJE CON INTELIGENCIA: INICIE UNA SESIÓN COMPARTIDA Y DE COLABORACIÓN

Este apartado proporciona información sobre cómo organizar reuniones en línea improvisadas mediante el software de comunicaciones Microsoft® Lync™ Online.

## 4.8.1 Iniciar una reunión en línea no programada

Puede usar la característica Reunirse ahora para iniciar de forma rápida una reunión en línea e invitar a personas de la organización y de fuera de ella.

1. Haga clic en Inicio, elija Todos los programas, Microsoft Lync y, a continuación, haga clic en Microsoft Lync Online.

2. En la ventana principal de Lync, haga clic en la flecha desplegable situada junto al botón Opciones y, a continuación, haga clic en Reunirse ahora.

3. En el cuadro de diálogo Unirse al audio de la reunión, elija el tipo de audio que desea usar.

## 4.8.2 Invitar personas a una reunión no programada

- En la ventana de conversación, haga clic en el menú Opciones de las personas y, a continuación, siga uno de estos procedimientos:

Para invitar a los contactos de su organización o de organizaciones federadas, haga clic en Invitar por nombre o número de teléfono. Para seleccionar varios contactos, mantenga pulsada la tecla CTRL y, a continuación, seleccione a los que desee invitar.

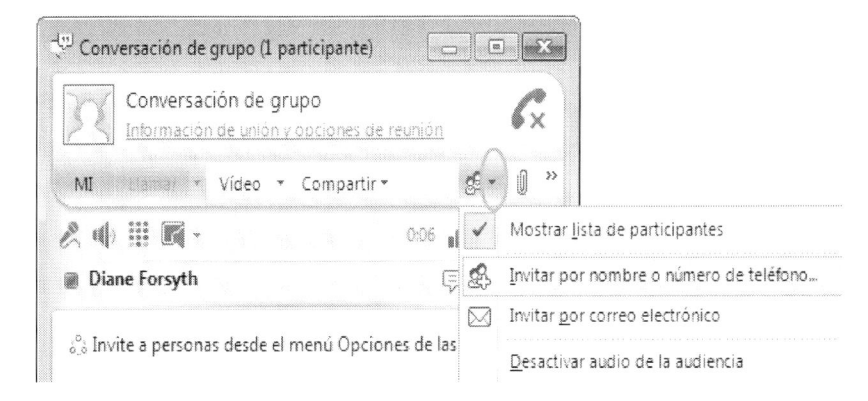

- Para enviar una invitación a la reunión a una persona de la organización o fuera de ella, haga clic en Invitar por correo electrónico. De esta forma, se crea un mensaje de correo electrónico de Microsoft® Outlook® que contiene vínculos a la reunión en línea. En función de la organización, el destinatario puede unirse a la reunión mediante Lync Online, Microsoft® Lync™ 2010 Attendee, Microsoft® Office Communicator 2007 R2, Microsoft® Office Communicator 2007 o Microsoft® Lync™ Web App.

### 4.8.3 Compartir actividades

Con solo un par de clics puede compartir la pantalla con un compañero que se encuentre en otra ubicación, realizar una presentación formal de Microsoft® PowerPoint® o compartir ideas en la pizarra.

#### Compartir el escritorio o los monitores

1. En la ventana principal de Lync, en la lista Contactos, haga doble clic en el nombre de un contacto.

2. Cuando se abra la ventana de conversación, haga clic en el menú Compartir.

3. Elija los monitores que desea compartir.

Nota   Durante una presentación o mientras está compartiendo el equipo, en la parte superior de la ventana se muestra una barra que indica Está compartiendo.

**Elegir un programa para compartir**

En ocasiones, solo desea compartir un programa y sus ventanas.

1. En la ventana de conversación, haga clic en el menú Compartir y, a continuación, en Programa.
2. En el cuadro de diálogo Compartir programas, haga doble clic en el programa que desea mostrar.

Nota   Durante una presentación o mientras está compartiendo el equipo, en la parte superior de la ventana se muestra una barra que indica Ahora está compartiendo y la ventana del programa aparece iluminada a su alrededor indicando el contenido que se está mostrando.

### Dejar de compartir el escritorio, los monitores o programas

- En la barra de uso compartido de la parte superior de la pantalla, haga clic en el botón Dejar de compartir.

### Ceder el control del escritorio a otra persona

Usted es el único que tiene el control del escritorio, monitor o programa cuando comparte. Cuando esté preparado, puede permitir que otros usen su propio mouse y teclado para desplazarse y realizar cambios en su equipo. En cualquier momento puede recuperar el control.

- En la barra de uso compartido, haga clic en el menú Ceder el control y, a continuación, siga uno de estos procedimientos:
- Para permitir que cualquier persona de la reunión tome el control de su equipo de forma automática, haga clic en Aceptar automáticamente las solicitudes de control.

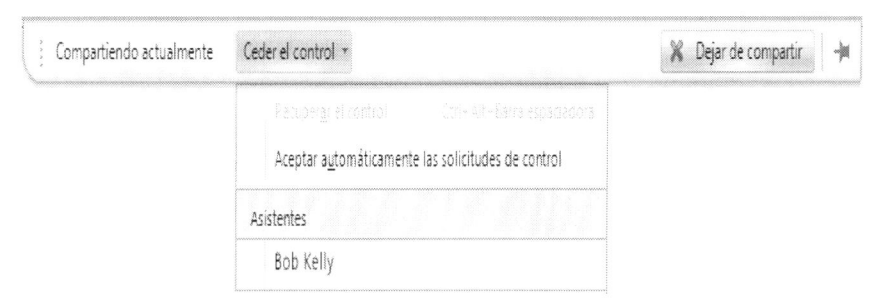

- Para ceder el control a una sola persona, haga clic en su nombre en la lista Asistentes.

Nota   Si elige ceder el control a una sola persona, ésta podrá usar de inmediato su mouse y teclado para realizar cambios. Si elige la opción Aceptar automáticamente las solicitudes de control, las personas obtendrán de forma automática el control al hacer clic en Solicitar control.

### Recuperar el control en cualquier momento

1. En la barra de uso compartido, haga clic en menú Ceder el control.
2. Si la opción Aceptar automáticamente las solicitudes de control está activada, desactívela o, para recuperar el control de una persona, haga clic en Recuperar el control.

### Realizar una presentación de PowerPoint con confianza

Al realizar una presentación preparada para un grupo, si desea controlar el contenido, el ritmo y lo que se muestra en todo momento, siga este procedimiento.

1. En la ventana principal de Lync, en la lista Contactos, haga doble clic en el nombre de un contacto.
2. En la ventana de conversación, haga clic en el menú Compartir y, a continuación, haga clic en Presentación de PowerPoint.
3. En el cuadro de diálogo Presentar PowerPoint, haga doble clic en la presentación de PowerPoint que desea usar. Tan pronto como el contenido se convierta y cargue, los otros participantes podrán verlo.

Nota   Durante una presentación, se muestra una barra en la parte superior de la ventana que indica Ahora está compartiendo.

### Detener la presentación

- En la barra de uso compartido, haga clic en **Detener presentación**.

## 4.9 TRABAJAR CON INTELIGENCIA: USO DE LYNC ONLINE CON OFFICE 2003 Y OFFICE 2007

Infórmese mediante las sugerencias de esta guía del modo en que las características del software de comunicaciones Microsoft® Lync™ Online funcionan con los conjuntos de aplicaciones de Microsoft® Office 2003 y de Microsoft® Office 2007.

### 4.9.1 Utilizar Lync Online con Office 2003

Si está utilizando Office 2003 y Lync Online, puede ver la disponibilidad de una persona y las opciones que tiene para interactuar con ella en los siguientes programas:

- El cliente de mensajería y colaboración de Microsoft® Outlook® 2003, en el cuadro De del correo electrónico.
- El programa de procesamiento de texto Microsoft® Word 2003 y el software de hoja de cálculo Microsoft® Excel® 2003, en un documento o hoja de cálculo que tenga habilitadas las etiquetas inteligentes.
- Los servicios de Microsoft® SharePoint®

**Ver la disponibilidad de una persona**

- Seleccione el nombre de una persona y aparecerá el indicador de presencia.

**Obtener acceso al menú de contactos de una persona**

- Haga clic con el botón secundario en el nombre de una persona. Aparecerá un menú con las opciones disponibles para ponerse en contacto con esa persona. Haga clic en la opción que desee.

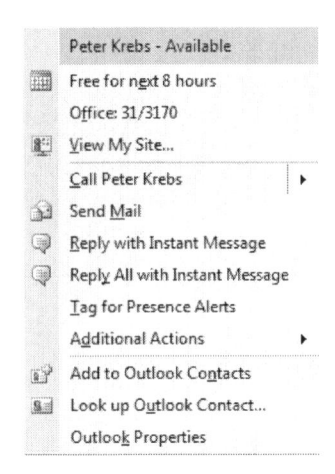

```
Peter Krebs - Available
Free for next 8 hours
Office: 31/3170
View My Site...
Call Peter Krebs        ▶
Send Mail
Reply with Instant Message
Reply All with Instant Message
Tag for Presence Alerts
Additional Actions      ▶
Add to Outlook Contacts
Look up Outlook Contact...
Outlook Properties
```

Nota   Para que aparezca el indicador de presencia y el menú de contactos en Word o Excel, es necesario habilitar las etiquetas inteligentes.

## 4.9.2 Utilizar Lync Online con Office 2007

Si está utilizando Office 2007 y Lync, puede obtener acceso a las siguientes características de Lync en Outlook, Word, Excel y SharePoint:

- Ver la disponibilidad de una persona y obtener acceso a su menú de contactos
- Responder a un correo electrónico abierto llamando o enviando un mensaje instantáneo a alguien
- Enviar o compartir un documento o libro

Nota   Para que aparezca el indicador de presencia y el menú de contactos en Word o Excel, es necesario habilitar las etiquetas inteligentes.

**Obtener acceso al menú de contactos de una persona**

1. Haga clic con el botón secundario en el nombre de la persona en cualquiera de las siguientes ubicaciones:

- En un mensaje de correo electrónico de Outlook, en el cuadro De, Para y CC
- En la vista Asistente de programación de una convocatoria de reunión de Outlook
- En un documento de Word o una hoja de cálculo de Excel cuando están habilitadas las etiquetas inteligentes
- En una página de SharePoint

2. Aparecerá un menú con las opciones disponibles para ponerse en contacto con la persona. Haga clic en la opción que desee utilizar.

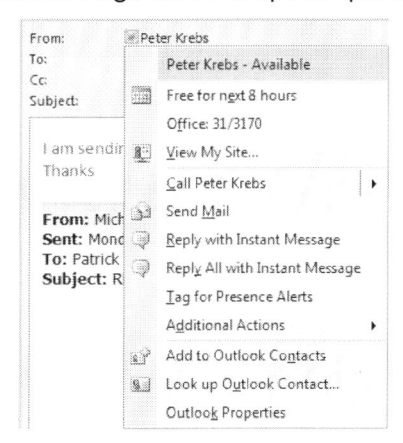

Llamar o enviar un mensaje instantáneo en respuesta a un mensaje de correo electrónico

- En la cinta de un mensaje de correo electrónico abierto, en el grupo Responder, haga clic en MI o en Llamar.

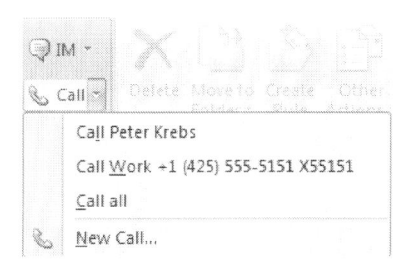

### Enviar o compartir un documento de Word o una hoja de cálculo de Excel

1. En Word o Excel, en la pestaña **Revisar**, en el menú **Compartir**, realice alguna de las siguientes acciones:

- Haga clic en Compartir ahora para compartir el archivo y colaborar con otros.

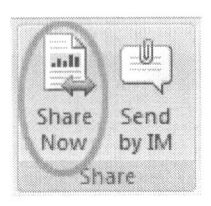

- Haga clic en Enviar por MI para enviar una copia del archivo como dato adjunto en un mensaje instantáneo.

2. En la ventana **Compartir ahora** o **Enviar archivo**, seleccione uno o más contactos y, a continuación, haga clic en **Aceptar**.

# 4.10 ESTABLECER LAS OPCIONES DEL ADMINISTRADOR DE INFORMACIÓN PERSONAL

Especifique mediante las opciones del Administrador de información personal la manera en que Lync interactuará con los programas de Microsoft® Office.

1. En la ventana principal de Lync, haga clic en el botón **Opciones** y, a continuación haga clic en **Personal**.

2. En **Administrador de información personal**, seleccione **Microsoft Exchange o Microsoft Outlook** o **Ninguno** de la lista desplegable.

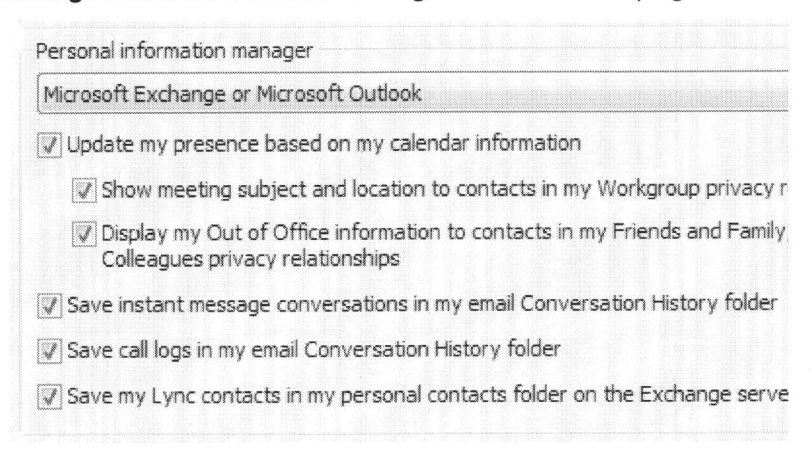

```
Personal information manager
┌─────────────────────────────────────────────────────────────┐
│ Microsoft Exchange or Microsoft Outlook                     │
└─────────────────────────────────────────────────────────────┘
☑ Update my presence based on my calendar information
    ☑ Show meeting subject and location to contacts in my Workgroup privacy r
    ☑ Display my Out of Office information to contacts in my Friends and Family
       Colleagues privacy relationships
☑ Save instant message conversations in my email Conversation History folder
☑ Save call logs in my email Conversation History folder
☑ Save my Lync contacts in my personal contacts folder on the Exchange serve
```

Si hace clic en Microsoft Exchange o Microsoft Outlook, la característica de búsqueda de Lync usará la lista de contactos de Microsoft® Outlook® como el origen de los contactos, además de la lista global de direcciones. Si hace clic en Ninguno, la característica de búsqueda de Lync devolverá únicamente los contactos que se encuentren en la lista global de direcciones. No usa ni la Libreta de direcciones de Windows ni la lista de contactos de Outlook.

3. Si selecciona **Microsoft Exchange** o **Microsoft Outlook**, siga uno de estos procedimientos:

• Para que su información de presencia indique de forma automática que se encuentra en una reunión programada, active la casilla **Actualizar mi presencia según la información del calendario** . Utilice los siguientes parámetros para especificar además quién puede ver esta información:
  • Para mostrar esta información a los contactos del **Grupo de trabajo**, active la casilla **Mostrar asunto y ubicación de la reunión a los contactos de mi relación de privacidad Grupo de trabajo**.
  • Para mostrar la información de Fuera de la oficina a los contactos, active la casilla **Mostrar la información de fuera de**

la oficina a los contactos de mis relaciones de privacidad **Amigos y familiares, Grupo de trabajo y Compañeros** . Desactive la casilla si desea ocultar la información de Fuera de la oficina a todos los contactos.
- Para guardar el historial de conversaciones en Outlook, active la casilla **Guardar mis conversaciones de mensajería instantánea en la carpeta Historial de conversaciones del correo electrónico**. Si desactiva dicha casilla, el historial de mensajería instantánea no se guardará.
- Para guardar el historial de llamadas telefónicas en Outlook, active la casilla **Guardar mis registros de llamadas en la carpeta Historial de conversaciones**. Si desactiva dicha casilla, dicho historial no se guardará.
- Para guardar los contactos en Microsoft® Exchange Server, active la casilla **Guardar mis contactos de Lync en la carpeta personal de contactos en el servidor Exchange**. Si desactiva dicha casilla, los contactos de Lync se conservarán únicamente en Lync.

## 4.11 TRABAJAR CON INTELIGENCIA: USO DE LYNC ONLINE CON OFFICE 2010

Cuando ejecute Microsoft® Office 2010 con el software de comunicaciones de Microsoft® Lync™ Online , puede obtener acceso a muchas características de Lync Online directamente desde los programas de Office 2010.

Si utiliza una versión anterior de Office, consulte Trabajar con inteligencia: uso de Lync Online con Office 2003 y Office 2007.

### Ver la tarjeta de contacto de Lync Online de un usuario y las opciones de contacto

La tarjeta de contacto muestra información detallada sobre los usuarios y permite obtener acceso con un solo clic a diversos modos de establecer comunicación con ellos. Puede consultar la tarjeta de contacto de un usuario en los programas de Office 2010 cuando vea el indicador de presencia de Lync Online junto al nombre del usuario.

## Ver la tarjeta de contacto de Lync Online de un usuario y las opciones de contacto en un programa de Office 2010

- Seleccione el indicador de presencia de una persona y, a continuación, haga clic en el botón **Ver más opciones**.

En la siguiente tabla se describe en lugar en que puede encontrar el indicador de presencia de Lync Online y la tarjeta de contacto en los programas de Office 2010.

| PROGRAMA DE OFFICE 2010 | UBICACIÓN |
| --- | --- |
| Cliente de mensajería y colaboración de Microsoft® Outlook® | Cuadros **De**, **Para** y **CC** del correo electrónico<br>Resultados de búsqueda de **Buscar un contacto**<br>Barra **Tareas pendientes**, en **Contactos rápidos**<br>**Asistente de programación** de convocatoria de reunión |
| Programa de procesamiento de texto Microsoft® Word<br>Software de hoja de cálculo Microsoft® Excel®<br>Programa de presentación de gráficos Microsoft® PowerPoint® | En la pestaña **Archivo**, en la pestaña **Información**, en **Personas relacionadas** |
| Microsoft® SharePoint 2010 Team Services<br>Microsoft® SharePoint Workspace 2010 | Junto al nombre de una persona |

| (anteriormente denominado Microsoft® Office Groove 2007) | |

## 4.12 USO DE LAS CARACTERÍSTICAS DE LYNC ONLINE EN OUTLOOK 2010

Además de ver la disponibilidad de una persona y la tarjeta de contacto como se describe en la sección anterior, puede utilizar las siguientes características adicionales de Lync Online al trabajar en Outlook 2010:

- Responder a un correo electrónico, contacto o tarea con un mensaje instantáneo o una llamada
- Buscar un contacto rápidamente
- Ver la lista de contactos en la **Barra Tareas pendientes** de Outlook.
- Programar una reunión en línea
- Ver un registro de las llamadas, correos de voz y conversaciones de Lync Online

También puede controlar qué características se comparten entre Lync Online y Outlook 2010.

### Responder con un mensaje instantáneo

1. En el **Correo** de Outlook, en la pestaña **Inicio**, en el grupo **Responder**, haga clic en **MI**.

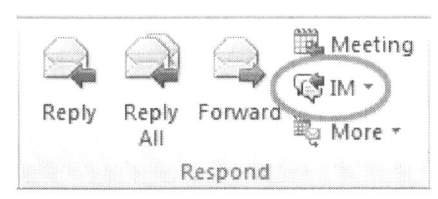

2. Haga clic en **Responder con MI** o en **Responder a todos con MI**.

También puede responder con un mensaje instantáneo en otras ubicaciones de Outlook:

- En un mensaje de correo electrónico abierto, en la pestaña **Mensaje**, en el grupo **Responder**
- En los **Contactos** de Outlook, en la pestaña **Inicio**, en el grupo **Comunicar**, en el menú **Más**
- En las **Tareas** de Outlook, en la pestaña **Inicio**, en el grupo **Responder**

## Responder con una llamada

1. En el **Correo** de Outlook, en la pestaña **Inicio**, en el grupo **Responder**, haga clic en **Más** y, a continuación, en **Llamar**.

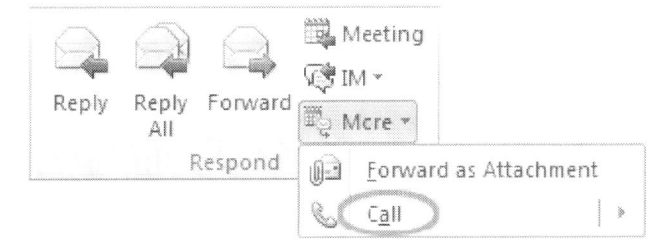

2. Realice uno de los siguientes procedimientos:

- Haga clic en el nombre o el número de la persona que envió el mensaje de correo electrónico

- Haga clic en **Llamar a todos** para iniciar una conferencia de audio de Lync Online con todos los que recibieron el mensaje de correo electrónico

También puede responder con mensajería instantánea en otras ubicaciones de Outlook:

- En un mensaje de correo electrónico abierto, en la pestaña **Mensaje**, en el grupo **Responder**, en el menú **Más**

- En los **Contactos** de Outlook, en la pestaña **Inicio**, en el grupo **Comunicar**, en el menú **Más**

- En las **Tareas** de Outlook, en la pestaña **Inicio**, en el grupo **Responder**, en el menú **Más**

## Buscar un contacto rápidamente

- En el cuadro **Buscar un contacto** de Outlook, empiece a escribir el nombre del contacto que está buscando. A medida que escriba, irán apareciendo los nombres coincidentes en la lista de resultados de la búsqueda.

## Ver la lista de contactos en la Barra Tareas pendientes

1. Haga clic con el botón secundario en la **Barra Tareas pendientes**, haga clic en **Opciones** y, a continuación, active o desactive la casilla **Mostrar contactos rápidos**.
2. (Opcional) Activar o desactivar **Mostrar foto del contacto**.

## Programar una reunión en línea

En la cinta del **Calendario** de Outlook, en la pestaña **Inicio**, en el grupo **Reunión en línea**, haga clic en **Reunión en línea** (en Microsoft Outlook 2007) o **Nueva reunión en línea** (en Microsoft Outlook 2010).

### Ver el historial de conversaciones

En el Panel de navegación de Outlook, haga clic en la carpeta del Historial de conversación. Esta carpeta contiene un registro de las llamadas, los correos de voz y las conversaciones de Lync Online.

## 4.12.1 Establecer las opciones de integración con Outlook en Lync Online

1. En la ventana principal de Lync, haga clic en el botón **Opciones** y, a continuación, haga clic en **Personal**.

2. En **Administrador de información personal**, seleccione **Microsoft Exchange o Microsoft Outlook** o **Ninguno** de la lista desplegable.

```
Personal information manager
[ Microsoft Exchange or Microsoft Outlook ]
☑ Update my presence based on my calendar information
    ☑ Show meeting subject and location to contacts in my Workgroup privacy r
    ☑ Display my Out of Office information to contacts in my Friends and Family
        Colleagues privacy relationships
☑ Save instant message conversations in my email Conversation History folder
☑ Save call logs in my email Conversation History folder
☑ Save my Lync contacts in my personal contacts folder on the Exchange serve
```

Si selecciona **Microsoft Exchange o Microsoft Outlook**, la característica de búsqueda de Lync usará como fuente de contactos la lista de contactos de Microsoft Outlook, además de la lista global de direcciones. Si selecciona **Ninguno**, la característica de búsqueda de Lync devolverá únicamente los contactos que se encuentren en la lista global de direcciones. No usará ni la Libreta de direcciones de Windows ni la lista de contactos de Outlook.

3. Si selecciona **Microsoft Exchange o Microsoft Outlook**, realice alguno de los procedimientos siguientes:

- Para que su información de presencia indique de forma automática que se encuentra en una reunión programada, active la casilla **Actualizar mi presencia según la información del calendario**. Utilice los siguientes parámetros para especificar además quién puede ver esta información:
- Para mostrar esta información a los contactos del **Grupo de trabajo**, active la casilla **Mostrar asunto y ubicación de la reunión a los contactos de mi relación de privacidad Grupo de trabajo**.
- Para mostrar la información de Fuera de la oficina a los contactos, active la casilla **Mostrar la información de fuera de la oficina a los contactos de mis relaciones de privacidad Amigos y familiares, Grupo de trabajo y Compañeros**. Desactive la casilla si desea ocultar la información de Fuera de la oficina a todos los contactos.
- Para guardar el historial de conversaciones en Outlook, active la casilla **Guardar mis conversaciones de mensajería instantánea en la carpeta Historial de conversaciones del correo electrónico**. Si desactiva dicha casilla, el historial no se guardará.
- Para guardar el historial de llamadas telefónicas en Outlook, active la casilla **Guardar mis registros de llamadas en la carpeta Historial de conversaciones**. Si desactiva dicha casilla, el historial no se guardará.
- Para guardar los contactos en Microsoft Exchange Server, active la casilla **Guardar mis contactos de Lync en la carpeta personal de contactos en el servidor Exchange**. Si desactiva dicha casilla, los contactos de Lync se conservarán únicamente en Lync.

## 4.12.2 Establecer las opciones de integración con Lync en Outlook 2010

En Outlook, en la pestaña **Archivo**, haga clic en **Opciones** y, a continuación, en **Contactos**.

En **Estado de conexión y fotografías**, active o desactive **Mostrar el estado de conexión junto al nombre de la persona**.

## 4.13 INICIAR UNA SESIÓN DE USO COMPARTIDO DE LYNC ONLINE EN WORD, POWERPOINT O EXCEL

Puede compartir un documento abierto en Word 2010, Excel 2010 o PowerPoint 2010 enviando una copia o iniciando una sesión de uso compartido con uno o más contactos.

### 4.13.1 Compartir un documento abierto desde la pestaña Archivo

Para enviar una copia de su documento como dato adjunto de un mensaje instantáneo, realice el siguiente procedimiento:

En la pestaña **Archivo**, haga clic en **Guardar y enviar** y, a continuación, haga clic en **Enviar por mensaje instantáneo**.

En el panel **Enviar por mensaje instantáneo**, complete los cuadros **Para**, **Asunto** y **Mensaje**.

> **Send by Instant Message**
>
> Attaching this document to an instant message provides the following:
> - Everyone receives separate copies of this document
> - Changes and feedback need to be incorporated manually
>
> To: Peter Krebs; Manjinder Kaur;
> Subject: Contoso Eastern Region Sales Report
> Message:
> Let's take a look at this before the meeting today.
>
> Send IM

Haga clic en Enviar MI.

Para iniciar una sesión de colaboración y uso compartido de Lync Online con su documento, siga este procedimiento:

En la pestaña **Archivo**, haga clic en **Enviar y guardar** y, a continuación, haga clic en **Compartir ventana de documento**.

En el panel **Compartir ventana de documento**, complete los cuadros **Para**, **Asunto** y **Mensaje**.

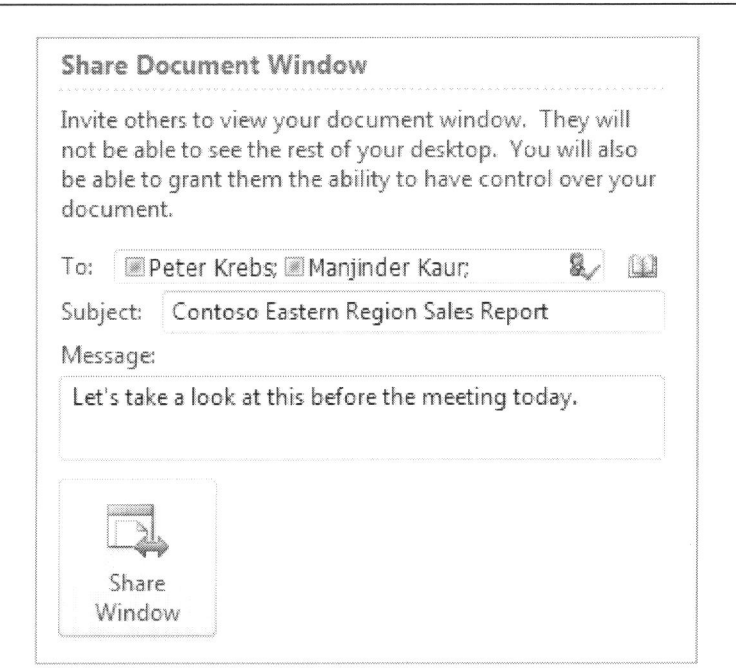

Haga clic en Compartir ahora.

## 4.13.2 Compartir un documento abierto desde la pestaña Revisar

Para enviar una copia de su documento como dato adjunto de un mensaje instantáneo, realice el siguiente procedimiento:

1.    En la pestaña **Revisar**, en el grupo **Compartir**, haga clic en **Enviar por MI**.

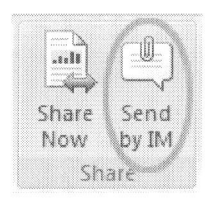

2.    En la ventana **Enviar archivo**, seleccione una o más personas de su lista de contactos o busque otros contactos en el cuadro de búsqueda.

3.  Haga clic en **Aceptar**.

Para iniciar una sesión de colaboración y uso compartido de Lync Online con su documento, realice el siguiente procedimiento:

1.  En la pestaña **Revisar**, en el grupo **Compartir**, haga clic en **Compartir ahora**.

2.  En la ventana **Compartir ahora**, seleccione una o más personas de su lista de contactos o busque otros contactos en el cuadro de búsqueda.

3.  Haga clic en **Aceptar**.

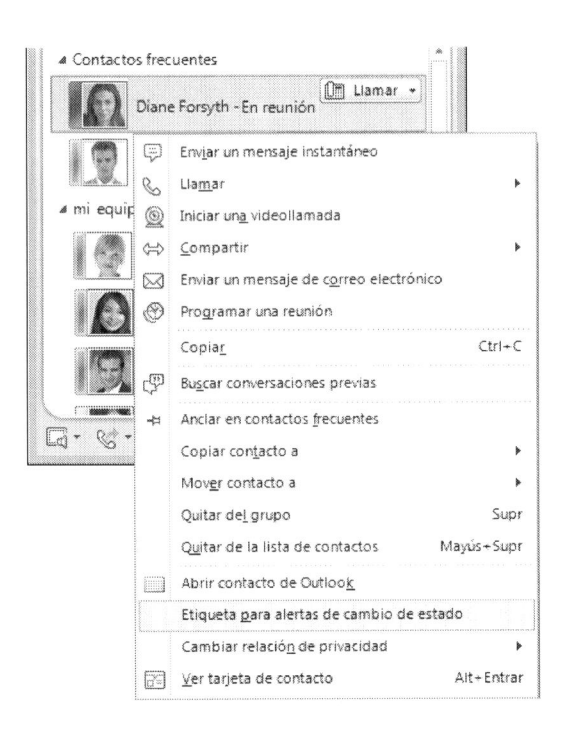

## 4.13.3 Ver los modos de comunicación disponibles para un contacto

- En la lista de contactos, seleccione la imagen de un contacto para abrir su tarjeta de contacto.
- Por la parte inferior, verá varios modos, como el correo electrónico y la MI, que podrá usar para comunicarse con esta persona. Solo tiene que hacer clic en uno de estos botones para ponerse en contacto con dicha persona.

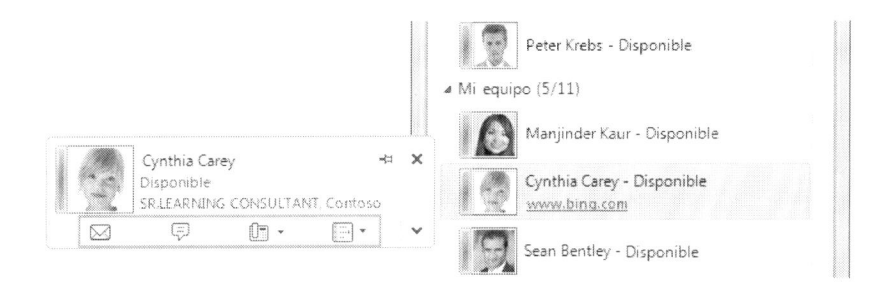

## 4.13.4 Comprobar la ubicación de un contacto

- En la lista de contactos, seleccione la imagen de un contacto y, a continuación, haga clic en la flecha de expansión, situada en la esquina inferior derecha, para abrir una tarjeta de contacto expandida.

- En la tarjeta de contacto se muestra la ubicación actual de la persona (asociada con la red a la que está conectada), además de la ubicación de la oficina y los números de teléfono.

## 4.13.5 Comprobar el calendario de un contacto

- En la lista de contactos, haga doble clic en la imagen de la persona para abrir la tarjeta de contacto expandida.
- Mire la entrada situada junto a Calendario.

## 4.14 MANTENERSE ACTUALIZADO CON LAS COMUNICACIONES DEL DÍA A DÍA

Lync Online está perfectamente integrado con Outlook. Además de administrar las conversaciones de MI mediante Lync Online, puede enviar correos electrónicos y convocatorias de reunión de Outlook a los contactos de Lync. Tanto Lync como Outlook le permiten conocer los momentos en que ha perdido conversaciones.

### 4.14.1 Enviar un correo electrónico a un contacto

- En la ventana principal de Lync, en la lista de contactos, seleccione la imagen de un contacto o el indicador de presencia. La tarjeta de contacto se abre y, si se puede poner en contacto con la persona,

podrá ver un botón de correo electrónico en la parte inferior de la pantalla.
- Haga clic en este botón para abrir un nuevo mensaje de correo electrónico en Outlook.

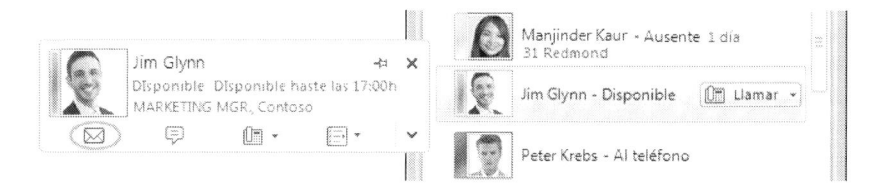

### 4.14.2 Programar una reunión con un usuario

- En una tarjeta de contacto, haga clic el menú de opciones situado junto al botón de teléfono y, a continuación, haga clic en **Programar una reunión**.

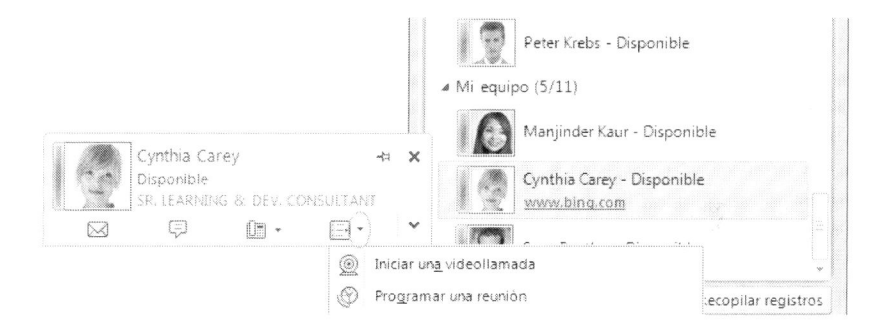

### 4.14.3 Comprobar si hay conversaciones perdidas

- Haga clic en el icono **Conversaciones** de la ventana principal para ver todas las conversaciones.

NOTA   En el cuadro de diálogo **Lync: opciones**, haga clic en **Personal** y asegúrese de que la casilla **Guardar mis conversaciones instantáneas en la carpeta Historial de conversaciones de Outlook** está seleccionada.

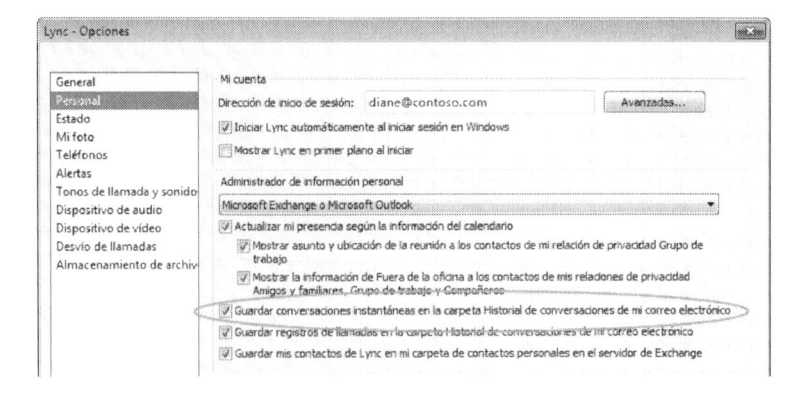

## 4.14.4 Detener las interrupciones

Para controlar las interrupciones, puede establecer su estado en **No molestar**. Todos podrán ver que no desea que se le molesten y si intentan invitarle a conversaciones de mensajería instantánea, no recibirá las notificaciones, a menos que las envíe un miembro del **Grupo de trabajo**..

## 4.14.5 Establecer el estado en No molestar

- En la ventana principal de Lync, haga clic en el estado de presencia y, a continuación, haga clic en **No molestar**.

> **NOTA** De forma predeterminada, todos los contactos pertenecen al grupo **Compañeros**. Para que un contacto forme parte de **Grupo de trabajo** y poder recibir las notificaciones de conversaciones (aunque su estado sea **No molestar**), haga clic con el botón secundario en la lista de contactos, elija **Cambiar relación de privacidad** y, a continuación, haga clic en **Grupo de trabajo**. Para desactivar las notificaciones procedentes de todos los usuarios cuando el estado es **No molestar**, haga clic en el botón **Opciones**, seleccione **Alertas** y, a continuación, haga clic en **No mostrar alertas**.

Capítulo 5

# OFFICE WEB APPS

## 5.1 INTRODUCCIÓN A OFFICE WEB APPS

Microsoft Office Web Apps amplía su experiencia con Microsoft Office al explorador web, en el que puede trabajar con documentos directamente en el sitio web donde está guardado el documento. Office Web Apps está disponible para uso personal en SkyDrive, para organizaciones que tengan instalado y configurado Office Web Apps en su sitio de SharePoint y para profesionales y empresas suscritos a determinados servicios de Office 365.

Office Web Apps funciona en algunos de los exploradores más usados y es oficialmente compatible con Windows Internet Explorer 7 y versiones posteriores, Chrome, Safari 4 y versiones posteriores para Mac y Firefox 3.5 y versiones posteriores para Windows, Mac y Linux.

### 5.1.1 Intégración en Office

Se usa Microsoft Office para crear documentos que presenten información, recopilen pensamientos y le ayuden a tomar decisiones junto con sus compañeros. Se almacenan estos documentos en el equipo, en un dispositivo de almacenamiento extraíble, en un servidor.

Office Web Apps brinda una nueva manera de almacenar sus documentos para que puedan verse y hasta editarse en el explorador. Con Office Web Apps, un sitio web se convierte en un nuevo dispositivo de almacenamiento para sus documentos de Office: un dispositivo de almacenamiento que facilita el acceso a sus documentos y su uso compartido.

En los programas de Microsoft Office 2010 y 2013 (Word, Excel, PowerPoint y OneNote), puede comenzar a usar Office Web Apps si guarda sus documentos en SkyDrive o en su biblioteca de SharePoint.

Ahora, su documento está disponible para que lo vea y edite en el explorador, o para que lo vuelva a abrir en Office.

**Nota.** No es necesario crear los documentos en Office 2010 y 2013 para abrirlos en Office Web Apps. Para una compatibilidad óptima, use Office 2003 (o una versión posterior), Office para Mac 2008 versión 12.2.9 u Office para Mac 2011. Si usa Office 2003, instale el Service Pack más reciente y guarde los documentos en su PC en el formato de archivo Office Open XML (por ejemplo, archivos .docx, .xlsx, o pptx). Después cargue el documento en un sitio de SharePoint donde Office Web Apps esté configurado o cargue el documento en SkyDrive.

## 5.1.2 Examinar documentos

Con Office Web Apps, sus documentos son como páginas web, dado que se almacenan en un sitio web y aparecen en el explorador. Para ver el documento, haga clic en él. Para compartirlo con otras personas, envíeles un vínculo.

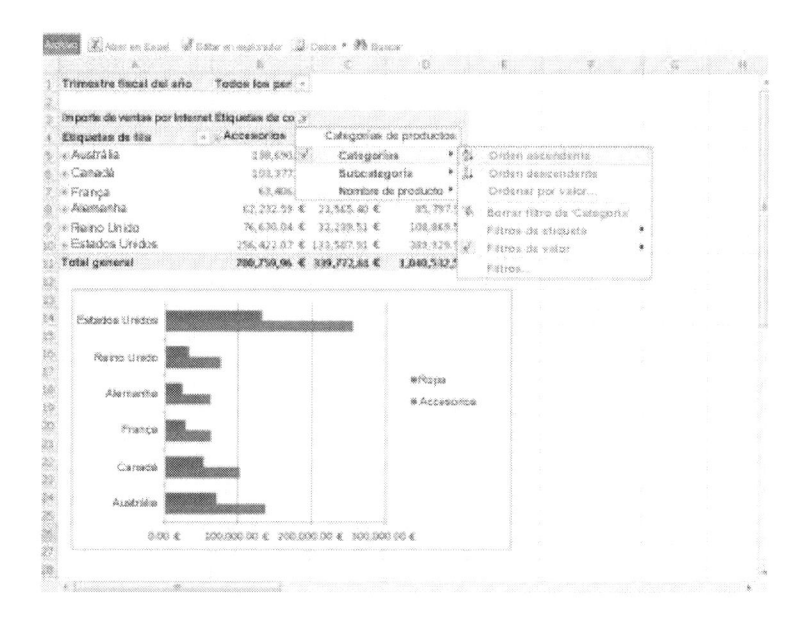

No importa si su versión de Office coincide con la que tienen sus amigos y colegas. No es necesario descargar un visor. Los documentos se verán en el explorador de la misma forma que en los programas de Office.

## 5.1.3 Editar sobre la marcha

Aparte de ver documentos, Office Web Apps le permite editar el contenido de un documento en el explorador.

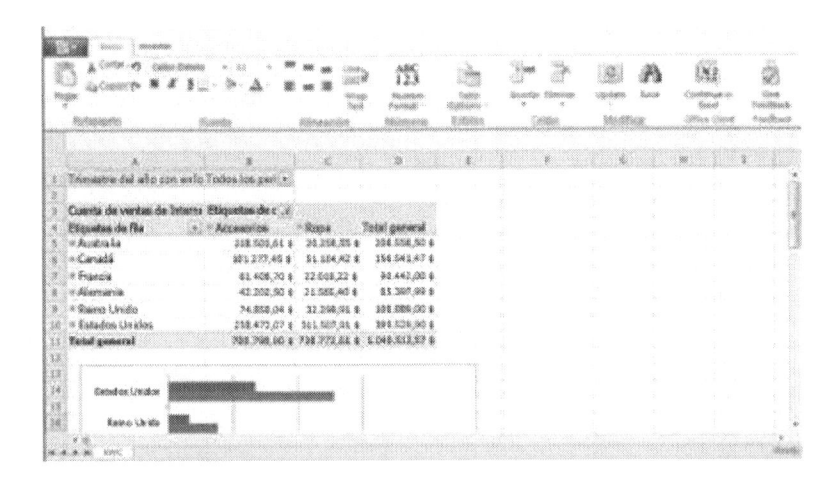

La edición basada en el explorador está optimizada para situaciones en las que desea volver a redactar un texto, escribir algunos datos, agregar una diapositiva o tomar notas. Si ya está viendo el documento, haga clic en **Editar en el explorador** en Office Web App, haga los cambios y listo. En la mayoría de los casos, las actualizaciones se guardan de forma automática (en Word Web App, haga clic en **Guardar**).

## 5.1.4 Co-autoría en tiempo real en Word Web App, Excel Web App y OneNote Web App

En Word Web App (solo SkyDrive), Excel Web App y OneNote Web App, puede trabajar con otras personas en el mismo documento a la vez.

La elaboración de documentos o la recopilación de información suelen ser actividades de grupo. Puede usar, por ejemplo, Word Web App para un proyecto académico. Use Excel Web App para recopilar información de manera estructurada o, si desea hacerlo de forma libre, OneNote Web App. El archivo se almacena en una ubicación central a la que cualquier persona que lo necesite puede obtener acceso. No es necesario esperar a que una persona acabe de trabajar con el archivo para que otra persona pueda acceder a él. Ya no es necesario enviar por correo electrónico varias copias que luego hay que cotejar.

No hay un comando especial de colaboración en tiempo real. Simplemente edite el archivo en Office Web App, mientras sus colegas hacen lo mismo.

## 5.1.5 Transición a Office, sin problemas

A veces, desea realizar cambios significativos para los que son necesarias las aplicaciones de escritorio de Office con todas sus características. En estos casos, puede realizar una transición sin problemas a la aplicación de escritorio de Office correspondiente, directamente desde Office Web Apps. Si tiene un documento abierto en una aplicación de Office Web Apps, haga clic en el comando Abrir para abrir el archivo directamente del explorador en el programa de Office que esté instalado en el equipo. Cuando haya finalizado, haga clic en Guardar en el programa de Office y el archivo se volverá a guardar en el servidor (en la aplicación de escritorio de OneNote, los cambios se guardan en el servidor automáticamente).

**Nota.** En los exploradores Firefox, Internet Explorer (Windows) y Safari (Mac), se pueden abrir documentos directamente desde el explorador en una aplicación de escritorio de Office. En Windows, debe usar además Office 2003 o una versión posterior con Internet Explorer u Office 2010 con Firefox para usar esta característica. OneNote Web App requiere OneNote 2010 para usar esta característica. En Mac, esta característica requiere Microsoft Office para Mac 2008, versión 12.2.9, u Office para Mac 2011, y la aplicación de escritorio OneNote no está disponible.

## 5.2 USO DE OFFICE WEB APPS EN SHAREPOINT

En un sitio de SharePoint donde se ha instalado y configurado Microsoft Office Web Apps, Office Web Apps le ofrece una vista y edición basadas en el explorador de los documentos de Office desde cualquier lugar donde tenga una conexión al sitio de SharePoint de su organización. Si tiene Microsoft Office 2010, puede guardar documentos de Word, Excel, PowerPoint y OneNote directamente desde el programa de Office en SharePoint. Aunque no tenga Office 2010, podrá guardar documentos en una biblioteca de SharePoint y comenzar a usar Office Web Apps de inmediato.

## 5.3 INFORMACIÓN GENERAL SOBRE OFFICE WEB APPS

Office Web Apps amplía los programas más conocidos de Microsoft Office (Word, PowerPoint, Excel y OneNote) con las ventajas adicionales de poder obtener acceso desde cualquier parte y la posibilidad de compartir con más facilidad.

Al hacer clic en un documento de Office que está almacenado en una biblioteca de SharePoint, el documento se abre directamente en el explorador. El documento tiene el mismo aspecto en el explorador que en el programa de Office y Office Web Apps también le permite editar documentos en el explorador, con la misma apariencia que Office. Office Web Apps funciona en algunos de los exploradores más usados y es oficialmente compatible con Windows Internet Explorer 7 y posteriores, Safari 4 para Mac y Firefox 3.5 para Windows, Mac y Linux.

Cuando quiera hacer cambios que superen lo disponible en el explorador, puede abrir con facilidad el documento en un programa de Office instalado en el equipo y luego volver a guardarlo en la biblioteca de documentos.

Office Web Apps permite al usuario realizar lo siguiente con más facilidad:

**Ampliar la experiencia con Office en Internet**: use las herramientas de Office que mejor conoce, en un entorno web.

**Trabajar en cualquier lugar**: solo necesita un explorador para obtener acceso a sus documentos.

**Trabajar en equipo**: sus colegas pueden trabajar con usted en proyectos sin importar qué versión de Microsoft Office tengan.

Para usar Office Web Apps en SharePoint, debe tener acceso a un sitio de SharePoint en el que se haya instalado y configurado Office Web Apps.

## 5.4 EMPEZAR A USAR OFFICE WEB APPS EN SHAREPOINT

Para almacenar los archivos en el sitio de SharePoint, puede comenzar desde la página de SharePoint en el explorador o desde el programa de Office. Si no cuenta con aplicaciones de escritorio de Office instaladas en el equipo, puede usar el explorador para crear nuevos documentos en la biblioteca de SharePoint.

### 5.4.1 Comenzar desde la página de SharePoint en el explorador

- Vaya a una biblioteca de documentos del sitio de SharePoint.

- En la ficha Documentos, dentro de la ficha Herramientas de bibliotecas, haga clic en la flecha que se encuentra debajo de Cargar documento.

- Haga clic en Cargar documento o en Cargar varios documentos, según la cantidad de documentos que quiera cargar.

### 5.4.2 Comenzar desde Office 2010/2013. En Word, Excel o PowerPoint

- Abra el archivo en Microsoft Word 2010/2013, Microsoft Excel 2010/2013 o Microsoft PowerPoint 2010/2013.

- Haga clic en la pestaña **Archivo**.

- Haga clic en **Guardar y enviar** y, a continuación, haga clic en **Guardar en SharePoint**.

- Haga clic en **Buscar una ubicación** para buscar el sitio de SharePoint.

**Nota.** Si va a guardar el documento en una ubicación de SharePoint que ya ha usado, haga clic en su nombre.

- En el cuadro **Nombre de archivo**, escriba la dirección web de la biblioteca de documentos, como **http://fabrikam/documentos compartidos** y, a continuación, presione ENTRAR.

- Escriba un nombre para el archivo y haga clic en **Guardar**.

### 5.4.3 Comenzar en OneNote 2010

- Abra el bloc de notas en Microsoft OneNote 2010/2013.

- Haga clic en la pestaña **Archivo** y, a continuación, haga clic en **Compartir**.

- Haga clic en el bloc de notas que desee guardar.

- Haga clic en **Red** y, a continuación, haga clic en una biblioteca de documentos en la lista de ubicaciones. Si la biblioteca de documentos que desea no se encuentra en la lista, haga clic en **Examinar** para buscarla.

- Haga clic en **Compartir bloc de notas**.

- OneNote le ofrece la oportunidad de enviar un vínculo al bloc de notas. Si lo desea, haga clic en **Enviar un vínculo por correo electrónico** y redacte un mensaje de correo electrónico. Uno de los vínculos del mensaje abrirá el bloc de notas en la aplicación de escritorio de OneNote y el otro abrirá el bloc de notas en OneNote Web App.

### 5.4.4 Comenzar desde un equipo sin Office instalado

El administrador del sitio de SharePoint puede configurar bibliotecas de documentos para que pueda crear nuevos documentos a través de Office Web Apps si las aplicaciones de escritorio de Office no están instaladas en el equipo.

1. Vaya a una biblioteca de documentos del sitio de SharePoint.

2. En la ficha **Documentos**, dentro de la ficha **Herramientas de bibliotecas**, haga clic en la flecha que se encuentra debajo de **Nuevo documento**.

3. Haga clic en el tipo de documento que desea crear. La persona que administre esta biblioteca puede personalizar las opciones disponibles.

4. Escriba un nombre para el documento y, a continuación, haga clic en **Aceptar**. El documento se abre en la Web App correspondiente.

## 5.4.5 Trabajar con documentos de Word. Ver documentos de la organización en el explorador

Si sus compañeros almacenan documentos en la biblioteca de SharePoint de la organización, puede usar Word Web Application para verlos, sin tener que iniciar Word. Puede buscar texto en el que esté interesado, e incluso puede copiar y pegar desde el documento.

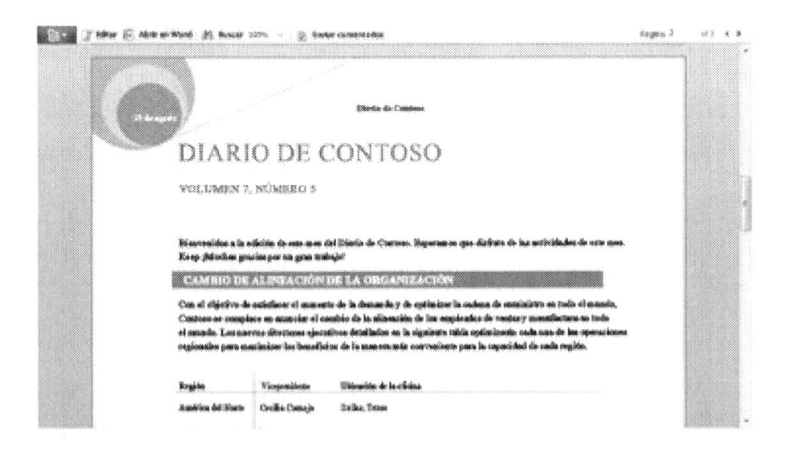

Vaya a una biblioteca de documentos en el sitio de SharePoint y, a continuación, haga clic en el vínculo asociado con el documento de Word.
El documento se abre en la vista Lectura.

## 5.4.6 Agregar ese último párrafo, desde cualquier lugar

El informe está prácticamente terminado y se encuentra guardado en la biblioteca de SharePoint de su equipo. Desea finalizarlo antes de regresar a casa, por lo que lo abre rápidamente en el explorador y escribe los últimos dos párrafos.

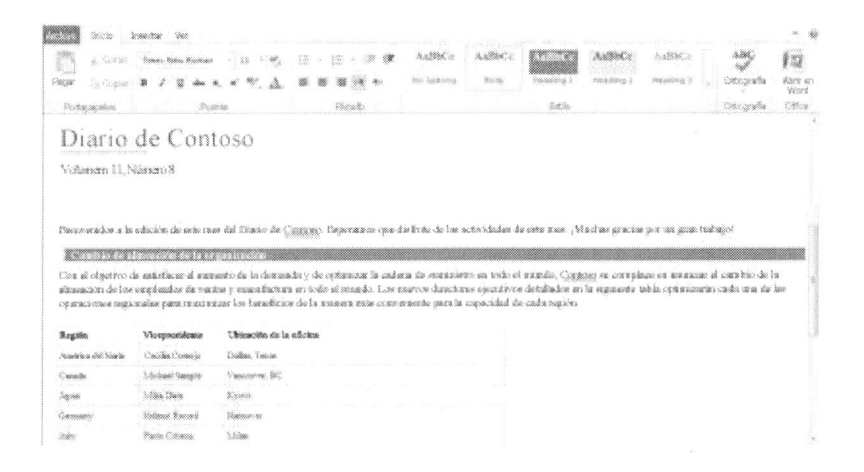

1. Vaya a una biblioteca de documentos en el sitio de SharePoint y luego haga clic en el vínculo asociado con el documento de Word.

2. Haga clic en **Editar** en el explorador. Word Web App cambia a la vista de edición. Probablemente la presentación del documento cambie, pero no se modifica el contenido.

3. Una vez que haya finalizado, haga clic en la pestaña **Archivo** y, a continuación, haga clic en **Guardar**.

Si quiere realizar cambios en el documento que no puedan hacerse en el explorador, haga lo siguiente:

1. En la ficha **Inicio**, haga clic en **Abrir** en Word.

2. Guarde el documento en Word. Se vuelve a guardar en el sitio de SharePoint.

## 5.4.7 Imprimir desde el explorador

El documento que imprime desde el explorador tiene la misma apariencia que si se hubiera impreso desde Word.

Con el documento abierto en Word Web App en la vista de lectura, haga clic en la pestaña **Archivo** y, a continuación, haga clic en **Imprimir**.

**Nota.** Para imprimir en PowerPoint Web App, se requiere un visor de PDF. Si aún no tiene un visor de PDF instalado, se le solicitará que descargue uno.

## 5.4.8 Trabajar con libros de Excel: Trabajar con datos activos

Al ver una hoja de cálculo, se interactúa con datos activos. Ordene y filtre las columnas o expanda tablas dinámicas para ver relaciones y tendencias. Recalcule valores y actualice los datos.

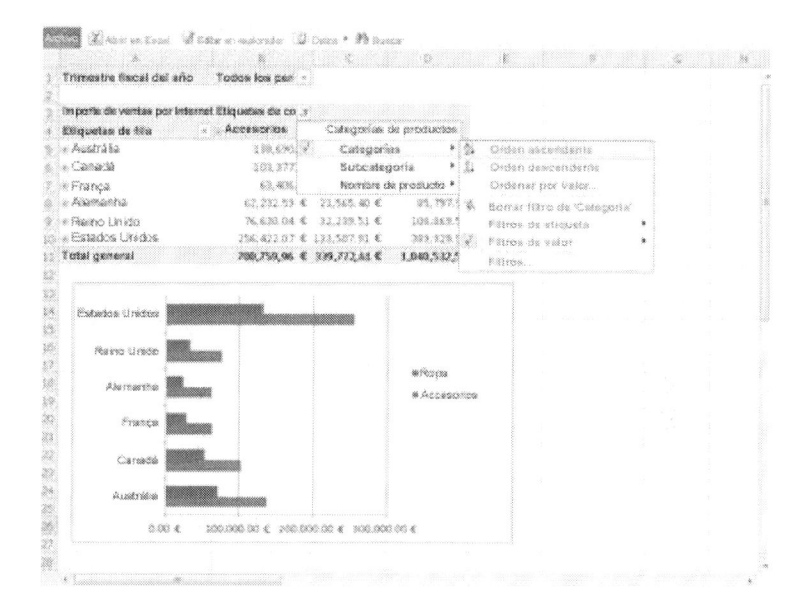

Vaya a una biblioteca de documentos en el sitio de SharePoint y, a continuación, haga clic en el vínculo asociado con el libro de Excel.

Excel Web App abre el libro en un modo donde puede ver, ordenar, filtrar, recalcular y actualizar datos.

## 5.4.9 Editar una hoja de cálculo en el explorador

Cuando edite en el explorador, puede cambiar los datos, escribir o editar fórmulas y aplicar formato básico dentro de la hoja de cálculo.

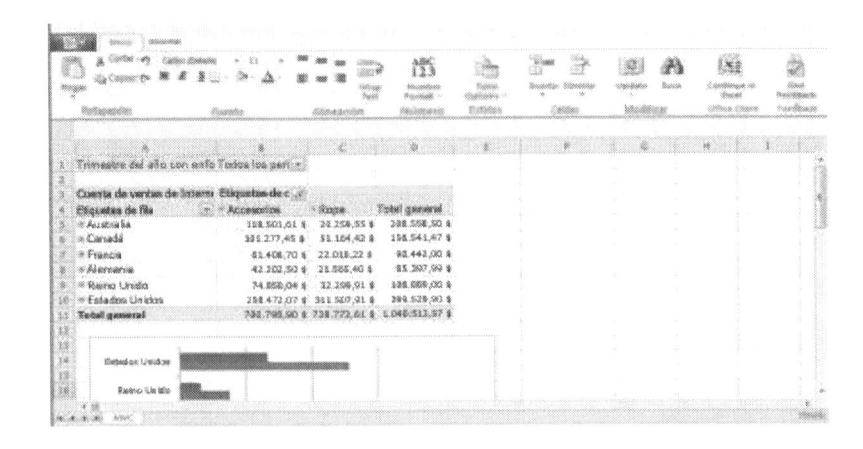

1. Vaya a una biblioteca de documentos en el sitio de SharePoint y luego haga clic en el vínculo asociado con el libro de Excel.

2. Haga clic en **Editar en el explorador**.

Si quiere realizar cambios en el libro que no puedan hacerse en el explorador, haga lo siguiente:

1. En la ficha **Inicio**, haga clic en **Abrir en Excel**.

2. Guarde el libro en Excel. Se vuelve a guardar en el sitio de SharePoint.

## 5.4.10 Colaborar simultáneamente en una hoja de cálculo

¿Tiene una hoja de suscripción o un proyecto de grupo? Puede colaborar con otras personas en el mismo libro al mismo tiempo. Ya no será necesario enviar mensajes de correo electrónico a una lista, ni esperar que sus colegas lo vuelvan a proteger en el sitio de SharePoint.

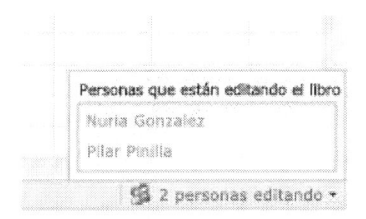

1. Haga clic en el vínculo asociado con el libro de Excel y, a continuación, copie la dirección URL que se muestra en el explorador web en un mensaje de correo electrónico o mensaje instantáneo que luego enviará a las personas con las que desee trabajar.

2. En Excel Web App, haga clic en **Editar en el explorador** para editar el libro.
Los destinatarios del mensaje pueden hacer clic en el vínculo que les envió y editar el libro al mismo tiempo que usted. Ambos podrán ver los cambios realizados por el otro a medida que se producen.

## 5.4.11 Trabajar con presentaciones de PowerPoint. Ver una presentación en el explorador

Con PowerPoint Web App, puede revisar las diapositivas del equipo o recorrer una presentación en el explorador web sin necesidad de esperar a que PowerPoint abra la presentación en el equipo en el que se encuentra trabajando.

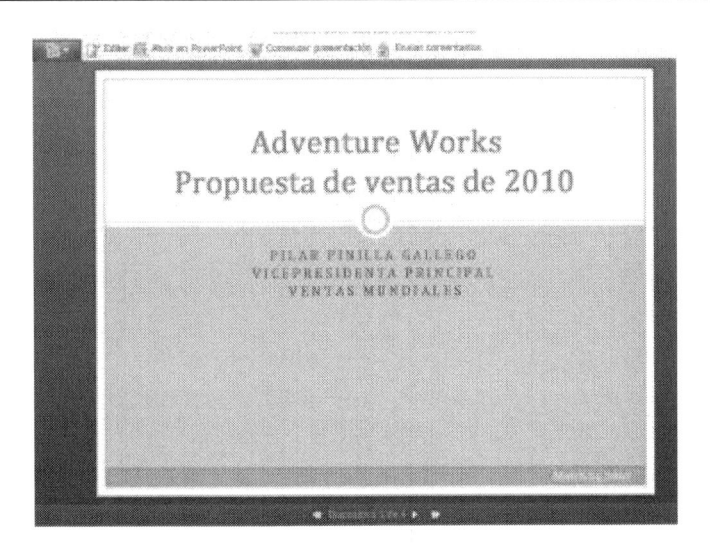

1. Vaya a una biblioteca de documentos en el sitio de SharePoint y luego haga clic en el vínculo asociado con la presentación de PowerPoint.

2. Haga clic en los botones de dirección ubicados en la parte inferior de la pantalla para desplazarse por las diapositivas o haga clic en Iniciar presentación con diapositivas para reproducir la presentación en la vista de pantalla completa.

## 5.4.12 Agregar rápidamente algunas diapositivas

Si sus colegas quieren que agregue algunas diapositivas a la presentación del equipo, puede hacerlo rápidamente en el explorador.

1. Vaya a una biblioteca de documentos en el sitio de SharePoint y luego haga clic en el vínculo asociado con la presentación de PowerPoint.

2. Haga clic en **Editar en el explorador**.

3. Haga clic en **Nueva diapositiva**.

Si quiere realizar cambios en la presentación que no puedan hacerse en el explorador, haga lo siguiente:

1. En la ficha **Inicio**, haga clic en **Abrir en PowerPoint**.

2. Guarde la presentación en PowerPoint. Se vuelve a guardar en el sitio de SharePoint.

## 5.4.13 Trabajar con blocs de notas de OneNote. Compartir notas con la organización

OneNote Web Application ofrece al usuario y a su equipo un lugar centralizado para recopilar notas, llevar a cabo una lluvia de ideas sobre un tema o reunir las partes que luego conformarán un documento formal.

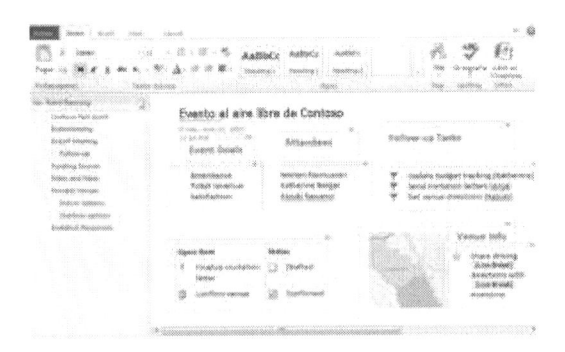

1. Vaya a una biblioteca de documentos en el sitio de SharePoint y, a continuación, haga clic en el vínculo asociado con el bloc de notas de OneNote. El bloc de notas se abre en la vista de edición, listo para que le agregue notas.

2. Si desea realizar cambios en el bloc de notas más allá de lo que puede hacer en el explorador, haga clic en **Abrir en OneNote** en la ficha **Inicio** (se requiere OneNote 2010). OneNote Web App guarda automáticamente los cambios en el sitio de SharePoint.

## 5.4.14 Lluvia de ideas en equipo

En OneNote Web Application, cuando trabaje en un bloc de notas con otros usuarios, pueden trabajar en simultáneo. Al igual que en una página wiki, puede ver quién realizó qué cambios, y puede revertir las páginas a su versión anterior si alguien realiza algún cambio que usted no desea.

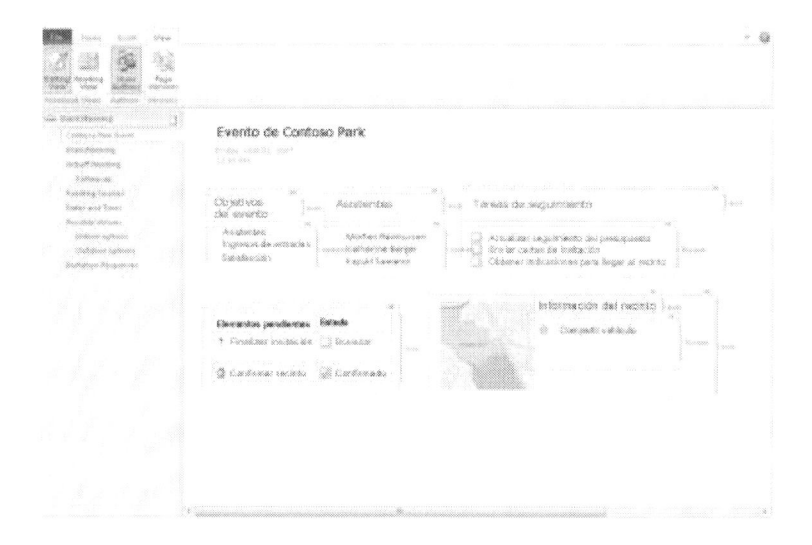

1. Haga clic en el vínculo asociado con el bloc de notas de OneNote y luego copie la dirección URL que se muestra en el explorador web en un mensaje de correo electrónico o mensaje instantáneo que luego enviará a las personas con las que quiera trabajar.

2. En OneNote Web App, haga clic en **Editar** en el explorador para editar el bloc de notas. Los destinatarios del mensaje pueden hacer clic en el vínculo que les envió y editar el bloc de notas al mismo tiempo que usted. Ambos podrán ver los cambios realizados por el otro a medida que se producen.

3. Para realizar un seguimiento de quién contribuye con determinado contenido, haga clic en la pestaña **Ver** y, a continuación, haga clic en **Mostrar los autores**.

4. Para ver una versión anterior de una página, haga clic en **Versiones de página** en la ficha **Ver** y, a continuación, haga clic en la marca de tiempo de la versión que desea ver.

## 5.4.15 Acceso desde dispositivos móviles

Con los visores para Microsoft Office Mobile, puede usar su teléfono móvil habilitado para explorador para leer archivos de Microsoft PowerPoint, Microsoft Word y Microsoft Excel en organizaciones que tienen Microsoft Office Web Apps instalado y configurado en el sitio de SharePoint. Puede ponerse al tanto de un informe o revisar una presentación importante mientras está de viaje, aunque su teléfono no tenga las aplicaciones de Microsoft Office Mobile 2010.

Los siguientes dispositivos admiten los Visores para Office Mobile:

- Windows Mobile
- BlackBerry
- iPhone, iPod Touch
- Android
- Nokia S60
- Teléfonos con características japonesas como teléfonos DoCoMo, SoftBank y au by KDDI

Para ver archivos de Word, Excel o PowerPoint, use el explorador del teléfono para navegar a la biblioteca de SharePoint. La dirección web es la misma dirección URL en el explorador del teléfono que la que aparece en la barra de direcciones del explorador de escritorio.

**Nota.** La dirección URL puede variar según la configuración y la presencia de los proxy web. En un servidor de SharePoint con el servicio SMTP habilitado, puede obtener la dirección URL con proxy habilitado de los documentos de la siguiente manera: en la biblioteca, active la casilla de verificación junto al documento y, a continuación, en la ficha **Documentos en la cinta**, haga clic en **Enviar un vínculo** por correo electrónico en el grupo **Compartir** y realizar seguimiento para recibir un mensaje de correo electrónico que contenga la dirección.

**Sugerencia**. Para obtener una vista preliminar de la experiencia móvil en el equipo, agregue ?mobile=1 al final de la dirección URL de la biblioteca de SharePoint.

Capítulo 6

# OUTLOOK WEB APP

## 6.1 INTRODUCCIÓN A OUTLOOK WEB APP

Outlook Web App permite usar un explorador web para obtener acceso a un buzón de correo desde cualquier equipo que tenga una conexión a Internet. Puede usarlo para leer y enviar mensajes de correo electrónico, organizar los contactos, crear tareas y administrar el calendario.

Puede tener acceso al buzón de correo con cualquier explorador compatible con HTML 3.2 y ECMA, entre los que se incluyen Internet Explorer, Mozilla Firefox, Apple Safari o Chrome, así como otros exploradores web de equipos que usan UNIX, Apple Macintosh o Microsoft Windows. Outlook Web App Light es una versión más sencilla de Outlook Web App que admite prácticamente cualquier explorador.

Puede usar Outlook Web App y el Panel de control de Exchange prácticamente con cualquier explorador web. Entre ellos se incluyen Internet Explorer, Mozilla Firefox, Apple Safari, Chrome y la mayor parte de los demás exploradores web de equipos que usan UNIX, Apple Macintosh o Windows.

## 6.2 OUTLOOK WEB APP Y EL PANEL DE CONTROL DE EXCHANGE

Para usar el conjunto completo de características disponibles en Outlook Web App y el Panel de control de Exchange, use los siguientes exploradores en un equipo en el que se ejecute Windows XP, Windows 2003, Windows Vista o Windows 7:

- Internet Explorer 7 y versiones posteriores.
- Firefox 3.0.1 y versiones posteriores.
- Chrome 3.0.195.27 y versiones posteriores.

En un equipo en el que se ejecute Mac OS X 10.5 y versiones posteriores, puede usar:

- Safari 3.1 y versiones posteriores.
- Firefox 3.0.1 y versiones posteriores.

En un equipo en el que se ejecute Linux, puede usar:

- Firefox 3.0.1 y versiones posteriores.

Si utiliza un explorador web que no admite todo el conjunto de características, Outlook Web App se abrirá en la versión ligera.

## 6.3 VERSIÓN LIGERA DE OUTLOOK WEB APP

La versión ligera de Outlook Web App está optimizada para la accesibilidad, por ejemplo, para usuarios invidentes y con deficiencias visuales. La versión ligera proporciona menos características y es más rápida en algunas operaciones. Puede utilizar la versión ligera si la conexión de que dispone es lenta o si usa un equipo cuyo explorador tiene una configuración de seguridad inusualmente estricta. La versión ligera se puede utilizar con casi cualquier explorador y presenta las mismas características en todos los exploradores.

Para obtener información acerca del uso de la versión ligera, vea Accesibilidad para usuarios ciegos o con deficiencias visuales.

**¿Qué más es preciso saber?**

- Si necesita usar S/MIME para firmas digitales o el cifrado de mensajes, debe usar Internet Explorer 7, Internet Explorer 8 o Internet Explorer 9.
- Compruebe las opciones del explorador web y establezca la siguiente configuración para tener una experiencia óptima en el uso de Outlook Web App:
    1. Habilite las cookies de la sesión. Las cookies de la sesión se eliminan al final de la sesión del explorador.
    2. Habilite JavaScript.
    3. Compruebe la configuración del bloqueador de elementos emergentes. La configuración del bloqueador de elementos emergentes del explorador web o de un bloqueador de elementos emergentes complementario puede impedir que Outlook Web App funcione tal y como se espera.

## 6.4 TRABAJO CON MENSAJES

Además de leer y enviar los mensajes de correo electrónico, puede personalizarlos, por ejemplo, agregando datos adjuntos, solicitando confirmación de mensajes cuando se lea o entregue un mensaje y agregando una categoría a un mensaje.

Se pueden usar carpetas para organizar los mensajes, del mismo modo que se usa un sistema de archivos para organizar documentos. Además, los mensajes recibidos se pueden administrar con reglas para ordenarlos en distintas carpetas.

De forma predeterminada, Outlook Web App usa la vista Conversación en todas las carpetas de correo electrónico siempre que el panel de lectura está activado. En la vista Conversación todos los mensajes de una conversación se muestran en una vista única.

## 6.5 INFORMACIÓN ACERCA DE LAS CONVERSACIONES

De forma predeterminada, Outlook Web App usa la vista Conversación en todas las carpetas de correo electrónico siempre que el panel de lectura está activado. En la vista Conversación todos los mensajes de una conversación se muestran en una vista única.

### 6.5.1 ¿Cómo utilizo la vista Conversación?

La vista Conversación muestra todos los mensajes de una conversación, independientemente de la carpeta en que estén almacenados. Por ejemplo, si ha respondido a un mensaje de la bandeja de entrada, en la vista Conversación verá el mensaje original y su respuesta.

En la vista Lista, use la flecha que hay al lado de una conversación para expandirla o contraerla. En la vista Lista se muestra:

- El asunto de la parte superior de la conversación.
- La persona que envió cada mensaje.
- La hora en que se recibió el mensaje, si está almacenado en la carpeta actual.
- La carpeta en que está el mensaje, si no es la carpeta actual.
- La relación del mensaje con otros mensajes de la conversación, indicada mediante una línea vertical y puntos.

Puede hacer clic en cualquier mensaje en la vista Conversación para verlo en el panel de lectura.

En el panel de lectura, puede utilizar la flecha que hay al lado de un mensaje para expandirlo o contraerlo. En el panel de lectura se muestra:

- El asunto en la parte superior del panel de lectura.
- El remitente de cada mensaje.
- Cuando se recibió cada mensaje.

Si expande un mensaje en el panel de lectura, también verá:

- De qué mensaje es respuesta (si lo es).

- La carpeta en que está el mensaje directamente bajo el nombre del remitente, si el mensaje no está guardado en la carpeta actual.
- La disponibilidad de los remitentes y destinatarios para la mensajería instantánea, indicada por un punto de color al lado de los nombres. Haga clic en el punto para ver una lista de las acciones que puede realizar.
- El menú **Acciones**. Haga clic en **Acciones** para ver una lista de las acciones que puede realizar con el mensaje.
- La relación del mensaje con otros mensajes de la conversación, indicada mediante una línea vertical y puntos.

### 6.5.2 ¿Cómo respondo a un mensaje en la vista Conversación?

Al hacer clic en un mensaje en la vista Conversación, se resalta el mensaje más reciente. Si hace clic en **Responder**, **Responder a todos** o **Reenviar**, ese es el mensaje al que responderá o que reenviará.

Para responder a otro mensaje de la conversación o reenviarlo, seleccione ese mensaje para resaltarlo y, a continuación, haga clic en **Responder**, **Responder a todos** o **Reenviar**. Puede seleccionar el mensaje en la vista Lista o en el panel de lectura.

También puede hacer clic en **Acciones** en un mensaje para ver de lista de acciones que puede realizar con él, incluido responder.

### 6.5.3 ¿Cómo activo o desactivo la vista Conversación?

En la vista Lista, haga clic en Ordenar por y, a continuación, active o desactive la casilla que hay al lado de Conversación para activar o desactivar la vista Conversación.

## 6.6 CORREO

Los mensajes de correo electrónico se entregan en un servidor en el que se hospeda su buzón de correo. De manera predeterminada, los mensajes se guardan en la Bandeja de entrada del buzón de correo.

## 6.6.1 ¿Cómo administro los mensajes?

- El número de mensajes de correo electrónico no leídos que hay en la Bandeja de entrada aparecerá entre paréntesis junto a la Bandeja de entrada. La Bandeja de entrada mostrará los mensajes no leídos en negrita. Una vez que un mensaje de correo electrónico se abre y se marca como Leído, el mensaje vuelve al tipo normal.
- Para marcar como no leído un mensaje que ya se ha abierto, haga clic con el botón secundario del mouse y, a continuación, en el menú, haga clic en **Marcar como no leído**.
- Para agregar el remitente de un mensaje a la lista de remitentes seguros, haga clic en el mensaje con el botón secundario, seleccione **Correo electrónico no deseado** y, a continuación, haga clic en **Agregar el remitente a la lista de remitentes seguros**. Para tratar todos los mensajes posteriores del remitente como correo no deseado, haga clic con el botón secundario, seleccione **Correo electrónico no deseado** y, a continuación, haga clic en **Agregar remitente a la lista de remitentes bloqueados**.
- Para abrir una carpeta del buzón de correo, haga clic en el nombre de la carpeta que desea abrir en el Panel de navegación.
- Las tareas más frecuentes que se realizan con el correo electrónico son la creación y lectura de mensajes de correo electrónico. Los mensajes de correo electrónico se pueden enviar a personas o grupos. Dispone de numerosas opciones para la administración de mensajes de correo electrónico.
- Otras cosas que puede hacer con su cuenta:

## 6.7 CALENDARIO

El calendario permite crear y realizar el seguimiento de las citas y reuniones. El vídeo incluido proporciona información general sobre cómo usar el calendario en Outlook Web App.

## 6.7.1 Uso del calendario

El calendario es igual que un calendario de pared, pero con muchas características adicionales. Si agrega una cita al calendario, podrá personalizarla de formas muy diversas, por ejemplo, agregando datos adjuntos, indicando cuantos detalles desee, estableciendo un recordatorio o fijando la cita como periódica para que se agregue automáticamente al calendario de forma regular.

Además de crear citas, puede organizar reuniones. Una reunión es parecida a una cita, salvo que en este caso se envía una invitación a otros usuarios. Cada persona invitada recibe un mensaje de correo electrónico con los detalles de la reunión. Además, en función de su servicio de correo electrónico, tendrán la posibilidad de usar el mensaje recibido para agregar la reunión a su propio calendario.

## 6.7.2 Trabajo con el calendario

Para abrir el calendario en Outlook Web App, haga clic en **Calendario** en el Panel de navegación. Mientras ve el calendario, puede hacer doble clic en una reunión o en una cita para abrirla. Una vez abierto un elemento, puede ver los detalles del mismo o hacer cambios. Si hace doble clic en un elemento que se repite, como por ejemplo una reunión semanal, puede elegir entre abrir la instancia (solamente la reunión del día seleccionado) o toda la serie (cada reunión).

**Para mostrar fechas que no son secuenciales**

1. En la vista Día, busque el primer día en el selector de fechas y haga clic en él.
2. Presione CTRL y a continuación, haga clic en un máximo de seis días más de cualquier mes o año.

## 6.7.3 Citas y reuniones

- Una cita es un bloque de tiempo que se marca en el calendario para una actividad específica, por ejemplo, una cita para almorzar o un tiempo reservado para trabajar en un proyecto.

- Las citas pueden ser hechos puntuales o se pueden programar para que se repitan como, por ejemplo, en el caso de citas semanales para preparar un informe. La cita puede celebrarse con otras personas, pero únicamente aparecerá en su calendario.
- Si desea compartir una cita con otras personas de su organización de modo que se muestre en sus respectivos calendarios además de en el suyo, puede hacer una Convocatoria de una reunión. Una reunión es una cita en común con otra persona. Cuando se convoca una reunión, además de fijar una hora y un asunto, se agrega una lista con los asistentes que desea invitar. También se pueden especificar recursos, como, por ejemplo, una sala de conferencias o un proyector. Si los destinatarios se encuentran en la libreta de direcciones compartida, podrá ver la información de su disponibilidad. La mayoría de los destinatarios podrán responder a la convocatoria de reunión aceptando la invitación, aceptándola provisionalmente o rechazándola. Al igual que las citas, las convocatorias de reunión pueden ser puntuales o se pueden programar como reuniones que se repiten.

### 6.7.4 Elementos que se repiten

- Las citas, reuniones y tareas pueden ser hechos puntuales o pueden repetirse. Un elemento que se repite es aquel que aparece en el calendario o lista de tareas varias veces, en función de la configuración que se especifique. Por ejemplo, una reunión se puede configurar para que se celebre semanalmente. Una tarea que deba realizarse mensualmente se puede configurar para que se produzca el primer lunes de cada mes.

### 6.7.5 Uso compartido de calendarios

Puede compartir el acceso a su calendario con cualquiera de su libreta de direcciones compartida. Puede recibir invitaciones para compartir los calendarios de otras personas y solicitar compartir su calendario.

## 6.7.6 Publicación de un calendario

La publicación de calendario crea una dirección URL que puede dar a otros usuarios para que vean su calendario. Puede elegir la cantidad de información que desea compartir.

- Puede usar Outlook para agregar días festivos a su calendario.

- Para imprimir el calendario en formato de día, semana o mes:
  1. vaya al calendario y haga clic en el icono de impresión de la barra de herramientas.
  2. Seleccione las opciones deseadas.
  3. Haga clic en **Imprimir**.

## 6.8 CONTACTOS Y GRUPOS

La carpeta Contactos del buzón de correo es como un Rolodex o una libreta de direcciones, con una entrada para cada persona o grupo sobre el que se desee guardar información. Puede crear un contacto para almacenar información de una persona o empresa con los que se desee comunicarse.

Los grupos se usan para crear una única entrada que incluye varios contactos. Cuando se envía un mensaje a un grupo, se entrega a cada uno de los contactos incluidos en él.

Si dispone de un buzón de correo basado en cloud, puede importar contactos de otras cuentas de correo electrónico.

### 6.8.1 Contactos

La carpeta Contactos es su libreta de direcciones de correo electrónico personal y un lugar en el que puede almacenar información de las personas y empresas con las que se comunica habitualmente. Use los Contactos para almacenar las direcciones de correo electrónico, las direcciones de las calles, los números de teléfono y cualquier otra información acerca de los contactos. Se puede incluir páginas web, números de fax o números de teléfono móvil.

Los contactos se pueden ordenar o agrupar por cualquier parte del nombre o por cualquier otra información del contacto. Un contacto también se puede copiar o mover a otra carpeta. También se puede adjuntar un archivo (como un documento de Word), a un contacto para conservar junta la información relacionada.

Para abrir los contactos, en el Panel de navegación, haga clic en **Contactos**.

## 6.8.2 Trabajo con contactos

Los contactos son entradas que se crean para almacenar información de contacto sobre personas o grupos. Los contactos se pueden utilizar para almacenar algunos datos, como el nombre y el número de teléfono, o para guardar toda la información que se posea sobre una persona o una empresa. También pueden crearse grupos dentro de la carpeta Contactos. Los grupos se pueden utilizar para enviar un mensaje de correo electrónico a varios destinatarios a través de una única entrada.

## 6.8.3 Trabajo con grupos

Un grupo es un tipo de contacto especial que sirve para enviar un correo electrónico a varios destinatarios a través de una misma entrada de la carpeta Contactos. Un grupo puede incluir entradas de la carpeta Contactos y entradas de la libreta de direcciones compartida, si tiene una. Los grupos se pueden utilizar para enviar mensajes y convocatorias de reunión como si se trataran de contactos individuales. Los grupos que cree en su carpeta Contactos no aparecerán en la libreta de direcciones compartida.

## 6.8.4 Selección de los contactos que se van a ver

El panel de navegación de Contactos contiene botones de radio que permiten seleccionar los tipos de contactos que se desean ver.

- **Todos**  Muestra todos los elementos de Contactos
- **Personas**  Muestra solamente las personas de Contactos
- **Grupos**  Muestra únicamente los grupos de Contactos

## 6.8.5 Importación de contactos

Puede usar Importar contactos para incorporar contactos de otras cuentas a la cuenta a la que obtiene acceso desde Outlook Web App. Para importar contactos se tendrá en cuenta lo siguiente:

1. Exporte los contactos desde la otra cuenta de correo electrónico a un archivo .csv. Anote dónde se guarda el archivo .csv.
2. Inicie sesión en Outlook Web App.
3. Vaya a **Contactos** y, a continuación, haga clic en **Importar** en la barra de herramientas. O bien vaya a **Opciones** > **Mi cuenta** > **Accesos directos a otras acciones que puede realizar** y, a continuación, haga clic en **Importar los contactos desde una cuenta de correo electrónico existente**.
4. Escriba la ruta de acceso al archivo .csv que contiene los contactos o haga clic en **Examinar** para buscarlo.
5. Haga clic en **Siguiente**.
6. Espere mientras se importan los contactos.
7. Cuando la importación esté completa, haga clic en **Finalizar**.

**¿Qué más es preciso saber?**

- Si el mismo contacto está en la carpeta Contactos y en el archivo .csv, se creará un contacto duplicado.
- Si intenta importar demasiados contactos, aparecerá un mensaje de error. Use un programa como Excel para abrir el archivo y dividirlo en archivos de menor tamaño y, a continuación, importe cada archivo.
- Si la importación de contactos no está disponible para la cuenta desde Outlook Web App, podría utilizar Outlook para transferir contactos de una cuenta a otra.
- Una vez que haya exportado los contactos a un archivo .csv, también puede utilizar Outlook para importarlos.

## 6.9 PERSONALIZACIÓN

El buzón de correo está listo para su uso en cuanto inicie sesión. No tiene que cambiar ninguna configuración, ni activar ni desactivar nada para empezar a enviar y recibir mensajes de correo electrónico. Sin embargo, es probable que desee cambiar alguna configuración de acuerdo con sus preferencias.

Puede realizar acciones de forma automática, como revisar la ortografía del mensaje de correo electrónico antes de enviarlo, incluir una firma en los mensajes y seleccionar la fuente predeterminada para los mensajes.

Puede personalizar Outlook Web App cambiando la apariencia o el comportamiento de algunas características, como la configuración de idioma y las opciones de calendario y mensajes. No todas las opciones que se muestran están disponibles para todas las cuentas.

Después de cambiar la configuración en Opciones, haga clic en **Guardar** en la barra de herramientas para aplicar los cambios. Es posible que necesite cerrar e iniciar sesión de nuevo para ver los cambios.

## 6.10 REFERENCIA DE OPCIONES

A continuación se define el contenido de las distintas opciones de las fichas de Outlook por funciones.

## 6.10.1 Organización del correo electrónico

| Ficha | Descripción |
|---|---|
| Ficha Reglas de Bandeja de entrada | Puede utilizar las reglas de Bandeja de entrada para ordenar automáticamente los mensajes cuando llegan. |
| Ficha Respuesta automática | Utilice respuestas automáticas para informar a las personas cuando esté ausente y no pueda responder a un mensaje de correo electrónico. |
| Uso de la ficha Informes de entrega para obtener información de entrega sobre mensajes | Los informes de entrega pueden indicarle si se realizó la entrega de los mensajes que envió y cuándo se hizo. |
| Ficha Directivas de retención | Vea y gestione directivas de retención para su buzón de correo. |

## 6.10.2 Grupos

| Ficha | Descripción |
|---|---|
| **Grupos públicos a los que pertenezco** Grupos (públicos) | Puede unirse a los grupos públicos que aparecen en su libreta de direcciones compartida o abandonarlos; también puede obtener más información sobre un grupo al que pertenezca. |
| **Grupos públicos que poseo** Grupos (públicos) | Cree un nuevo grupo público para compartirlo con otras personas. Si ya posee un grupo, puede modificarlo, establecer las opciones de pertenencia y aprobación o eliminarlo. |

## 6.10.3 Configuración

| Ficha | Descripción |
|---|---|
| Ficha Correo | Use la ficha **Correo** para definir opciones como la firma, notificaciones para mensajes nuevos y opciones del panel de lectura. |
| Ficha Ortografía | Use la ficha **Ortografía** para definir las opciones de revisión ortográfica. |
| Ficha Calendario | Use la ficha **Calendario** para definir la semana de trabajo, el horario laboral, los avisos y otras opciones relacionadas con el calendario. |
| Ficha General | En la ficha **General** puede administrar el aspecto de Outlook Web App y la lista de direcciones que se usa en primer lugar para la resolución de nombres en los mensajes que envía. |
| Ficha Regional | Use la ficha **Configuración regional** para seleccionar un idioma, un formato de fecha y hora y una zona horaria predeterminados. |
| Ficha Contraseña | Puede usar la ficha **Contraseña** para cambiar la contraseña. |
| Ficha S/MIME | Use S/MINE para que los mensajes sean más seguros. |

## 6.10.4 Teléfono

| Ficha | Descripción |
|---|---|
| Configuración de correo | Use la ficha **Correo de voz** para configurar |

| | |
|---|---|
| de voz: Outlook Web App (BPOS) | el correo de voz o cambiar sus opciones en Outlook Web App. |
| Ficha Teléfonos móviles | Use la ficha **Teléfonos móviles** para ver los detalles sobre los teléfonos móviles que se conectan a su cuenta. |
| Ficha Mensajería de texto | Use la ficha **Mensajería de texto** para configurar el teléfono móvil de modo que pueda enviar y recibir mensajes de texto a través de Outlook Web App. |

## 6.10.5 Bloquear o permitir

| Ficha | Descripción |
|---|---|
| Configuración del correo no deseado | Use la ficha **Bloquear o permitir** para administrar listas de remitentes seguros, destinatarios seguros y remitentes bloqueados. |

## 6.10.6 Accesibilidad

Hay disponible una versión ligera optimizada para usuarios ciegos o con visión reducida.

## 6.11 OUTLOOK WEB APP LIGHT

La versión Light de Outlook Web App está optimizada para admitir usuarios invidentes o con una deficiencia visual y es compatible con exploradores web anteriores. Puede leer y enviar mensajes de correo electrónico, organizar contactos y programar citas y reuniones.

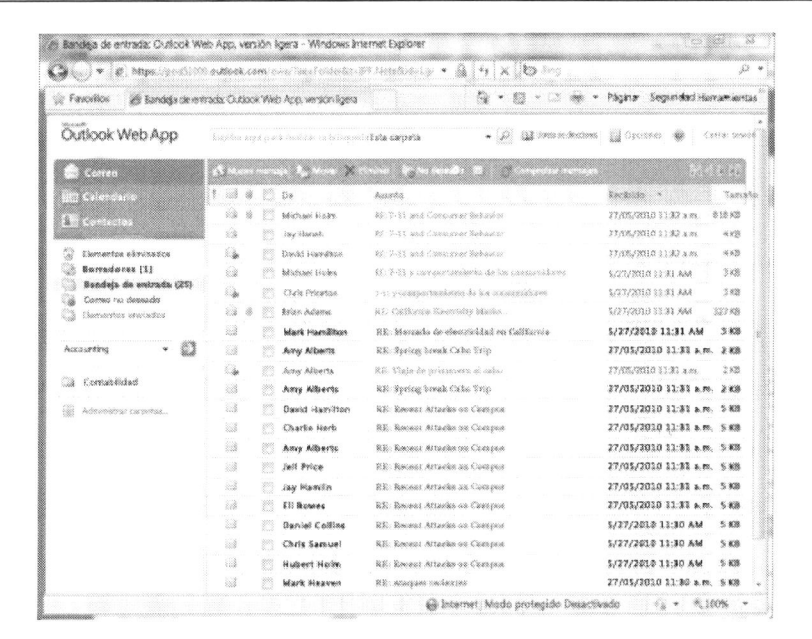

Outlook Web App no es la única manera de obtener acceso a su buzón de correo de Exchange. También puede hacerlo desde Outlook, desde un teléfono móvil que admita Exchange ActiveSync y desde cualquier programa de correo electrónico que admita los protocolos POP o IMAP.

- Si está usando un navegador web totalmente compatible, puede cambiar la versión light de Outlook Web App por la estándar de Outlook Web App. Hay dos formas de conmutar entre las versiones light y estándar de Outlook Web App. Tras conmutar, debe cerrar la sesión y volver a iniciarla para que los cambios surtan efecto..

    1. Cuando inicie la sesión, busque el mensaje **Usar Outlook Web App Light** en la página de entrada. Si ve el mensaje y la casilla está seleccionada, haga clic para desactivar la casilla y activar la versión estándar de Outlook Web App.

    2. Una vez iniciada la sesión, haga clic en **Opciones** > **Accesibilidad** y quite la marca de la casilla **Utilizar la**

configuración para ciegos y personas con discapacidad visual.

**NOTA:** Estas dos configuraciones son independientes entre sí. Si usa un explorador web compatible y ve la versión light de Outlook Web App, es posible que tenga que mirar en ambas páginas, la de inicio de sesión y la de Opciones, para encontrar la casilla que hay que desactivar.

## 6.11.1 Ayuda

Para obtener ayuda en la ventana en la que está trabajando, en la barra de herramientas, haga clic en el icono de ayuda.

Si sabe quién es el administrador de su correo electrónico, póngase en contacto con esa persona para obtener información acerca de cómo usar Outlook Web App a través de la intranet o de Internet.

## 6.11.2 Cierre de sesión

Cuando haya terminado de usar el buzón de correo, asegúrese de hacer clic en Cerrar sesión en la barra de herramientas y de cerrar todas las ventanas del explorador. Al cerrar sesión impide que otra persona use el equipo para obtener acceso a su buzón de correo. Incluso si tiene intención de seguir usando el equipo para visitar otros sitios web, haga clic en Cerrar sesión y cierre todas las ventanas del explorador después de cada sesión.

## 6.11.3 Otras maneras de conectarse al buzón de correo

- **Conéctese al buzón de correo con su programa de correo electrónico preferido** Además de Outlook Web App, puede tener acceso al buzón de correo con cualquiera de los medios siguientes:
    1. Office Outlook 2007.
    2. Teléfonos móviles en los que se ejecute el software Windows Mobile y sean compatibles con Exchange

ActiveSync, como Windows Mobile 5.0 y Windows Mobile 6.0.
3. Teléfonos móviles que usen programas de correo electrónico POP3 o IMAP4, como el iPhone de Apple.
4. Programas de correo electrónico POP3 o IMAP4, por ejemplo Outlook Express, Entourage para MAC OS X, Mozilla Thunderbird y Windows Mail.

- **Configure el correo de voz.** Puede habilitar el correo de voz agregando su número de teléfono móvil a la cuenta. Si habilita el correo de voz, puede recibir en la bandeja de entrada los mensajes de voz enviados a su teléfono móvil.

- En función de la configuración del servidor en que esté hospedado el buzón de correo, es posible que Outlook Web App cierre automáticamente la conexión con el buzón transcurrido un período de inactividad para protegerle del acceso no autorizado.

- Algunas características descritas en la Ayuda podrían no estar disponibles, en función de la configuración del servidor en que esté hospedado el buzón de correo.

## 6.12 CONFIGURACIÓN DE LA CUENTA DE CORREO ELECTRÓNICO EN EL TELÉFONO MÓVIL

Puede usar un teléfono móvil para obtener acceso a la información de su cuenta. Si configura una cuenta de Exchange ActiveSync en el dispositivo, esta información puede incluir mensajes de correo electrónico, mensajes de correo de voz y también datos del calendario, los contactos y las tareas. Si configura una cuenta POP3 o IMAP4 solo podrá enviar y recibir correo electrónico.

◆**Importante:**

Si su cuenta de correo electrónico es del tipo que requiere registro, debe registrarla la primera vez que inicia sesión en Outlook Web App. La conexión con su cuenta de correo electrónico a través de un teléfono móvil producirá un error si no registró su cuenta mediante Outlook Web App. Después de iniciar sesión en la cuenta, cierre sesión. Luego, intente conectarse mediante el uso de su teléfono móvil.

## 6.12.1 Conexiones de Exchange ActiveSync, POP3 e IMAP4

Si desea usar el teléfono móvil para obtener acceso a sus mensajes de correo electrónico, deberá configurar una conexión Exchange ActiveSync, POP3 o IMAP4 entre el teléfono móvil y su cuenta.

**NOTA:**

En caso de que no esté seguro de si el teléfono móvil es compatible con Exchange ActiveSync, POP3 o IMAP4, consulte la documentación del teléfono o póngase en contacto con su proveedor de servicios de telefonía móvil.

**Exchange ActiveSync**

Exchange ActiveSync está diseñado para sincronizar la información del correo electrónico, el calendario, los contactos y las tareas, además de los mensajes de correo de voz. Si configura una conexión Exchange ActiveSync, el teléfono móvil se mantendrá actualizado con el buzón de correo gracias a un proceso conocido como sincronización.

**POP3 o IMAP4**

Las cuentas POP3 e IMAP4 están diseñadas para enviar y recibir mensajes de correo electrónico. Si configura una conexión POP3 o IMAP4, el teléfono enviará y recibirá mensajes de correo electrónico con la periodicidad que elija. Si puede elegir entre POP3 e IMAP4, se sugiere que use IMAP4 ya que admite más características.

## 6.12.2 Instrucciones de instalación

Para obtener instrucciones detalladas de cómo configurar el dispositivo móvil, consulte Asistente para instalación de teléfono móvil y Características del teléfono móvil.

## 6.13 NOVEDADES DE OUTLOOK WEB APP

Si ha usado Outlook Web App durante un tiempo, puede observar algunos cambios recientes. Outlook Web App se ha actualizado con nuevas características y nuevas formas de administrar los buzones de correo.

### 6.13.1 Outlook Web App y cuentas basadas en cloud

Outlook es la marca de Microsoft para correo electrónico, calendario y administración de información personal en el equipo, teléfono y explorador, para uso personal y laboral. Outlook Web App permite a los usuarios tener acceso a su información mediante prácticamente cualquier explorador web. Cuando usa un servicio de suscripción de correo electrónico basado en la nube como Microsoft Office 365, Live@edu, o Business Productivity Online Suite (BPOS), usted usa Outlook Web App para administrar su correo electrónico, calendario e información personal.

Para obtener información acerca de cómo iniciar sesión en Outlook Web App mediante el uso de un servicio de Microsoft basado en la nube, consulte Cómo iniciar sesión en su correo electrónico mediante el uso de un explorador web.

### 6.13.2 Actualización de características familiares

Algunas características familiares han cambiado. Ahora puede administrar grupos públicos en la página **Opciones**. Algunas de las características que utiliza para personalizar su buzón de correo se han actualizado, como Reglas de Bandeja de entrada.

## 6.13.3 Conexión al buzón de correo a través del teléfono móvil

Si dispone de un teléfono móvil donde se ejecute Windows Mobile 5.0 o superior, podrá usarlo para tener acceso al buzón de correo por medio de Exchange ActiveSync..

## 6.13.4 Configuración de la mensajería de texto

El servicio de mensajes cortos (SMS), también conocidos como mensajes de texto, constituye una forma de comunicación entre teléfonos móviles. Se pueden enviar y recibir mensajes de texto a través de Outlook Web App. Además de todo esto, puede recibir notificaciones en un mensaje de texto cuando reciba un mensaje nuevo.

## 6.13.5 Usar Outlook Web App para recibir el correo electrónico de varias cuentas

Puede comprobar su correo electrónico de varias cuentas, por ejemplo de Hotmail, Gmail y Yahoo! Mail Plus, conectándose a las cuentas en Outlook Web App. Si tiene una cuenta con otro proveedor que admite el acceso POP3 o IMAP, puede conectarse a esa cuenta en Outlook Web App. Cuando las cuentas estén conectadas, los mensajes de la otra cuenta se descargarán en su buzón de correo de Outlook Web App. También puede enviar correo electrónico desde Outlook Web App utilizando la dirección de correo electrónico de esa cuenta.

## 6.13.6 Importación de contactos

Puede usar Importación de contactos para incorporar contactos de otras cuentas a la cuenta a la que obtiene acceso desde Outlook Web App.

## 6.13.7 Obtención de informes de entrega para los mensajes que envía o recibe

Si ha enviado un mensaje a un grupo numeroso de personas o espera un mensaje importante de alguien, puede usar la pestaña Informes de entrega de las opciones del correo electrónico para realizar el seguimiento de la información de entrega de esos mensajes que haya enviado o recibido.

## 6.13.8 Algunos cambios concretos en Outlook Web App

Outlook Web App también se ha actualizado con nuevas características a fin de que sea más sencillo encontrar mensajes concretos, tener acceso a carpetas individuales y usar el buzón de correo en general.

Selección de un tema

Si no le gusta el tema de Outlook Web App predeterminado, puede elegir uno diferente. Haga clic en **Opciones** y seleccione uno de los numerosos temas nuevos.

### Uso compartido o publicación del calendario

Puede compartir el calendario con otras personas de la organización, o puede publicar la información del calendario si proporciona una dirección URL que cualquier usuario puede emplear para ver el calendario.

### Conversación

La vista de mensaje predeterminada es Conversación, que le permite ver una secuencia de mensajes completa en un solo lugar.

### Chat

El chat forma ahora parte de Outlook Web App. Puede iniciar un chat con amigos y colegas mediante Outlook Web App de igual forma que con MSN Messenger o cualquier servicio de mensajería instantánea.

### Filtros

Siempre ha podido buscar en su correo al utilizar Outlook Web App. Ahora también tiene la opción de utilizar un conjunto de filtros predefinidos para limitar su búsqueda.

## Favoritos

Probablemente haya observado que hay una carpeta nueva llamada Favoritos en la parte superior de la lista de carpetas. Puede arrastrar cualquier carpeta a Favoritos para crear un acceso directo a dicha carpeta. Esto facilita el acceso a las carpetas que se usan con mayor frecuencia.

## Botón secundario

Al hacer clic con el botón secundario en prácticamente cualquier lugar de Outlook Web App, se mostrará un menú con las tareas que puede realizar. Las acciones disponibles en los menús contextuales se ampliaron y son más coherentes en todo el buzón de correo. Haga clic con el botón secundario en un mensaje, una carpeta o una entrada de calendario para consultar las opciones disponibles.

## Mensajes adjuntos a mensajes

Hay ocasiones en las que se desea enviar datos adjuntos en un mensaje. Antes, se podía adjuntar una imagen, un documento de Word, una hoja de cálculo de Excel o prácticamente cualquier archivo disponible a un mensaje. Pero no se podía adjuntar un mensaje desde el buzón de correo al mensaje que se estaba redactando. Ahora sí se puede. Para obtener información, vea Trabajo con datos adjuntos.

## Descarga de varios datos adjuntos

Si recibe un mensaje con varios datos adjuntos, ahora puede descargarlos todos en el equipo como un archivo .ZIP si hace clic en **Descargar todos los datos adjuntos** en la parte superior del mensaje.

## Adición de imágenes a los mensajes

Ahora puede incrustar imágenes en los mensajes. Para agregar una imagen al cuerpo de un mensaje, haga clic en Insertar imagen en la barra de herramientas de mensajes y busque la imagen que desea agregar al mensaje. Haga doble clic en la imagen para agregarla al mensaje.

## 6.14 SEGURIDAD Y PRIVACIDAD

Como cualquier otra forma de comunicación, el uso del correo electrónico entraña riesgos. Tomando algunas medidas sencillas se pueden evitar la mayoría de los riesgos de la comunicación a través del correo electrónico. Los peligros incluyen, por ejemplo, el uso no autorizado de su cuenta de correo electrónico, la infección del equipo con virus y el robo de datos. Outlook Web App admite varias características que ayudan a disponer de protección.

## 6.15 PANEL DE NAVEGACIÓN

El panel de navegación, que se encuentra junto a la ventana principal, proporciona acceso a todas las carpetas del buzón de correo mediante un solo clic.

- Correo Proporciona acceso a todas las carpetas del buzón de correo (Favoritos, Elementos eliminados, Calendario, Contactos, Borradores, Bandeja de entrada, Correo no deseado, Notas, Bandeja de salida, Elementos enviados y Tareas), así como a todas las carpetas personales que se han creado. También permite administrar el contenido del buzón de correo, puesto que permite crear, cambiar el nombre, mover o eliminar carpetas.
- Calendario Permite navegar por el calendario y crear carpetas de calendario adicionales.
- Contactos Permite ver los contactos y trabajar con ellos. Las opciones de Contactos también permiten crear carpetas de contactos adicionales y seleccionar los contactos que se van a mostrar.
- Tareas Permite ver las tareas y trabajar con ellas. Las opciones de Tareas también permiten crear carpetas de tareas adicionales y seleccionar las tareas que se van a mostrar.

## 6.16 BARRAS DE HERRAMIENTAS

Todos los tipos de carpetas del buzón de correo (correo, calendario, contactos y tareas) tienen su propio conjunto de opciones de la barra de herramientas, específico para su función o su fin. En la siguiente tabla se muestran ejemplos de los botones disponibles en la barra de herramientas de las carpetas de correo. Otras carpetas tienen un conjunto parecido de opciones de la barra de herramientas, que se aplica al tipo de información que contienen.

| Botón | Descripción |
|---|---|
| Nuevo | Crea un mensaje de correo electrónico nuevo. |
| Eliminar | Elimina el mensaje o los mensajes de correo electrónico seleccionados. |
| Mover | Haga clic aquí para mover el elemento seleccionado a otra carpeta. |
| Filtro | Haga clic aquí para seleccionar un filtro preestablecido para encontrar elementos que coinciden con el filtro. |
| Ver | Muestra u oculta el panel de lectura. |
| | Comprueba si hay mensajes nuevos en el servidor. |
| Responder | Responde al remitente de un mensaje de correo electrónico. |
| Responder a todos | Responde a todos los destinatarios de un mensaje de correo electrónico. |
| Reenviar | Reenvía un mensaje de correo electrónico a uno o varios destinatarios. |

Además de las barras de herramientas, puede realizar varias acciones haciendo clic en un elemento con el botón secundario y seleccionando la acción deseada en un menú.

Si está utilizando el panel de lectura, no verá **Responder**, **Responder a todos** ni **Reenviar** en la barra de herramientas. En su lugar, verá los iconos de responder, responder a todos y reenviar en la parte superior de cada mensaje en el panel de lectura.

## 6.17 CARACTERÍSTICAS DE ACCESIBILIDAD

En Outlook Web App hay integradas muchas características de accesibilidad. Cualquiera puede utilizar estas características y no necesita productos de tecnología de ayuda adicionales.

**Opciones de accesibilidad de Outlook Web App**

Outlook Web App dispone de una versión ligera que está optimizada para usuarios ciegos o con visión reducida.

**Opciones de accesibilidad del sistema**

Si dispone de un equipo en que se ejecuta Windows, puede establecer o cambiar las opciones de accesibilidad del sistema. Muchas de estas opciones afectan el modo en que utiliza los programas de Office. Por ejemplo, la característica StickyKeys de Windows está diseñada para personas que tienen dificultad para presionar dos teclas a la vez. Si un método abreviado de teclado requiere que se presione una combinación de teclas, como CTRL+P, StickyKeys permite presionarlas una a una, en lugar de tener que presionarlas a la vez.

## 6.18 CONECTAR OFFICE 365 A LA APLICACIÓN DE ESCRITORIO OUTLOOK

Puede obtener acceso a su correo electrónico de Microsoft Office 365 para empresas a través de la aplicación de escritorio Microsoft Outlook además de Microsoft Outlook Web App.

### 6.18.1 Agregar Office 365 a la aplicación de escritorio Outlook

Antes de configurar la aplicación de escritorio Outlook para Office 365, asegúrese de que se cumple alguna de las siguientes condiciones:

- La empresa usa el dominio que se creó automáticamente para ella al suscribirse a Office 365.

o

- La empresa usa un dominio personalizado y ya ha creado el registro DNS en el registrador de dominios para permitir la detección automática. Si no se realizado este procedimiento, la empresa deberá crear un registro CNAME para que Outlook pueda conectarse al servidor correcto que ejecuta Microsoft Exchange Server.

Para agregar Office 365 a la aplicación de escritorio Outlook, siga los pasos que se detallan a continuación.

1. Para abrir Outlook 2010, en el menú **Inicio**, seleccione **Todos los programas**, **Microsoft Office** y, a continuación, haga clic en **Microsoft Outlook 2010**.

2. En el menú **Archivo**, en la página **Información de la cuenta**, haga clic en **Agregar cuenta**.

3. En la página **Agregar nueva cuenta**, seleccione **Cuenta de correo electrónico** y, a continuación, escriba su nombre, la dirección de correo electrónico y la contraseña que se le han facilitado para la cuenta de Office 365.

4. Haga clic en **Siguiente**. Outlook se conecta con Exchange Server para Office 365 y automáticamente confirma la información de la cuenta y configura Outlook.

5. Para terminar de agregar la cuenta a la aplicación Outlook, siga las instrucciones.

Después de haber agregado correctamente la cuenta de Office 365 a Outlook, podrá administrar el correo electrónico de Office 365 en la aplicación de escritorio de Outlook. Si anteriormente tenía una cuenta diferente en Outlook y desea poder tener acceso a ambas, use el procedimiento siguiente para administrar varias cuentas de Outlook.

## 6.18.2 Configurar Outlook para que solicite una cuenta de correo electrónico

Si tiene más de una cuenta de Outlook en el equipo, puede configurar Outlook para que le solicite un perfil de cuenta cada vez que inicie Outlook. Este comportamiento es útil si trabaja con cuentas distintas y desea elegir fácilmente una cuenta concreta.

Para configurar Outlook para que solicite una cuenta de correo electrónico, siga los pasos que se detallan a continuación:

1. Si se está ejecutando Outlook, cierre el programa.
2. En el menú **Inicio** de Windows, haga clic en **Panel de control**.
3. En el panel derecho, haga clic en **Panel de control** y, a continuación, en **Cuentas de usuario**.
4. En **Cuentas de usuario**, haga clic en **Correo**.
5. En el cuadro de diálogo **Configuración de correo**, en la sección **Perfiles**, haga clic en **Mostrar perfiles**.
6. En el cuadro de diálogo **Correo**, seleccione **Solicitar un perfil**.
7. Haga clic en **Aceptar** para aplicar el cambio.

Ahora, cada vez que abra Outlook, se le pedirá que seleccione un perfil de cuenta. Solo puede tener acceso a las cuentas de una en una. Para abrir una cuenta diferente, deberá salir de Outlook y reiniciar el programa.

## 6.18.3 Configurar escritorio para Office 365

Después de haber iniciado sesión en el Portal de Office 365 por primera vez, debe configurar el equipo para que funcione con Microsoft Office 365 para empresas. Ello conlleva la instalación de actualizaciones de las aplicaciones de escritorio desde la página

Office 365 Descargas y, a continuación, la configuración del equipo. Este tema le guiará por estas tareas.

Cuando haya configurado el escritorio, podrá hacer lo siguiente:

- Instalar el conjunto de aplicaciones completo de aplicaciones de escritorio de Microsoft Office 2010, si dispone de una Suscripción a Office Professional Plus.

- Instale Microsoft Lync, su conexión al área de trabajo de mensajería instantánea y reuniones en línea, que incluyen audio y vídeo.

- Usar su Id. de usuario para iniciar sesión en Office 365 desde las aplicaciones de escritorio.

Para configurar el escritorio para Office 365, siga estos pasos:

1. Compruebe que su equipo cumple los requisitos de Office 365..

2. Inicie sesión en el Portal de Office 365. En el panel derecho, debajo de **Recursos**, haga clic en **Descargas**.

3. Si dispone de Microsoft Office Professional Plus, en **Instalar Microsoft Office Professional Plus**, seleccione la opción de idioma que desee y elija entre la versión de 32 bits o la de 64 bits. A continuación, haga clic en **Instalar**.

4. En **Instalar Microsoft Lync**, seleccione la opción de idioma que desee y elija entre la versión de 32 bits y la de 64 bits. A continuación, haga clic en **Instalar**.

5. Debajo de **Instalar y configurar sus aplicaciones de escritorio de Office**, haga clic en **Configurar**. Se iniciará la herramienta Configuración de escritorio de Microsoft Office 365.

6. Inicie sesión con su Id. de usuario.

   Configuración de escritorio de Office 365 comprobará la configuración del sistema. Si el examen se completa sin detectar problemas, se le mostrarán opciones para configurar las aplicaciones de escritorio y para obtener más información sobre las actualizaciones importantes que instalará Configuración de escritorio de Office 365.

7. Después de haber seleccionado las aplicaciones que desea configurar, haga clic en **Continuar**, revise los acuerdos de servicio y haga clic en **Acepto** para comenzar a instalar las actualizaciones y a configurar las aplicaciones de escritorio. Es posible que algunas aplicaciones tengan casillas sombreadas. Esto puede producirse si su cuenta no está aprovisionada para usar esta aplicación con Office 365 o si su equipo no tiene instaladas las aplicaciones necesarias.

8. Cuando se hayan completado la instalación y la configuración, es posible que tenga que reiniciar el equipo para finalizar los procesos de instalación y configuración.

Después de ejecutar Configuración de escritorio de Office 365, se agregará un acceso directo de Portal de Office 365 al menú Inicio del escritorio.

Si se produce un problema mientras configura el escritorio, puede que un administrador o agente de soporte le solicite que recopile un registro pulsando Shift, Ctrl y L simultáneamente en el teclado.

## 6.19 CONFIGURAR CORREO ELECTRÓNICO DE OUTLOOK

Puede obtener acceso a su correo electrónico mediante Outlook. Outlook proporciona un correo electrónico optimizado y experiencia de colaboración.

Para descargar una versión de prueba gratuita de Microsoft Office, visite el sitio web de Microsoft Office.

Si no desea usar Outlook, puede conectarse a su cuenta con Apple Mail para Mac OS, Microsoft Entourage, Mozilla Thunderbird,

Windows Live Mail y otros programas. Para encontrar las instrucciones, use el cmdlet Asistente de Ayuda para configurar correo electrónico.

## 6.19.1 Configuración del correo electrónico en Outlook 2007

Puede configurar Office Outlook 2007 automáticamente para tener acceso a su cuenta usando solo su dirección de correo electrónico y contraseña.

Si es usuario de Microsoft Office 365, debe configurar su equipo para poder configurar Outlook.

Outlook 2007 admite solo una cuenta de correo electrónico de Exchange por perfil de Outlook. Si recibe un error al intentar agregar una segunda cuenta de correo electrónico de Exchange a un perfil de Outlook 2007, podría tener que crear otro perfil para poder usar una cuenta de Exchange con Outlook 2007. Para obtener información, vea la sección "¿Qué más necesito saber?" más adelante en este tema.

## 6.19.2 ¿Cómo se instala Outlook 2007?

1. Abra Outlook 2007. Si el Asistente para instalación de Outlook 2007 se muestra automáticamente, en la primera página haga clic en **Siguiente**. A continuación, en la página **Cuentas de correo electrónico** del asistente, vuelva a hacer clic en **Siguiente** para configurar una cuenta de correo. Si el Asistente para instalación de Outlook 2007 no se abre, en el menú **Herramientas**, haga clic en **Configuración de la cuenta**. En el cuadro de diálogo **Configuración de la cuenta**, en la pestaña **Correo electrónico**, haga clic en **Nueva**.

2. En la página **Configuración automática de la cuenta**, Outlook podría intentar rellenar automáticamente los valores de **Su nombre** y **Dirección de correo electrónico** basándose en cómo haya iniciado sesión en el equipo. Si la información especificada es correcta, haga clic en **Siguiente** para que Outlook termine de configurar su cuenta. Si las opciones de la página **Configuración automática de la**

cuenta no se rellena o no son correctas, tenga en cuenta lo siguiente al corregirlas:

- Si las opciones de la página **Configuración automática de la cuenta** no se rellenan automáticamente, especifique la información correcta, que le proporcionó la persona que administra su cuenta de correo electrónico.

- Si el nombre del cuadro **Su nombre** no es correcto, podría tener que restablecer las opciones de la página **Configuración automática de la cuenta** para poder modificarlo. Para restablecer las opciones, active y, a continuación, desactive la casilla que hay al lado de **Configurar manualmente las opciones del servidor o tipos de servidores adicionales**.

3. Después de hacer clic en **Siguiente** en la página Configuración automática de la cuenta del asistente, Outlook realizará una búsqueda en línea para buscar la configuración de su servidor de correo electrónico. Outlook 2007 mostrará un mensaje que le pide que permita que un sitio web configure su cuenta automáticamente. Outlook se debe conectar periódicamente a ese sitio web para asegurarse de que la cuenta está al día. Si no desea ver este mensaje cada vez que se ejecute la configuración automática, seleccione **No volver a preguntarme sobre este sitio Web** y haga clic en **Permitir**. Outlook 2007 seguirá configurando la cuenta. Se le solicitará el nombre de usuario y contraseña para que Outlook 2007 pueda conectarse a la cuenta. Asegúrese de escribir la dirección de correo electrónico completa (por ejemplo, tony@contoso.com) como nombre de usuario. Puede que se solicite el nombre de usuario y la contraseña varias veces antes de que pueda conectarse.

   - Si Outlook puede configurar su cuenta, verá el siguiente texto: Su cuenta de correo electrónico está configurada correctamente para usar Microsoft Exchange. Haga clic en **Finalizar**.
   - Si Outlook no puede configurar la cuenta, vea "¿Qué más es preciso saber?" más adelante en este tema.

- Si su cuenta de correo electrónico es del tipo que requiere registro, debe registrarla la primera vez que inicia sesión en Outlook Web App. La conexión con su cuenta de correo electrónico por medio de Outlook producirá un error si no registró su cuenta mediante Outlook Web App. Después de iniciar sesión en la cuenta, cierre sesión. A continuación, trate de conectarse con Outlook.

- Si Configuración automática de la cuenta no puede conectarse correctamente a la cuenta, realice una o varias de las acciones siguientes:

    1. Espere unos minutos e inténtelo de nuevo.
    2. Si necesita conectar inmediatamente a la cuenta de correo electrónico, utilice un explorador web o un programa de correo electrónico que admita POP o IMAP para conectar a la cuenta con Outlook Web App.
    3. Si conoce el nombre de la persona que administra el buzón de correo (en ocasiones se le denomina administrador de correo electrónico), póngase en contacto con él e indíquele el error que se produce al intentar conectar con Outlook.

- Outlook 2007 admite solo una cuenta de correo electrónico de Exchange por perfil de Outlook. Si intenta agregar una segunda cuenta de Exchange a un perfil mientras se ejecuta Outlook, puede obtener error.

Si ya tiene una cuenta de Exchange en el perfil de Outlook, podría tener que eliminar el perfil actual o crear otro para poder seguir los pasos descritos en este tema.

## 6.19.3 Configuración del correo electrónico en Outlook 2010

Puede configurar Outlook 2010 automáticamente para tener acceso a su cuenta con una cuenta de Exchange usando solo su dirección de correo electrónico y contraseña.

Si es usuario de Microsoft Office 365, debe configurar su equipo para poder configurar Outlook..

**NOTA:** Es posible que también pueda configurar Outlook 2010 para obtener acceso a su cuenta de correo electrónico mediante POP o IMAP. No obstante, si usa POP o IMAP, no puede usar muchas de las características de calendario y de colaboración que están disponibles cuando obtiene acceso a su cuenta con una cuenta de Exchange.

### 6.19.4 ¿Cómo se instala Outlook 2010?

1. Abra Outlook 2010. Si el Asistente para instalación de Microsoft Outlook 2010 se muestra automáticamente, en la primera página haga clic en **Siguiente**. A continuación, en la página **Cuentas de correo electrónico** del asistente, vuelva a hacer clic en **Siguiente** para configurar una cuenta de correo. Si el Asistente para instalación de Microsoft Outlook 2010 no se abre, en la barra de herramientas de Outlook 2010, haga clic en la pestaña **Archivo**. A continuación, exactamente encima del botón **Configuración de cuenta**, haga clic en **Agregar cuenta**.

2. En la página **Configuración automática de la cuenta**, Outlook podría intentar rellenar automáticamente los valores de **Su nombre** y **Dirección de correo electrónico** basándose en cómo haya iniciado sesión en el equipo. Si la información especificada es correcta, haga clic en **Siguiente** para que Outlook termine de configurar su cuenta. Si las opciones de la página **Configuración automática de la cuenta** no se rellena o no son correctas, tenga en cuenta lo siguiente al corregirlas:

    - Si las opciones de la página **Configuración automática de la cuenta** no se rellenan automáticamente, especifique la información correcta, que le proporcionó la persona que administra su cuenta de correo electrónico.

    - Si el nombre del cuadro **Su nombre** no es correcto, podría tener que restablecer las opciones de la página **Configuración automática de la cuenta** para poder modificarlo. Para restablecer las opciones, haga clic en el botón de opción que hay al lado de **Configurar** manualmente las opciones del servidor o tipos de servidores adicionales y, a continuación, haga clic en el botón de opción que hay al lado de **Cuenta de correo electrónico**.

3. Después de hacer clic en **Siguiente** en la página **Configuración automática de la cuenta** del asistente, Outlook realizará una búsqueda en línea para buscar la configuración de su servidor de correo electrónico. Se le pedirá que escriba su nombre de usuario y contraseña durante esta búsqueda. Asegúrese de escribir la dirección de correo electrónico completa (por ejemplo, tony@contoso.com) como nombre de usuario. Si Outlook puede configurar su cuenta, verá el siguiente texto: Su cuenta de correo electrónico se configuró correctamente. Haga clic en **Finalizar**. Si Outlook no puede configurar la cuenta, vea "¿Qué más es preciso saber?" más adelante en este tema.

- Si su cuenta de correo electrónico es del tipo que requiere registro, debe registrarla la primera vez que inicia sesión en Outlook Web App. La conexión con su cuenta de correo electrónico por medio de Outlook producirá un error si no registró su cuenta mediante Outlook Web App. Después de iniciar sesión en la cuenta, cierre sesión. A continuación, trate de conectarse con Outlook..

- Si Configuración automática de la cuenta no puede conectarse correctamente a la cuenta, realice una o varias de las acciones siguientes:

    Espere unos minutos e inténtelo de nuevo.

    Si necesita conectar inmediatamente a la cuenta de correo electrónico, utilice un explorador web o un programa de correo electrónico que admita POP o IMAP para conectar a la cuenta con Outlook Web App..

    Si conoce el nombre de la persona que administra el buzón de correo (en ocasiones se le denomina administrador de correo electrónico), póngase en contacto con él e indíquele el error que se produce al intentar conectar con Outlook.

## 6.20 CONFIGURACIÓN DE OUTLOOK 2003 PARA EL ACCESO IMAP O POP A LA CUENTA DE CORREO ELECTRÓNICO

Puede conectar Outlook 2003 a su cuenta de correo electrónico mediante POP3 o IMAP4. Sin embargo, cuando se conecta a su cuenta con POP3 o IMAP4, no puede usar el calendario y otras características de colaboración que están disponibles cuando se conecta a su cuenta con una cuenta de Exchange.

Si su buzón de correo está en un entorno basado en la nube (por ejemplo, en Microsoft Office 365 para empresas o Office 365 para profesionales y pequeñas empresas), y desea conectarse a su cuenta con Outlook 2003, debe elegir la opción POP3 o IMAP4 cuando configure su cuenta.

**◆Importante:** Si utiliza Outlook 2003 y su buzón de correo no está en un entorno basado en la nube, quizás también pueda conectarse a su cuenta de correo electrónico con una cuenta de Exchange en lugar de utilizar POP3 o IMAP4. El uso de una cuenta de Exchange permite utilizar el calendario y otras características de colaboración que no puede utilizar si conecta a través de IMAP4 o POP3.

### 6.20.1 ¿Cómo configuro Outlook 2003 para el acceso POP3 o IMAP4 a mi cuenta de correo electrónico?

1. Abra Outlook 2003. Si no se abre la página **Inicio de Outlook 2003**, haga lo siguiente:

    a. En el menú **Herramientas**, haga clic en **Cuentas de correo electrónico**.

    b. En la página **Cuentas de correo electrónico**, bajo **Correo electrónico**, haga clic en **Agregar una cuenta**

**de correo electrónico** y, a continuación, haga clic en **Siguiente** para ir al paso 2.

Si se abre la página **Inicio de Outlook 2003** al iniciar Outlook:

- c. Haga clic en **Siguiente** en la primera página del asistente.
- d. En la página **Configuración de la cuenta**, haga clic de nuevo en **Siguiente**.

2. En la página **Tipo de servidor**, seleccione **IMAP** o **POP3** y, a continuación, haga clic en **Siguiente**. Considere utilizar IMAP porque admite más características.

3. Proporcione la información siguiente en la página **Configuración de correo electrónico de Internet**:

En **Información de usuario**:

- a. En el cuadro **Su nombre**, escriba el nombre que desea que los usuarios vean al enviar correo electrónico desde esta cuenta.
- b. En el cuadro **Dirección de correo**, escriba su dirección de correo electrónico.

En **Información del servidor**:

- c. Si utiliza IMAP, escriba el nombre del servidor IMAP en el cuadro **Servidor de correo entrante (IMAP)**. Si utiliza POP, escriba el nombre del servidor POP en el cuadro **Servidor de correo entrante (POP3)**..
- d. En el cuadro **Servidor de correo saliente (SMTP)**, escriba el nombre del servidor SMTP.

En **Información de inicio de sesión**:

- e. En el cuadro **Nombre de usuario**, escriba la dirección de correo electrónico.

f. En el cuadro **Contraseña**, escriba la contraseña. Si desea que Outlook recuerde la contraseña, asegúrese de activar la casilla que está junto a **Recordar contraseña**.

4. En el lado inferior derecho de la página, haga clic en **Más configuraciones** y, a continuación, rellene el cuadro de diálogo **Configuración de correo electrónico de Internet** como sigue:

    a. En la pestaña **General**, en **Cuenta de correo**, escriba el nombre que desea utilizar para esta cuenta de correo electrónico.

    b. En la pestaña **Servidor de salida**, seleccione **Mi servidor de salida (SMTP) requiere autenticación**. Asegúrese de que está seleccionada la opción **Utilizar la misma configuración que mi servidor de correo de entrada**.

    c. En la pestaña **Opciones avanzadas**:

    - En **Servidor de entrada (IMAP)** o **Servidor de entrada (POP3)**, active la casilla **Este servidor precisa una conexión cifrada (SSL)**.

    - En **Servidor de salida (SMTP)**, seleccione la casilla **Este servidor precisa una conexión cifrada (SSL)** y, a continuación, hace clic en **Aceptar**.

    - Si utiliza POP3 y desea conservar una copia de los mensajes en el servidor, en **Entrega**, haga clic en **Dejar una copia de los mensajes en el servidor**. Si no selecciona esta opción, se quitarán todos los mensajes del servidor y se almacenarán localmente en el equipo.

5. En la página **Configuración de correo electrónico de Internet (IMAP)**, haga clic en **Siguiente**.

6. En la página **Enhorabuena**, haga clic en **Finalizar**.

7. Si utiliza IMAP4, se muestra un mensaje que pregunta si desea descargar carpetas para el servidor de correo que ha agregado. Haga clic en **Sí**. Use la interfaz de usuario de Outlook 2003 para seleccionar las carpetas que desea que se sincronicen entre

el servidor y el equipo local y, a continuación, haga clic en **Aceptar**.

## 6.20.2 Encontrar la configuración del servidor

Antes de configurar un programa de correo electrónico POP3 o IMAP4, debe buscar los parámetros de su servidor POP3, IMAP4 y SMTP.

Vea este vídeo para obtener información sobre cómo encontrar la configuración del servidor de su programa de correo electrónico POP o IMAP.

Para buscar la configuración del servidor, inicie sesión en su cuenta de correo electrónico con Outlook Web App. Una vez que haya iniciado sesión, haga clic en **Opciones > Ver todas las opciones > Cuenta > Mi cuenta > Configuración para acceso POP, IMAP y SMTP**. El nombre del servidor POP3, IMAP4 y SMTP, así como otros parámetros que podría tener que escribir se muestran en la página **Configuración de protocolo**, en **Configuración de POP, Configuración IMAP** o **Configuración SMTP**.

**NOTA:** Si ve **No disponible** junto a **Configuración de POP, Configuración IMAP** o **Configuración SMTP**, su cuenta no se puede configurar para utilizar programas de correo electrónico POP o IMAP. Para obtener más información, póngase en contacto con la persona que administra su cuenta de correo electrónico.

- Si no sabe si utilizar POP3 o IMAP4, opte por usar IMAP4, ya que admite más características.
- Si su cuenta de correo electrónico es del tipo que requiere registro, debe registrarla la primera vez que inicia sesión en Outlook Web App. La conexión con su cuenta de correo electrónico POP3 o IMAP4 producirá un error si no registró su cuenta mediante Outlook Web App. Después de iniciar sesión en la cuenta, cierre sesión. A continuación, trate de conectarse con el programa POP3 o IMAP4.
- Si su buzón de correo está en un entorno basado en la nube, para una mejor experiencia de colaboración, le recomendamos

conectarse a su cuenta usando Outlook Web App o mediante un programa de correo electrónico que admita el acceso de cuentas de Exchange, como Outlook 2007, Outlook 2010, Apple Mail 10.6 Snow Leopard, Apple Mail 10.7 Lion, Entourage 2008 Web Services Edition o Outlook for Mac 2011. Conectarse a su cuenta con POP3 e IMAP4 no le permite usar las características enriquecidas de correo electrónico y de colaboración que se proporcionan cuando se conecta con una cuenta de Exchange.

- Si usted es usuario de Outlook 2003 y su buzón de correo no está en un entorno basado en la nube, quizás pueda conectarse a su cuenta de correo electrónico con una cuenta de Exchange en lugar de utilizar POP3 o IMAP4. El uso de una cuenta de Exchange permite utilizar el calendario y otras características de colaboración que no puede utilizar si conecta a través de IMAP4 o POP3.

## 6.21 CONFIGURACIÓN DE OUTLOOK PARA MAC 2011 PARA SU CUENTA DE CORREO ELECTRÓNICO

Puede configurar automáticamente Microsoft Outlook para Mac 2011 con el fin de tener acceso a su cuenta usando únicamente su dirección de correo electrónico y su contraseña.

### 6.21.1 Configurar Outlook para Mac 2011

1. Abra Outlook for Mac 2011. En el menú **Herramientas**, haga clic en **Cuentas**. Si es la primera cuenta que crea en Outlook 2011, en **Agregar una cuenta**, haga clic en **Cuenta de Exchange**.
Si ha creado previamente una cuenta de correo electrónico para otra dirección de correo electrónico diferente, en la esquina inferior izquierda del cuadro de diálogo **Cuentas**, haga clic en + y, a continuación, haga clic en **Exchange**.

2. En la página **Escriba la información de la cuenta de Exchange**, escriba su dirección de correo electrónico.

3. En **Autenticación**, asegúrese de que esté seleccionado **Nombre de usuario y contraseña**.
4. En **Nombre de usuario**, escriba la dirección de correo electrónico completa.
5. Asegúrese de que esté seleccionado **Configurar automáticamente** y haga clic en **Agregar cuenta**.
6. Después de hacer clic en **Agregar cuenta**, Outlook realizará una búsqueda en línea para encontrar la configuración del servidor de correo electrónico. En el cuadro de diálogo que le pregunta si desea permitir que el servidor configure sus opciones, active la casilla **Usar siempre mi respuesta para este servidor** y haga clic en **Permitir**. Si Outlook es capaz de configurar su cuenta, verá la cuenta configurada en el panel izquierdo del cuadro de diálogo **Cuentas**. Cierre el cuadro de diálogo **Cuentas**. Si Outlook no puede configurar la cuenta, vea "¿Qué más es preciso saber?" más adelante en este tema.

- Si su cuenta de correo electrónico es del tipo que requiere registro, debe registrarla la primera vez que inicia sesión en Outlook Web App. La conexión con su cuenta de correo electrónico por medio de Outlook producirá un error si no registró su cuenta mediante Outlook Web App. Después de iniciar sesión en la cuenta, cierre sesión. A continuación, trate de conectarse con Outlook.
- Si Outlook no puede configurar la cuenta, realice una o varias de las acciones siguientes:

    1. Espere unos minutos e inténtelo de nuevo.
    2. Si necesita conectarse inmediatamente a la cuenta de correo electrónico, use un explorador web o un programa de correo electrónico que admita POP o IMAP para conectarse a la cuenta mediante Outlook Web App.
    3. Si conoce el nombre de la persona que administra el buzón de correo (en ocasiones se le denomina administrador de correo electrónico), póngase en

contacto con él e indíquele el error que se produce al intentar conectar con Outlook.

## 6.22 CONFIGURAR CORREO ELECTRÓNICO EN UN WINDOWS PHONE

Puede configurar el correo electrónico de Exchange en un teléfono móvil Windows Phone. Cuando configure una cuenta de Exchange en el dispositivo, podrá sincronizar y obtener acceso al correo electrónico, el calendario y los contactos.

Estas instrucciones son para dispositivos que ejecutan Windows Phone 7. Para obtener información sobre la instalación de un Windows Phone que ejecuta Windows Mobile 6.x u otro dispositivo móvil, consulte Características del teléfono móvil.

### 6.22.1 Configurar Exchange ActiveSync en Windows Phone

1. En **Inicio**, desplácese a la derecha hasta la lista **App**, puntee en **Configuración** y, luego, en **correo electrónico + cuentas**.

2. Puntee en **agregar una cuenta** > **Outlook**.

3. Escriba su dirección de correo electrónico y contraseña y, a continuación, puntee en **Iniciar sesión**. Windows Phone intentará instalar su cuenta de correo electrónico automáticamente. Si la instalación se completa correctamente, vaya al paso 6.

4. Si su cuenta de correo electrónico no se puede configurar automáticamente, puntee en **Configuración avanzada**. Tendrá que especificar la información siguiente:

    a. **Dirección de correo electrónico:** es el acceso al correo electrónico completo, por ejemplo, tony@contoso.com.

    b. **Contraseña:** se trata de la contraseña de su cuenta de correo electrónico.

c. **Nombre de usuario:** es su dirección de correo electrónico completa, por ejemplo, tony@contoso.com.

d. **Dominio:** es la parte de la dirección de correo electrónico después del signo de almohadill (@), por ejemplo, contoso.com.

e. **Servidor:** para obtener instrucciones para encontrar el nombre del servidor, vea la sección siguiente Encontrar el nombre del servidor.

f. Active el cuadro **El servidor requiere una conexión cifrada (SSL).**

5. Puntee en **Iniciar sesión**.

6. Presione **Aceptar** si Exchange ActiveSync le solicita aplicar directivas o establecer una contraseña.

## 6.22.2 Encontrar el nombre del servidor

Para determinar el nombre de un servidor, utilice los siguientes pasos:

1. Inicie sesión en su cuenta con Outlook Web App.

2. Una vez que haya iniciado sesión, haga clic en **Opciones** > **Ver todas las opciones** > **Cuenta** > **Mi cuenta** > **Configuración para acceso POP, IMAP y SMTP**.

3. Busque el nombre del servidor en **Configuración externa** o en **Configuración interna**. Si el nombre del servidor tiene el formato podxxxxx.outlook.com, el nombre del servidor Exchange ActiveSync es m.outlook.com. Si el nombre del servidor incluye el nombre de su organización, por ejemplo, pop.contoso.com, el nombre del servidor es igual al nombre del servidor Outlook Web App sin /owa. Por ejemplo, si la dirección que usó para acceder a Outlook Web App es https://mail.contoso.com/owa, el nombre de servidor Exchange ActiveSync es mail.contoso.com.

Si su cuenta de correo electrónico es del tipo que requiere registro, debe registrarla la primera vez que inicia sesión en Outlook Web App. La conexión con su cuenta de correo electrónico a través de un teléfono móvil producirá un error si no registró su cuenta mediante Outlook Web App. Después de iniciar sesión en la cuenta, cierre sesión. Luego, intente conectarse mediante el uso de su teléfono móvil. Si no puede iniciar sesión, consulte Preguntas más frecuentes: problemas de inicio de sesión y contraseña o póngase en contacto con la persona que administra su cuenta de correo electrónico.

### 6.22.3 Características del teléfono móvil

Puede preparar su teléfono móvil para tener acceso al correo electrónico, la información del calendario, los contactos y las tareas. Si el teléfono celular o el dispositivo móvil admite Exchange ActiveSync (también conocido como correo electrónico Exchange), POP3 e IMAP4, puede elegir el tipo de cuenta que desea configurar. Exchange ActiveSync está diseñado para sincronizar el correo electrónico, el calendario, los contactos, las tareas y otra información. Las cuentas POP3 e IMAP4 están diseñadas para enviar y recibir mensajes de correo electrónico.

Hay muchos modelos de teléfono celular diferentes, pero solo unos pocos sistemas operativos para teléfonos celulares. El sistema operativo es el software que se ejecuta en el teléfono y que le permite hacer cosas como ver mapas, acceder a una lista de tareas, llamar o escuchar música. Los sistemas operativos para teléfonos móviles más populares son los siguientes:

- **Android** Es el sistema operativo de Google para teléfonos móviles, también conocido en ocasiones como Droid.
- **Apple (iOS)** Se trata del sistema operativo móvil de Apple, que se encuentra en el iPhone, iPod Touch e iPad.
- **BlackBerry** Es el sistema operativo para teléfonos móviles Research in Motion (RIM).
- **Nokia (Symbian)** Se trata del sistema operativo de los teléfonos móviles de Nokia que no ejecutan el sistema operativo Windows Phone.

- **Windows Phone y Windows Mobile** Windows Phone es el sistema operativo móvil más reciente de Microsoft. Windows Mobile (por ejemplo, Windows Mobile 6.5), es el sistema operativo móvil anterior de Microsoft

## 6.23 CONFIGURAR CORREO ELECTRÓNICO EN UN IPHONE

Puede configurar el correo electrónico de Exchange en un Apple iPhone, iPad o iPod Touch. Cuando configure una cuenta de Exchange en el dispositivo, podrá sincronizar y obtener acceso al correo electrónico, el calendario y los contactos. Si tiene un dispositivo diferente, o desea conectarse mediante POP o IMAP, consulte Características del teléfono móvil.

¿Cómo configuro una cuenta de correo electrónico de Microsoft Exchange en un Apple iPhone, iPad o iPod Touch?

1. Puntee en **Configuración** > **Correo, Contactos, Calendarios** > **Agregar cuenta**.

2. Puntee **Microsoft Exchange**.

3. No es necesario escribir nada en el cuadro **Dominio**. Escriba la información solicitada en los cuadros **Correo electrónico**, **Nombre de usuario** y **Contraseña**. Debe escribir su dirección de correo electrónico completa en los cuadros **Correo electrónico** y **Nombre de usuario** (por ejemplo, tony@contoso.com).

4. Puntee en **Siguiente** en la esquina superior derecha de la pantalla. El iPhone intentará encontrar la configuración necesaria para su cuenta. Vaya al paso 7 si el iPhone encuentra la configuración.

5. Si el iPhone no encuentra la configuración, deberá buscar el nombre del servidor Exchange ActiveSync manualmente. Para obtener instrucciones sobre cómo encontrar el nombre del servidor Exchange ActiveSync, consulte la sección **Encontrar el nombre del servidor** a continuación.

6. Puntee en el cuadro **Servidor**, escriba el nombre del servidor y, luego, puntee en **Siguiente**.

7. Elija el tipo de información que desea sincronizar entre su cuenta y el dispositivo y, luego, puntee en **Guardar**. De manera predeterminada, se sincroniza la información de Correo, Contactos y Calendario.

Si se le solicita que cree un código de acceso, puntee en **Continuar** y escriba un código de acceso numérico. Si no establece un código de acceso, no podrá ver su cuenta de correo electrónico en el iPhone. Puede establecer un código de acceso más adelante en Configuración de iPhone.

## 6.23.1 Encontrar el nombre del servidor

Siga estos pasos para determinar el nombre del servidor Exchange ActiveSync.

1. Inicie sesión en su cuenta con Outlook Web App..

2. En Outlook Web App, haga clic en **Opciones** > **Ver todas las opciones** > **Cuenta** > **Mi cuenta** > **Configuración para acceso POP, IMAP y SMTP**.

3. En **Configuración POP**, busque el valor de **Nombre del servidor**.

4. Si el nombre del servidor POP tiene el formato podxxxxx.outlook.com, considere lo siguiente:

    - El nombre de su servidor Exchange ActiveSync es **m.outlook.com** en los dispositivos Apple que ejecutan iOS 4.x o 5.x (por ejemplo, iPhone 3G, iPhone 3GS, GSM/CDMA iPhone 4, iPhone 4S, iPod Touch de 2° generación, iPod Touch de 3° generación, iPod Touch de 4° generación, iPad e iPad 2).

    - El nombre del servidor Exchange ActiveSync es el mismo que el nombre del servidor POP si el dispositivo ejecuta Apple iOS 3.x (por ejemplo, iPad e iPod Touch de 1° generación).

5. Si el nombre del servidor POP incluye el nombre de la organización, por ejemplo, pop.contoso.com, el nombre del servidor Exchange ActiveSync es igual que el del servidor Outlook Web App, sin la porción /owa. Por ejemplo, si la dirección que usa para obtener acceso a Outlook Web App es https://mail.contoso.com/owa, el nombre de servidor de Exchange ActiveSync es **mail.contoso.com**.

- Si se le pide que cree un código de acceso y no lo hace, no podrá enviar ni recibir correo electrónico.

## 6.24 ORGANIZAR CORREO ELECTRÓNICO CON REGLAS DE BANDEJA DE ENTRADA

Las reglas se pueden utilizar para ordenar automáticamente el correo electrónico recibido en carpetas basándose, por ejemplo, en quién es el remitente, a quién se le ha enviado el mensaje o la importancia de un mensaje. Por ejemplo, se puede crear una regla para mover automáticamente a una carpeta determinada todos los mensajes enviados a un grupo del que usted sea miembro.

### 6.24.1 ¿Cómo se administran las reglas?

Para administrar las reglas, haga clic en **Opciones** > **Crear una regla de Bandeja de entrada**.

- Para crear una nueva regla en blanco con la pestaña **Reglas de Bandeja de entrada**, haga clic en **Nueva**.
- No tiene que utilizar la pestaña **Reglas de Bandeja de entrada** para crear una regla. Puede crear también las reglas directamente a partir de los mensajes. Para crear una regla directamente a partir de un mensaje:
    1. Haga clic con el botón secundario en el mensaje en el panel de lista de mensajes.
    2. Haga clic en **Crear regla** o abra el mensaje y, a continuación, haga clic en **Crear regla** en la barra de herramientas.

- Las reglas se ejecutan en sentido descendente en el orden en el que aparecen en la ventana Reglas. Para cambiar el orden de las reglas, haga clic en la regla que desee mover y, a continuación, haga clic en las flechas **arriba** o **abajo** para moverla a la posición que desee dentro de la lista.
- Algunos tipos de mensaje no desencadenan reglas de Bandeja de entrada, por ejemplo:
    - Notificaciones de estado de entrega, que son los informes de no entrega y los mensajes del sistema.
    - Confirmaciones de lectura y confirmaciones de entrega generadas por un cliente de correo electrónico.
    - Algunos mensajes de respuesta automática (Fuera de la oficina).
- Si desea crear reglas más complejas, haga clic en **Más opciones**. Después de hacer clic en **Más opciones**:
    - Puede establecer más de una condición para la regla.
    - Puede establecer más de una acción para la regla.
    - Puede agregar excepciones haciendo clic en **Agregar excepción**.
    - Puede activar o desactivar la opción **Detener el procesamiento de más reglas**. De forma predeterminada, la opción para detener el procesamiento de más reglas está activada. Con esta opción activada, cuando un mensaje cumple los criterios de más de una regla, solo se le aplicará la primera. Sin esta opción, se aplicarán todas las reglas cuyos criterios cumple el mensaje.
    Por ejemplo, si **Detener el procesamiento de más reglas** está desactivado y dispone de una regla para mover a una carpeta concreta todos los mensajes enviados a un grupo público y otra regla para mover a otra carpeta todo lo que envíe el administrador, y éste envía un mensaje a ese grupo, encontrará una copia del mensaje en las dos carpetas. Si desea que solo se aplique la regla que mueve los mensajes del administrador, coloque esa regla en la lista en una posición superior a la de la regla que mueve los

mensajes enviados al grupo y, a continuación, modifique la primera regla para agregar la opción de detener la aplicación de otras reglas.
- Puede modificar el nombre de la regla en el cuadro **Nombre**.
- Cada regla que cree ocupará el espacio en una sección oculta de su buzón de correo. Esta sección está limitada a 64 KB. La cantidad de espacio real que una regla utiliza depende de varios factores, como la longitud del nombre y la cantidad de condiciones que ha aplicado. Al alcanzar el límite de 64 KB, se le avisará que no puede crear ninguna regla más. Si sucede eso, tendrá que eliminar o simplificar algunas de las reglas existentes para poder crear más. Algunas maneras de reducir el espacio mediante reglas son:
  - Eliminar reglas que ya no necesita.
  - Abreviar los nombres de las reglas.
  - Combinar una o varias reglas que hagan lo mismo.
  - Quitar criterios de las reglas.
- Al crear una regla de reenvío, puede agregar más de una dirección para reenviar. La cantidad de direcciones a las que puede realizar el reenvío puede ser limitada, de acuerdo con la configuración de la cuenta. Si agrega más direcciones que las permitidas, la regla de reenvío no funcionará. Si crea una regla de reenvío con más de una dirección, pruébela para comprobar si funciona.

# 6.25 ADMINISTRAR CONVERSACIONES DE CORREO ELECTRÓNICO

De forma predeterminada, Outlook Web App usa la vista Conversación en todas las carpetas de correo electrónico siempre que el panel de lectura está activado. En la vista Conversación todos los mensajes de una conversación se muestran en una vista única.

## 6.25.1 ¿Cómo utilizo la vista Conversación?

La vista Conversación muestra todos los mensajes de una conversación, independientemente de la carpeta en que estén almacenados. Por ejemplo, si ha respondido a un mensaje de la bandeja de entrada, en la vista Conversación verá el mensaje original y su respuesta.

En la vista Lista, use la flecha que hay al lado de una conversación para expandirla o contraerla. En la vista Lista se muestra:

- El asunto de la parte superior de la conversación.
- La persona que envió cada mensaje.
- La hora en que se recibió el mensaje, si está almacenado en la carpeta actual.
- La carpeta en que está el mensaje, si no es la carpeta actual.
- La relación del mensaje con otros mensajes de la conversación, indicada mediante una línea vertical y puntos.

Puede hacer clic en cualquier mensaje en la vista Conversación para verlo en el panel de lectura.

En el panel de lectura, puede utilizar la flecha que hay al lado de un mensaje para expandirlo o contraerlo. En el panel de lectura se muestra:

- El asunto en la parte superior del panel de lectura.
- El remitente de cada mensaje.
- Cuando se recibió cada mensaje.

Si expande un mensaje en el panel de lectura, también verá:

- De qué mensaje es respuesta (si lo es).
- La carpeta en que está el mensaje directamente bajo el nombre del remitente, si el mensaje no está guardado en la carpeta actual.
- La disponibilidad de los remitentes y destinatarios para la mensajería instantánea, indicada por un punto de color al lado de los nombres. Haga clic en el punto para ver una lista de las acciones que puede realizar.

- El menú **Acciones**. Haga clic en **Acciones** para ver una lista de las acciones que puede realizar con el mensaje.
- La relación del mensaje con otros mensajes de la conversación, indicada mediante una línea vertical y puntos.

## 6.25.2 ¿Cómo respondo a un mensaje en la vista Conversación?

Al hacer clic en un mensaje en la vista Conversación, se resalta el mensaje más reciente. Si hace clic en **Responder**, **Responder a todos** o **Reenviar**, ese es el mensaje al que responderá o que reenviará.

Para responder a otro mensaje de la conversación o reenviarlo, seleccione ese mensaje para resaltarlo y, a continuación, haga clic en **Responder**, **Responder a todos** o **Reenviar**. Puede seleccionar el mensaje en la vista Lista o en el panel de lectura.

También puede hacer clic en **Acciones** en un mensaje para ver de lista de acciones que puede realizar con él, incluido responder.

## 6.25.3 ¿Cómo activo o desactivo la vista Conversación?

En la vista Lista, haga clic en **Ordenar por** y, a continuación, active o desactive la casilla que hay al lado de **Conversación** para activar o desactivar la vista Conversación.

## 6.26 CREAR UNA FIRMA DE CORREO ELECTRÓNICO

Las firmas de correo electrónico se componen de texto que se agrega al final de los mensajes de correo electrónico salientes.

## 6.26.1 ¿Cómo creo una firma?

1. En la parte superior de página de Outlook Web App, haga clic en **Opciones** > **Ver todas las opciones** > **Configuración** > **Correo**.

2. En el cuadro **Firma de correo electrónico**, escriba y dé formato a su firma. Si utiliza Outlook Web App y Outlook y desea firmar en ambos, necesita crear una firma en cada uno.

3. Para agregar la firma a todos los mensajes salientes, active la casilla **Incluir automáticamente mi firma en los mensajes que envío**.

4. Haga clic en **Guardar** o presione CTRL+S.

- Si no selecciona el cuadro para agregar la firma a todos los mensajes salientes automáticamente, todavía puede agregarla a los mensajes individuales.

    1. Cree la firma tal y como se describe anteriormente, pero no active la casilla **Incluir automáticamente mi firma en los mensajes que envío**.

    2. Al crear un nuevo mensaje, agregue la firma haciendo clic en **Insertar firma** en la barra de herramientas.

- No puede incluir un archivo de imagen (por ejemplo, un archivo .gif o .tif) en la firma en Outlook Web App.

## 6.27 IMPORTAR Y CREAR CONTACTOS

Puede usar **Importar contactos** para incorporar contactos de otras cuentas a la cuenta a la que obtiene acceso desde Outlook Web App.

### 6.27.1 ¿Cómo importo los contactos?

1. Exporte los contactos desde la otra cuenta de correo electrónico a un archivo .csv. Anote dónde se guarda el archivo .csv..

2. Inicie sesión en Outlook Web App.

3. Vaya a **Contactos** y, a continuación, haga clic en **Importar** en la barra de herramientas. O bien vaya a **Opciones** > **Mi cuenta** > **Accesos directos a otras acciones que puede realizar** y, a

continuación, haga clic en **Importar los contactos desde una cuenta de correo electrónico existente**.

4. Escriba la ruta de acceso al archivo .csv que contiene los contactos o haga clic en **Examinar** para buscarlo.
5. Haga clic en **Siguiente**.
6. Espere mientras se importan los contactos.
7. Cuando la importación esté completa, haga clic en **Finalizar**.

- Si el mismo contacto está en la carpeta Contactos y en el archivo .csv, se creará un contacto duplicado.
- Si intenta importar demasiados contactos, aparecerá un mensaje de error. Use un programa como Excel para abrir el archivo y dividirlo en archivos de menor tamaño y, a continuación, importe cada archivo.
- Si la importación de contactos no está disponible para la cuenta desde Outlook Web App, podría utilizar Outlook para transferir contactos de una cuenta a otra.
- Una vez que haya exportado los contactos a un archivo .csv, también puede utilizar Outlook para importarlos.

## 6.28 ADMINISTRAR LA CONFIGURACIÓN DEL CORREO NO DESEADO

El correo que se identifica como posible correo no deseado se mueve automáticamente a la carpeta Correo no deseado y el contenido potencialmente peligroso del mensaje, como vínculos o código ejecutable, se deshabilita.

### 6.28.1 ¿Cómo marco como seguro un mensaje de la carpeta Correo no deseado?

1. Si el Panel de lectura está activado, haga clic en el mensaje para resaltarlo o haga doble clic en el mensaje para abrirlo.
2. Haga clic en **Correo deseado** en la barra de herramientas.
3. El mensaje se moverá a la **Bandeja de entrada**.

Si el remitente está disponible y no está incluido en la libreta de direcciones compartida, la casilla **Confiar siempre en los mensajes de** <*el remitente*> aparecerá en el cuadro de mensaje **Marcar como correo deseado**. Si activa la casilla, la dirección del remitente se agregará a su lista de Remitentes y destinatarios seguros.

## 6.28.2 ¿Cómo administro los mensajes de mi carpeta de correo no deseado?

Haga clic con el botón secundario en un mensaje y haga clic en una de estas opciones:

- **Agregar remitente a la lista de remitentes bloqueados** bloquea todos los mensajes futuros de este remitente.

- **Agregar el remitente a la lista de remitentes seguros** impide que los futuros mensajes de este remitente se marquen como correo no deseado.

- **Agregar el dominio del remitente a la lista de remitentes seguros** impide que los futuros mensajes del dominio de este remitente se marquen como correo no deseado.

- **Marcar como correo deseado** funciona igual que el botón **Correo deseado** de la barra de herramientas. Le da la opción de confiar siempre en los mensajes de ese remitente.

- También puede usar la configuración de correo no deseado de **Opciones** > **Ver todas las opciones** > **Bloquear o permitir** para administrar el correo electrónico no deseado.

- En la pestaña **Bloquear o permitir**, puede agregar direcciones de correo electrónico completas, como *tony@contoso.com*. También puede agregar simplemente la parte del dominio para confiar en todo el correo electrónico de dicho dominio. Por ejemplo, para confiar en todo el correo electrónico de alguien cuya dirección es de contoso.com, agregue *contoso.com* a la lista Remitentes y destinatarios seguros.

- También es posible mover un mensaje de la carpeta de correo no deseado a otra carpeta; solo hay que arrastrarlo de la carpeta de correo no deseado a cualquier otra carpeta. Esto no agrega el remitente a la lista Remitentes y destinatarios seguros.

- Si hace clic con el botón secundario en la carpeta de correo no deseado y hace clic en **Vaciar correo no deseado**, el contenido de la carpeta de correo no deseado se mueve a la carpeta Elementos eliminados.

- Los mensajes de suplantación de identidad (phishing) son un tipo específico de correo no deseado diseñado para robar valiosos datos personales. Estos mensajes se identifican en la barra de información, independientemente de la carpeta en que se encuentren. Debe tener cuidado con todo mensaje que se identifique como posible mensaje de suplantación de identidad (phishing).

Made in the USA
Charleston, SC
11 February 2017